本书为聊城市城校融合文旅项目"聊城市大运河国家文化公园样板工程规划与建设方案（R20WD2101）"阶段性成果

LIAOCHENG YUNHE WENHUA YICHAN GAILUN

聊城运河文化遗产概论

胡梦飞　著

中国海洋大学出版社

·青岛·

图书在版编目(CIP)数据

聊城运河文化遗产概论 / 胡梦飞著. —青岛：中
国海洋大学出版社，2021.3
ISBN 978-7-5670-2747-3

Ⅰ.①聊… Ⅱ.①胡… Ⅲ.①大运河－文化遗产－概
论－聊城 Ⅳ.①K928.42

中国版本图书馆 CIP 数据核字(2021)第 012410 号

出版发行	中国海洋大学出版社		
社　　址	青岛市香港东路 23 号	邮政编码	266071
出 版 人	杨立敏		
网　　址	http://pub.ouc.edu.cn		
电子信箱	cbsebs@ouc.edu.cn		
订购电话	0532—82032573(传真)		
责任编辑	孙宇菲　赵孟欣	电　　话	0532—85902469
印　　制	日照日报印务中心		
版　　次	2021 年 3 月第 1 版		
印　　次	2021 年 3 月第 1 次印刷		
成品尺寸	170 mm×240 mm		
印　　张	15.75		
字　　数	309 千		
印　　数	1—1000		
定　　价	78.00 元		

发现印装质量问题,请致电 18663037500,由印刷厂负责调换。

前　言

　　2014年6月22日,在卡塔尔多哈召开的第38届世界遗产大会上宣布,中国大运河项目成功入选世界文化遗产名录,成为我国第46个世界遗产项目。大运河遗产点段涉及中国8个省、直辖市,27座城市,包括大运河河道遗产27段,河道总长度1011千米以及运河水工遗存、运河附属遗存、运河相关遗产共计58处。2017年2月,习近平总书记在视察通州运河森林公园时指出:“大运河是祖先留给我们的宝贵遗产,是流动的文化,要统筹保护好、传承好、利用好。”2019年初,中共中央办公厅、国务院办公厅联合印发《大运河文化保护传承利用规划纲要》,为运河文化遗产的保护、传承和利用提供了难得的历史机遇。发展和传承大运河文化,既是对民族优秀文化传统的继承和发扬,也是提升国家文化软实力,增强民族自尊心和凝聚力,实现经济和社会全面、协调、可持续发展的重要途径。

　　聊城是受运河文化影响较早的地区,隋炀帝大业四年(608)开凿的永济渠就流经今临清市境内,距今已有1400多年的历史。元代对古运河进行了较大改造,特别是开凿了纵贯聊城腹地的会通河,确定了大运河聊城段的基本走向。此后,明、清两代又对会通河进行了多次疏浚和改造,使会通河成为南粮北运以及南北经济文化交流的重要通道。聊城也得益于漕运的兴盛,成为运河沿岸九大商埠之一,被誉为“漕挽之咽喉,天都之肘腋”“江北一都会”,经济繁荣、文化昌盛达400年之久。

　　京杭大运河聊城段包括卫运河临清段和会通河聊城段两部分,全长110千米。其中卫运河临清段始凿于隋,流经今临清市,主河道全长12.5千米;会通河聊城段始凿于元至元二十六年(1289),流经今阳谷县、东昌府区、临清市境,全长97.5千米。聊城在整个运河发展史上占据着重要地位,在运河水利科技史上也占有一席之地。运河不仅造就了聊城的富庶和繁荣,也留下了许多河道管理机构和科技含量很高的水工设施,见证着古代劳动人民治河兴利的壮举和智慧。《大运河遗产山东聊城段保护规划》中统计的文化遗产总计有45处,其中包括6段河道、24处航运工程设施、3处古代运河设施和管理机构遗存、7处与运河遗产相关的古建筑、3处运河城镇、1处古遗址、1处运河生态与景观环境。其中,会通河临清段(元运河、小运河)、会通河阳谷段、临清运河钞关、阿城上闸、阿城下闸、荆门上闸、荆门下闸等8个遗产点段于 2014 年 6 月被列入《世界文化遗产名录》。除此之外,聊城境内还有大量的名胜古迹、民间技艺、地方戏曲、音乐与舞蹈、武术杂技、饮食文化等物质与非物质文化遗产。这些遗产大多因运河而产生,或伴随运河而成长,是运河区域重要的标志性建筑物或标识,有着丰富的运河文化内涵。

运河文化遗产是中华文化的重要组成部分,保护、发展和传承大运河文化,是保护中华传统文化、增强软实力、实现中华民族复兴的必然要求,也是每一个炎黄子孙义不容辞的义务与责任。大运河成功申遗,填补了聊城世界文化遗产的空白,给聊城这座历史悠久的国家级历史文化名城带来了新的发展机遇。作为聊城当地高校的运河文化研究者,我们要以中国大运河成功申遗为契机,弄清运河文化遗产的历史内涵和保存现状,搞好运河文化遗产资源调查和研究,为保护、传承和利用大运河文化提供理论依据和智力支撑,让运河文化在新时代重新焕发生机和活力,为推动地方经济建设、文化发展和社会进步做出自己的贡献。限于本人的能力和水平,书中难免存在诸多问题和不足,还望方家和读者给予批评指正。

胡梦飞

2021 年 1 月

目　录

第一章 河道、闸坝和水利工程

中国大运河是一项伟大的水利工程,其规模之宏大,历时之久远,作用之巨大,文化内涵之丰富,在中国和世界历史上均非其他工程可比。"中国大运河是在千百年的流淌中形成的融合与交流沿途各种文化的独特文化线路,是一条形态鲜明的线性文化遗产。"①在众多运河物质文化遗产中,最具有代表性的当属河道、闸坝和水利工程。河道遗产是运河文化遗产最为重要的载体,也是运河物质文化的集中体现。为了控制和调节运河水位,元明清三代在聊城境内修建了众多闸坝和水利工程。这些完备且颇具技术含量的工程浓缩了历代官员、水利专家以及大量百姓的心血与智慧,是运河文化遗产在技术文化层面的集中体现。

一、会通河临清段

会通河临清段是大运河会通河最北端的河段,由卫河与会通河连接的两部分水道组成,其中北道称为"元运河",南道称为"小运河"。其中元运河西起与卫河交汇处,东至鳌头矶;小运河西起与卫河交汇处,经过鳌头矶,东至邱屯枢纽;两部分运河总长8千米。

图 1-1 会通河临清段

---

① 张广汉《关于大运河河道遗产保护与发展的规划建议》,载杨正福主编、高水青编著《扬州与世界名城比较研究》,南京:东南大学出版社,2014年,第82页。

会通河临清段"元运河"，东起鳌头矶，西至临清闸入卫河处，全长 1.2 千米，元至元二十六年(1289)开凿。此河段建有隘船、会通、临清三闸，管控运河蓄泄、启闭船闸升降，确保漕船畅通无滞。该河段又建有会通桥、问津桥、月径桥等桥梁，沟通两岸商贸互市、人员往来，在促进临清城市发展及保障漕运畅通方面发挥了重要作用。

会通河临清段"小运河"，东起邱屯"引黄济津闸"，西至小运河入卫河处，全长 6.8 千米。此河段是明代永乐九年(1411)工部尚书宋礼、侍郎金纯重加疏浚元代会通河中的一段。其中鳌头矶至入卫河处 1.8 千米为新开挖运河，永乐十五年(1417)河成。南板闸和临清砖闸由平江伯陈瑄于永乐十五年(1417)始建，正德八年(1513)，河漕御史刘恺重建，砖闸改砌石墩台、石燕翅，上下两闸互联，前后启闭，蓄泄河水、转输漕船，是明清两代运河之上漕船转运的管控枢纽。

二、临清板闸

临清板闸，又称"南板闸""头闸"，位于会通河与卫河交汇处，因明代永乐十五年(1417)废除临清城区内元代开挖的运河北支及闸涵，重新开挖南支运河，该闸得以建成。清人顾祖禹《读史方舆纪要》记载："漕河自清平县戴家湾闸二十里至双浅铺，又二十里至州南三里之板闸，又北至城下曰'新开上闸'，稍北曰'南板闸'，为北接卫河之口。闸河至此，势弱流缓而卫河流浊势盛，故于其间，栉比置闸，以防闸河之北出，又以防卫河之南溢也。"[1]卫河水枯期，会通河道高悬于卫河之上，卫河水丰期，浊流常倒灌会通河，泥沙淤塞河道，漕船至头闸口仍有拖坝之险。"板闸(头闸)口正汶、卫两水交汇之处。每岁三四月间，雨少泉涩。汶水既浅，卫水又消，高下陡势若建瓴。每一启板放船，无几水即尽耗，漕舟多阻。宜于闸口百丈之外，用椿草设筑土坝一座，中留金门，安置活板，如闸制然。将启板闸，先闭活板，则外有所障，水势稍缓，而于运艘出口易于打放。卫水大发，即从拆卸，亦权宜之要术也。"[2]

板闸由墩台、燕翅、石防墙组成。南北相距 50 米，东西相距 100 米(现残存燕翅相距 20 米)，占地 5000 平方米。闸体由 1.3 米×0.4 米的青石砌筑，条石间凿以燕尾槽铁汁浇注相牵，浑然一体。它的建成解决了会通河高低落差，减少了水量流失，达到节水保水、保障漕运通航的效果。板闸在 160 千米会通河上属保存最为完整的闸建。目前，闸槽、闸墩保存完好，板闸基保存现状基本完好，板闸东南燕翅、西南燕翅略有残损。[3]

---

① (清)顾祖禹《读史方舆纪要》卷 129《川渎六·漕河》，北京：中华书局，2005 年，第 5485 页。

② (清)张度、邓希曾修，朱镜纂(乾隆)《临清直隶州志》卷 1《疆域四·河渠》，中国地方志集成·山东府县志辑第 94 册，南京：凤凰出版社，2004 年，第 208 页。

③ 张从军《山东运河》，济南：山东美术出版社，2013 年，第 6 页。

图 1-2　临清板闸遗址

三、临清砖闸

临清砖闸,又称"二闸",位于临清青年街道办事处前关街南首运河之上,是整个大运河上保存较为完整的水闸之一。元至元二十六年(1289)开凿会通河,在临清境内会通河之上建有临清闸、会通闸、隘船闸、魏家湾闸、戴湾闸等闸。明永乐十五年(1417)在会通河南支建闸两座,分别名为南板闸、新开闸,也名板闸、砖闸,俗名头闸、二闸。时至今天,二闸依然保存比较完好,现为全国重点文物保护单位。

图 1-3　临清砖闸

临清砖闸由平江伯陈瑄于明永乐十五年(1417)创建。正德八年(1513),河漕御史刘恺重建,砖闸改砌石堰。此砖闸与入卫南板闸(头闸)上下互联、前后启闭,形成漕河前后两座船闸,是运河入卫河转漕的管控枢纽。明嘉靖五年(1526),工部都水分司裁撤后,以砖闸漕闸为务,管收短裁、纸价二税,世称"工部关",直至清乾隆元年(1736)归并户部钞关,征税 200 余年,具有运河水工和税关双重文化内涵,有着重要的历史和文物价值。

四、临清戴湾闸

戴湾闸位于临清市戴湾乡戴闸村南会通河之上,建于元皇庆二年(1313),由墩台、燕翅、石防墙(已毁)等部分组成。南北相距 50 米,东西相距 100 米(现残存燕翅相距 20 米),占地 5000 平方米。闸门长 6.7 米,闸墩长 13.4 米、宽 10 米,闸高5.6米,闸墩上下游两侧筑燕翅 13~17 米长,闸墩与燕翅分别砌成锐角,左右向上下游展开,使闸孔与正河之间从收缩到扩展形成一个过渡,使水流的流线不至于紊乱,尽量减少对闸墩的破坏力和保障船的航行安全,非常符合流体力学原理,很有科学性。闸体由 1.3 米×0.4 米青石砌筑而成,条石与条石相接处凿有燕尾槽,槽内由铁汁浇灌相牵,浑然一体,坚固持久。闸槽由八块杉木闸板提落调节水位,以节蓄泄,保障漕船顺利通行。

图 1-4　戴湾闸遗址

戴湾闸是会通河上保存最为完整的古闸之一,有着深厚的文化内涵,是研究古代经济、文化、漕运、治水、运河变迁等珍贵的实物资料,是古代劳动人民开凿运河、治理运河的成功范例,具有较高的历史价值、科学价值和文物价值。[①] 2006 年,戴

---

① 张从军《山东运河》,济南:山东美术出版社,2013 年,第 16 页。

湾闸被列为全国重点文物保护单位。

五、聊城土桥闸

聊城土桥闸,原名"十桥闸",位于东昌府区梁水镇土闸村古运河上,建于明成化七年(1471)。东西长约59米,闸高4.2米,淤泥之下尚有约1.5米。桥面在20世纪80年代损毁,现存有古石砌闸根。1999年,该闸在文物普查时被发现。2004年,被列为聊城市文物保护单位。

图 1-5　聊城土桥闸

2010年8月至12月,山东省文物考古研究所对土桥闸遗址进行了全面发掘,发掘出瓷器、陶器、铜器、铁器、玉石器近万件,石碑两方。这次发掘还对船闸的基本结构、建造和维修时代及其建造程序有了比较清楚的认识。发掘出土的土桥闸由青石堆砌而成,结构基本完整。土桥闸由闸门、墩台、东侧的月河及运河两岸的进水闸、减水闸等组成。该闸闸口宽6.2米、深约7米,燕翅宽56米,底部采用木质梅花桩、碎石灌浆等固基技术,闸墩砌石采用燕尾扣连接,整个工程设计合理,施工精心,虽历经数百年,仍非常坚固,对研究运河漕运历史及水利工程发展具有重要意义。2011年,土桥闸遗址被评为当年"十大考古新发现"之一。2013年5月,被国务院公布为第七批全国重点文物保护单位。

六、聊城梁乡闸

梁乡闸位于聊城市东昌府区梁水镇梁闸村东,京杭运河老河道上,建于明永乐九年(1411)。梁乡闸南北长约40米、东西宽约20米,主要由两侧石砌燕翅及闸口构成。燕翅系长方形青石材砌成,现存十余层高,两翼向外延伸,上部砌石保存较好,两侧路面上仍可见砌石基体,向西延伸约32米。闸口由两侧的燕翅围拢而成,为水流、船只通道,长约5米、宽约7.5米,中部原为闸门所在,两侧还有宽约30厘米、深约6厘米的闸门槽。燕翅砌石外侧为堆筑土,闸西侧、东北侧为现代民宅。

图1-6 梁乡闸遗址

梁乡闸为当时运河上的重要水利设施,其设计精巧,施工精细,是研究运河漕运历史及水利工程发展的重要实物资料。它不仅是当年漕运兴盛的见证,对于研究我国古代水利工程亦具有较高的学术价值。[①] 2006年,梁乡闸被公布为全国重点文物保护单位。

七、聊城辛闸

聊城辛闸,又称"永通闸",位于聊城市东昌府区北城办事处辛闸村西,始建于明永乐九年(1411),清代沿用。新中国成立后,1951年治理张秋镇至临清运河河段,改建为桥。辛闸破坏严重,现仅存闸根,残高4米。该闸为当时运河上的重要水利设施,其设计精巧,施工精细,是研究运河漕运历史及水利工程发展的重要实物资料,现为全国重点文物保护单位。

---

① 张从军《山东运河》,济南:山东美术出版社,2013年,第17页。

图 1-7　聊城辛闸

辛闸是聊城境内保存下来为数不多的古船闸之一，至今已有 600 多年历史。清人陆耀《山东运河备览》记载："明万历十六年建，国朝雍正六年修，金门宽一丈九尺五寸，高二丈一尺六寸。"①"永通启闭大闸一座，金门口宽一丈九尺五寸，高二丈四尺，计石二十层。明永乐十六年建，乾隆五十年拆修。"②两处记载中，金门宽度不变，高度增加二尺四寸，显然是乾隆五十年(1785)拆修后的结果。闸基现保存较为完整，闸口宽约 6 米，从闸面到河底高约 4.5 米。砌闸皆用条石，厚约 55 厘米，长则 1 米至 2 米皆有。2015 年，聊城市文物管理部门对辛闸进行清理维修，在辛闸闸槽下发掘出了 5 块杉木材质的闸板，其中 2 块完整，3 块残缺。闸板虽然历经数百年，但保存基本完好，为深入研究运河节制闸提供了实物资料。

八、聊城周家店船闸

周家店船闸位于聊城东昌府区凤凰街道办事处周家店村古运河河道上，建于元大德四年(1300)，为古运河上的重要漕运设施。民国二十五年(1936)，加固船闸，并进行改建。后因河床淤积，水位下降已失去水闸功能，现已被改建为桥。周家店船闸建造年代较早，为当时运河上重要的水利设施，其设计精巧合理，施工精细，是研究运河漕运历史及水利工程发展的重要实物资料。2006 年，被批准为山东省文物保护单位。

---

① (清)陆耀《山东运河备览》卷 7《上河厅河道》，故宫珍本丛刊，海口：海南出版社，2001 年，第 401 页。

② (清)傅泽洪、黎世序主编，郑元庆纂辑《续行水金鉴》卷 128《运河水》，南京：凤凰出版社，2011 年，第 7966 页。

图 1-8　周家店船闸

　　该闸由南闸、北闸和月河涵洞三部分组成,南闸长 31.37 米、宽 38.46 米,北闸长 22 米、宽 30.13 米,南北闸高均为 3.36 米,月河涵洞长 26.65 米、宽 11.2 米、高 5.3 米。南北两闸结构形式大体相同,两闸南北间距 66.20 米,均为条石砌筑,闸两端各开有一闸槽。南闸南北长约 13 米,跨河东西宽约 38 米,闸高 6.66 米,闸口宽 6.66 米。闸口两边各用方石筑就,各向外伸出约 13 米。闸口内原有两扇闸门,各门高 6.66 米、宽 3.66 米。两门关闭时呈"八"形,以有利于挡水。每扇门自下而上约 1 米处,各设有两嗣方形小门,人称"蝴蝶门",小门用绳索加以控制,以便站在上面随时使用。两扇闸门各固定在两边的石壁上,壁门之后面有凹槽伸向壁。凹槽底部各设有平放的方形木杠,木杠内端与闸门相连。凹槽之上设有铸铁搅磨,搅磨下部装有铁齿轮。又因铁齿轮与凹槽底部平放的侧面带有齿轮的方杠相连,故使用时即可推动搅磨而带动齿轮,再以齿轮而拨动木杠,或外推、或内拉,以达到闸门启闭之目的。为了避免闸门出现故障而影响使用,还在两扇闸门之外各设有闸门装置,闸板即长条木板,使用时自底部依次排开,其两端各卡入两壁的凹槽中。此闸门多在闸门出现故障时使用。北闸的规模与形制大致与南闸相同。所不同之处只是闸门开启方向相反。南、北两闸之间,其河道东岸原曾设有码头三个,码头台阶均为方石砌成。当年运河通航时,多在此装卸货物。南北两闸向西约 60 米处,即为月河。月河自南闸之外(闸之南部)从主河分出,然后向西,再向北转东,最后在北闸之外(闸之北部)并入主河。月河之上,横跨建有桥梁式涵洞,涵洞下设水孔,各孔没门,可开可闭,以控制水流。时至今日,整个船闸保存基本完好。①

——————————

① 张从军《山东运河》,济南:山东美术出版社,2013 年,第 18～19 页。

九、会通河阳谷段

京杭大运河阳谷段位于县域东部,开凿于元至元二十六年(1289)。运河自南由张秋镇入境,经阿城镇、七级镇,然后与聊城李海务贯通,全长 29.75 千米。其中被列入文化遗产的河段约 19 千米,南起金堤闸至阿城下闸北 1 千米。由于历史上该段运河水量不足,运河河道南高北低,落差较大,因此在张秋、阿城、七级三个码头分别建有荆门、阿城、七级上下闸,以节制水源,调节水位,保证漕船畅通和停泊。

图 1-9　会通河阳谷段

明代前期,张秋、沙湾一带水患频发。明景泰四年(1453),由都察院左金都御使徐有贞主持开挖了广济渠(今金堤河张秋至濮阳段),引黄河与沁河水济运,在张秋建通源闸以节宣。咸丰五年(1855),黄河于河南兰考决口改道北流,于张秋南汇流穿运河,夺大清河道入海。黄河改道的冲击,造成运河堤岸损坏,河道淤塞,运河漕运开始衰败。后经长年泥沙淤积,黄河河道逐渐抬高,运河在张秋终被截断,并于清光绪二十七年(1901)正式停运。运河在其正常通航时期,给阳谷带来了长达600 多年的兴旺与繁荣,催生了七级、阿城、张秋三座璀璨明珠般的运河名镇。

明清时的七级镇,因东阿、阳谷、莘县均于此设置官仓转渡,而成为重要的粮运码头,享有"金七级"的美誉。七级镇文物古迹丰富,有七级码头、七级上下闸、清末古街巷等。

七级码头修建于明清两朝,当时沿运河而来的各地粮食纷纷在七级停泊,通过码头上岸销售,那时的七级人口稠密、商贾云集、货物山积,周围大量民众纷纷来这里从事扛运、运输等业务,岸上无数的粮栈存粮数十万斤,为聊城、临清等大城市提供商品粮。七级码头曾入选2011年"全国考古十大发现"。七级上下闸是运河上重要的水利工程,属复合闸,通过启闭以调节水源。明清两代,众多船只进入七级运河,在闸前等候,等水位达到一定高度的时候,才能进入两闸之间的河道,有时要等候数天,甚至数十天,其间船上的人员前往七级镇消费、住宿与买卖货物。①

图 1-10　会通河阳谷七级段

古七级镇"冠盖风云集,楼船日夜通""云帆万里拱神州",属运河沿岸著名商埠。元明清三代在此皆设闸驻守,并设兵营镇守。运河从镇内穿过,来往舟船繁多,生意兴盛。当时七级镇有形如棋盘的六门、四关、六纵八横十四条长街。街内铺面连绵,生意兴隆。七级古镇保存较好,现存古街巷长220米、宽2.2米,巷两边明清建筑、青砖灰瓦、木板房以及铺面相连,足见当年商业的昌盛。七级古街巷是运河沿岸保存至今为数不多的几个古街区之一。②

明清时的阿城镇,扼南北水运咽喉,地处东西路交通之要道,是当时闻名的盐运码头,山东海盐由此转运入河南、山西、陕西等内陆省份。阿城镇地处运河水路要冲,南北来往船只甚多,商业颇为繁荣。旧碑记中称"阿镇为水陆通衢,富商大贾辐辏云集",西起山西、东至周村的商人纷纷来此经商。尤其盐、当二家(行业)号称首富。旧时,盐商地位属于官商,盐的买卖、转运由盐运使署督办。清代于沿海和各重要产盐省份,设盐运使,全称为"都转运使司盐运使",简称"运司"(或运使、都转)。据说,阿城旧有十三家盐园子,有管理运盐的组织并设有盐巡,有专门运盐的

①　《聊城,有水则灵》编委会《聊城,有水则灵》,济南:山东友谊出版社,2018年,第64页。
②　张从军《山东运河》,济南:山东美术出版社,2013年,第49页。

石道,现在街上朝下挖两尺多都是石头,即是运盐的盐道。从东海边运来盐,然后再从阿城朝南方转运。清代康熙、乾隆年间,阳谷县阿城镇相继建成了东、南、西、北四个会馆,史称"四大运河会馆"。

图 1-11 会通河阳谷阿城段

在四大会馆中,目前保护最好的是运司会馆(南会馆)。运司会馆,又称"运河会馆",2004 年被列为山东省文物保护单位。运司会馆建于清康熙年间,位于海会寺西侧,为两进院落,自成一体。运司会馆后院大殿内供奉的是关公,东西两配殿供奉的是关平和周仓。前院大厅又叫客厅或过厅,其四个角上皆镶有砖雕、换位隶书作品,有较高的审美价值。其中西南角是"山雪松",东南角是"方平峰",东北角是"雨花台",西北角是"绿霞洲"。据当地老人讲,从前这里每年春秋都有古会,会期十多天。古会期间,各地戏班子、说唱艺人、杂技团、马戏班都会云集而来,济南、周村、泰安、济宁、邯郸的商人也都赶来做生意。

东会馆,又称"周村会馆""於陵会馆",是由周村丝绸商捐款,在阿城镇东关的关帝庙旧址上扩充改建成的(周村旧称"於陵",於陵故城遗址位于周村城区正南)。於陵会馆位于阿城镇海会寺东北角,西距运河约 300 米。会馆始建年代无考,现存主要建筑有山门、前殿、后殿、配殿等。南北长 72 米,东西宽 47 米。山门包括正门和两便门。正门门楣上方有一石质匾额,长 1.8 米、高 0.5 米,边饰浮雕腾龙、花卉等,中书"护国佑民"四个大字。前殿共六开间。后殿即正殿,殿中原供奉有关帝圣君,现已无存。殿东西宽 18 米、进深 12 米,硬山起脊。配殿亦为砖木结构,卷棚顶,东西宽 29 米、进深 12 米。另有西配房三间。会馆遗址尚有一些碑座、碑身和碑帽散存于殿前院中。

北会馆,又叫"山西会馆",旧址位于阿城北街小学,抗战时日军曾在此修建炮楼,新中国成立初期被扒掉。据阿城的卢政老人讲,北会馆是由晋商所建,当年会馆模型是晋商从当地制造,类如一鸟笼,用独轮木车推来的。

在四大会馆中,建筑最好的是西会馆,毁坏最早的也是西会馆。西会馆位于阿城运河石桥西邻,是在龙王庙基础上由山东商人所建。传说运河石桥附近常盘有一大青蛇,又经常发生翻船、死人事故,为了祈求平安,山东商人们集资建起了西会馆。当年大殿供奉的是龙王,香火长年不断。过往船只,不分晋商、徽商,都要入馆进香。抗战时日军曾在此建炮楼,新中国成立初期被扒掉。

明清时的张秋因处于寿张、东阿、阳谷三县界首和会通河中段的特殊地理位置,成为三县的人流、物流集聚中心。张秋镇居于临清与济宁之间,为南北水路交通之要道。明代大学士王鏊在《安平镇治水工完碑》写道:"运河实国家气脉,而张秋又南北之咽喉。"明清两代,由于得大运河和大清河水运之便,工商各业发展较快,当时有"南有苏杭,北有临(清)张(秋)"之说。随着城镇人口不断增长,张秋镇的规模也不断扩大。其城池周长八里,规模超过了同一时期的泰安府城。同时,北河工部分司、管河厅、主簿厅、税课局、巡检司、驿站、水次仓等衙署与机构也纷纷在张秋设立,使张秋成为运河沿线重要的河政、漕运、商业中心。鼎盛时期的张秋古镇有九门、七十二条街、八十二胡同,"市肆皆楼房栉比,无不金碧辉煌。肩摩毂击,丰盈富利",以至有"小苏州"之称。清中叶以后,由于黄河改道、运河淤塞及战乱,张秋古镇渐渐失去往日繁华。2006年,流经张秋镇的会通河阳谷段以及张秋镇境内的荆门上、下闸被公布为全国重点文物保护单位。2014年6月,作为中国大运河重要遗产点、段,会通河阳谷段和荆门上、下闸一同被列入《世界文化遗产名录》。

图1-12　会通河阳谷张秋段

京杭大运河给阳谷县留下了丰富的历史文化遗存。这些遗存,成片区密集分布,集中而全面地反映了运河区域悠久而灿烂的历史文化。如张秋山西会馆和被称为"华北五大佛教寺院"之一的阿城海会寺、具有明显清代民居风格的张秋陈家大院、祭拜城隍神的张秋城隍庙、纪念惩恶济善济公式传奇人物任疯子而修建的任疯子墓、反映明清商铺建筑风格和繁荣景象的阿城镇剪子巷,以及挂剑台、戊己山、荆门上闸、下闸等。运河的开通促进了阳谷文化的空前繁荣,孕育出具有浓郁地方特色的运河文化。明万历年间,被誉为"中国莎士比亚"的大戏剧家汤显祖三过七级,留下了《雀儿行》《阳谷助田主人宗祈雨》等著名诗词。春秋时期吴国延陵季札挂剑徐君墓历史事件在当地广为流传,文学家李东阳、戏曲家屠隆等由此而撰写的诗词以"五体十三碑"的形式保存至今。另外,还有反映民俗风情、富有深厚文化底蕴的张秋木版年画、蓝印花布、运河民谣等。这些都充分反映了运河兴盛时期阳谷运河文化的繁荣景象,代表了运河文化的地方特色。

十、阳谷七级上闸

七级上闸位于聊城市阳谷县七级镇上闸村西北,现为全国重点文物保护单位。清人陆耀《山东运河备览》记载:"元元贞二年建,国朝乾隆十八年修,金门宽二丈五寸,高一丈七尺二寸。"①《续行水金鉴》记载七级上闸:"元大德元年建,嘉庆二十四年重修,金门口宽二丈五寸,墙高一丈六尺八寸。"②两处记载中,金门宽度不变,高度缩短四寸,显然是嘉庆间重修后的结果。七级上闸位置已不清楚,地表已看不到遗迹。

十一、阳谷七级下闸

七级下闸,又称"七级北闸",位于阳谷县七级镇西街古运河上,是京杭大运河会通河段上一座石质船闸。始建于元大德元年(1297),历经明、清两代复建和重修,清末裁撤闸官后废弃。20 世纪 60 年代改建为桥。桥头有一卧式镇水兽,为古渡口原物。古渡口在该桥南 5 米处,有遗址尚存,渡口已被拆除,台阶埋于地下。

《元史·河渠志》记载:"七级有二闸,北闸至南闸三里;北闸大德元年五月一日兴工,十月六日工毕,夫匠四百四十三名;长一百尺,阔八十尺,两直身各长四十尺,两燕翅各斜长三十尺,高二丈,闸空阔二丈。"③清人陆耀《山东运河备览》记载七级下闸:"元大德元年建,国朝乾隆十年修,金门宽二丈一尺五寸,高一丈九

① (清)陆耀《山东运河备览》卷 6《捕河厅河道》,故宫珍本丛刊,海口:海南出版社,2001 年,第 397 页。
② (清)傅泽洪、黎世序主编,郑元庆纂辑《续行水金鉴》卷 129,南京:凤凰出版社,2011 年,第 7997 页。
③ (明)宋濂等撰《元史》卷 64《河渠一》,北京:中华书局,1976 年,第 1609 页。

图 1-13　七级下闸

尺六寸。"①《续行水金鉴》记载七级下闸:"元大德元年建,乾隆元年重修,金门口宽二丈一尺五寸,墙高一丈九尺六寸。"②七级下闸虽被改建为桥,但基础未遭破坏,整体结构依然清晰可辨,由闸口、迎水燕翅、跌水燕尾(迎水燕翅和跌水燕尾又统称燕翅、翼墙)、裹头、墩台、闸底板、木桩、荒石等组成。2012 年 12 月至次年 1 月,为配合南水北调东线工程建设,山东省文物考古研究所对七级下闸进行了考古发掘。此次发掘基本了解了七级下闸的形制、结构、尺寸以及改建状况,对研究明清时期运河船闸运行方式具有重要意义。

十二、阿城下闸

阿城下闸位于阳谷县阿城镇东北隅古运河上,曾名阿城北闸,北距七级上闸12 里。据《元史·河渠志》记载:"北闸南至南闸三里,大德三年三月五日兴工,七月二十八日工毕,夫匠四百四十一名,长一百尺,阔八十尺,两直身各长四十尺,两燕翅各斜长三十尺,高二丈,闸空阔二丈。"③由于河道废弃,部分涵洞两旁石头被村民拉走。燕翅部分损坏,闸板早已无存,闸面是后人用木料搭建,现在已经重新规划建设。

① (清)陆耀《山东运河备览》卷 6《捕河厅河道》,故宫珍本丛刊,海口:海南出版社,2001 年,第 398 页。
② (清)傅泽洪、黎世序主编,郑元庆纂辑《续行水通鉴》卷 129,南京:凤凰出版社,2011 年,第 7997 页。
③ (明)宋濂等撰《元史》卷 64《河渠一》,北京:中华书局,1976 年,第 1609 页。

图 1-14　阿城下闸

十三、阿城上闸

阿城上闸位于阳谷县阿城镇东南隅古运河上,曾名阿城南闸,北至阿城下闸 3 里。据《元史·河渠志》载:"南闸南至荆门北闸一十里,大德二年正月二十五日兴工,十月一日工毕,夫匠四百四十六名,长广同阿城下闸。"[①]永乐九年(1411)二月,朝廷采纳了济宁州同知潘叔正的建议,命尚书宋礼、侍郎金纯、都督周长挖深疏通

图 1-15　阿城上闸

---

① （明)宋濂等撰《元史》卷 64《河渠一》,北京:中华书局,1976 年,第 1609～1610 页。

元会通河。为了保证水源和控制水流,他们利用当时的条件,对阿城上、下闸分别进行了重修。① 2014年6月,中国大运河成功申遗,阿城上闸和下闸被列入世界文化遗产名录。

十四、荆门上闸

荆门上闸,又名"荆门南闸",即现张秋上闸,位于阳谷县张秋镇南上闸村西首。始建于元大德六年(1302),正月二十三日开工建设,六月二十九日竣工,长宽、大小、形制同荆门下闸。《元史·河渠志》载:"南闸南至寿张闸六十五里……北至北(下)闸二里半。"②"闸由青石砌垒而成,双闸板,闸函南北长10米,南北跨13米,闸燕翅残长8米,闸板槽宽15厘米。闸板现已不存,闸旁燕翅尚有镇水兽石刻存在,为圆浮雕,神态凶悍,威武庄严。"③现为全国重点文物保护单位。

图1-16　荆门上闸

十五、荆门下闸

荆门下闸,又名"荆门北闸",位于阳谷张秋镇下闸村。《元史·河渠志》载:"北闸南至荆门南闸二里半,大德三年六月初一日兴工,至十月二十五日工毕,役夫三百一十名,长广同阿城上、下闸。"④"闸函现南北长12米,东西宽8米。闸板槽宽25厘米。闸头有石刻石狮四尊,现仅存一尊。狮高1.2米,座0.8米×0.3米,保存基本完好,现系全国重点文物保护单位。"⑤2014年6月,中国大运河成功申遗,荆

① 陈清义《聊城运河文化研究》,济南:山东画报出版社,2013年,第102~103页。
② (明)宋濂等撰《元史》卷64《河渠一》,北京:中华书局,1976年,第1610页。
③ 陈清义《聊城运河文化研究》,济南:山东画报出版社,2013年,第103~104页。
④ (明)宋濂等撰《元史》卷64《河渠一》,北京:中华书局,1976年,第1610页。
⑤ 陈清义《聊城运河文化研究》,济南:山东画报出版社,2013年,第103页。

门上闸和下闸作为运河沿岸重要的水工设施被列入世界文化遗产名录。

图 1-17　荆门下闸

十六、阳谷陶城铺闸

陶城铺闸位于阳谷县阿城镇陶城铺村西北 1.5 千米处,始建于清光绪七年(1881)。清咸丰五年(1855),黄河铜瓦厢决口后,张秋运口淤塞,清廷将运口改于陶城铺,然后行经小段黄河再入运河。光绪二十七年(1901),漕运废止,陶城铺闸功能丧失,这段河道也很快废弃。新中国成立后,为灌溉农田而改造此段运河,同时对该闸改造,在闸门中加两道桥墩,改为桥闸。2017 年,对其进行全面修复。

陶城铺闸是运河节制闸的典型代表,闸底、石防墙和绞关石均由青石垒砌,石与石之间上下由铁钉相穿,左右由燕尾型铁扣相连,闸体高 10 米,闸口宽 7.5 米,闸涵长 8.7 米,石防墙依河堤岸随形砌筑。2013 年,陶城铺闸被公布为全国重点文物保护单位。

图 1-18　陶城铺闸

第二章　衙署、钞关、仓储

为保障运河漕运畅通，明清两代在聊城运河沿岸的临清、张秋等地设置了众多衙署机构。在众多衙署机构中，以临清运河钞关最为重要。临清运河钞关则是明清两代中央政府派驻临清督理漕运税收的直属机构，是目前全国仅存的运河钞关，对研究当时的历史、社会政治、经济、文化及城市发展均具重要价值。水次仓，又称中转仓、转运仓、转输仓、转搬仓，是中国古代中央政府为存储、转运漕粮，在自然河流或人工运河沿岸设立的仓储机构。其主要功能是存储、转运漕粮，以供应京城官僚、皇室、军队的粮食需求，另外还兼具灾荒赈济、填补漕粮缺额等功能。明清两代，聊城运河沿岸设有众多仓储机构，在保障漕运畅通方面发挥了重要作用。

一、临清运河钞关

临清运河钞关遗址位于今临清市城区青年路西首南侧，鳌头矶之南 300 米处的大运河西岸，东西长 130 米、南北宽 96 米，占地面积 4 万多平方米。临清运河钞关是明清两代中央政府设于运河督理漕运税收的直属机构，也是国内目前仅存的一处运河钞关。2001 年，被国务院公布为第五批全国重点文物保护单位。2014 年 6 月，入选《世界文化遗产名录》。

图 2-1　临清运河钞关

钞关是明清两代在内河航线上设立的征收船税的机构,创始于明宣德四年(1429)。明朝称纸币为"钞",最初征收的是纸币——大明通行宝钞,故称"钞关"。后来也征收铜钱和银两,但是钞关的名称未变。这些钞关都直接隶属户部,户部在各地设立"户部榷税分司"管理收税事宜。明宣德四年(1429),明政府在运河沿岸择"商贾舟车之会",设钞关11处,临清钞关为其中之一。同时设立的还有漷县(今北京通州漷县镇)、济宁钞关、徐州钞关、淮安钞关、扬州钞关、上新河钞关(位于南京)、浒墅钞关(设于苏州西北)、九江钞关、金沙洲钞关(设于广州)、北新钞关(设于杭州城北十里外水陆要冲北新桥),皆"置署命官,以榷其利""量舟大小修广而差其额""惟临清、北新则兼收货税"[①]。

宣德四年(1429),明政府规定,各钞关要照钞法例监收船料钞,只有装载自己米粮薪刍及纳官物者免其纳钞。临清、北新两关除征收船料钞外,还要兼征商税(后来各钞关都是船料钞和商税兼收)。所谓船料,是船只大小的一种计量单位。宣德四年(1429)规定,每船百料收钞一百贯;景泰时,减至十五贯。至成化时,因为船料难以核定,又依船头广狭为收税依据。万历十一年(1583)议准,一应商货,如在临清发卖者,要纳全税;在四外各地发卖者,临清先税六分,至卖处补税四分;其赴河西务、崇文门卖货者,临清先税二分,然后即发红单,注明某处发卖,给商人执至河西务、崇文门,再税八分,共足十分之数;其所榷本色钱钞归内库以备赏赐,折色银两则归太仓以备边储。明弘治初年,临清钞关"课无定额,大约岁至四万金"。"明万历时,运河沿线主要钞关有北京崇文门、天津河西务、临清、九江、苏州浒墅、扬州、杭州北新、淮安八处。万历六年(1478),临清关岁征83200两,居八大钞关之首。"[②]

明宣德十年(1435),临清钞关升为户部榷税分司。临清户部榷税分司置署之初,建有玉音楼,楼上刊刻宣德皇帝专为各地钞关颁布的圣旨。圣旨明确规定:"南京至北京沿河船只,除装载官物外,其一切装载人口货物,或往或来,每船一载按其料数若干,程途远近,照现定例纳旧纱。著有风力御史及户部官,分投于紧要河道处所监收。如有隐匿及恃权豪势,要不纳钞者,船没入官,仍将犯人治罪。若空过船只,往回不系揽载者,不在纳钞之例。"为防越关逃税,阅货厅前的"河内为铁索直达两岸,开关时则撤之"。明万历二十四年(1596)闰八月,又于钞关前建浮桥,并另设前关、南水分关、北桥分关、德州、魏家湾、尖庄、樊村等7处分关,分别稽查水陆船货。清乾隆六年(1741)二月,曾对钞关所设分关口岸进行检查。经查德州、魏家湾、尖庄、樊村厂4处分关皆系"相沿已久,并非近日增添,自应照旧设立,奉部覆准",其他予以撤除。并规定今后所有分关口岸的设立,都要报请户部审批备案。

临清钞关初由"御史及户部主事监收船料商税",间有"郡佐"(临清州知州)兼

---

① 全国政协文史和学习委员会、政协山东省临清市委员会《运河名城·临清》,北京:中国文史出版社,2010年,第115页。

② 《京杭大运河(会通河)临清段》,聊城新闻网,2015年5月11日。

领。"弘治初,户部岁出主事一人。景泰以来,屡以文武重臣奉敕临莅。天顺间,以中官为镇守,为督饷,更代数十年不绝。"①清顺治年间,设满汉各一员并莅;乾隆二十一年(1756),专委临清州管理。查乾隆《临清直隶州志》,自明成化至清乾隆五十年(1785),先后主持临清钞关事务的官员有 400 多人。② 自明宣德四年(1429)临清钞关初置,正统及成化间曾两次罢废,景泰初及弘治又两次恢复。

临清钞关作为明政府沿运河设置最早的钞关之一,在经历了四百多年的风风雨雨之后,于宣统三年(1911)结束了自己的历史使命,成为最后一个被关闭的钞关。其他钞关已于光绪二十七年(1901)关停。"时至今日,临清运河钞关成为国内仅存的钞关遗址。2001 年,被确定为全国重点文物保护单位。临清钞关以其遗存文献最多、最丰富,成为研究漕运史、关税史、运河文化发展史、运河城市发展史、货币史等不可多得的实物资料。"③

二、临清魏湾钞关

魏湾镇,古称"青阳镇",明代因镇内有魏姓水湾,而更名"魏家湾"。明清时期,魏湾镇是聊城运河沿岸著名的水陆码头,高唐、夏津、清平三县皇粮漕米均集中于此。其盛时,寺庙、观坊林立,商铺、馆驿列肆,衙署、钞关比肩,素有"金魏湾,银临清"之称。④

图 2-2　临清魏湾钞关遗址

---

① 山东省临清市地方史志编纂委员会《临清市志》,济南:齐鲁书社,1997 年,第 797 页。

② 《京杭大运河(会通河)临清段》,聊城新闻网,2015 年 5 月 11 日。

③ 全国政协文史和学习委员会、政协山东省临清市委员会《运河名城·临清》,北京:中国文史出版社,2010 年,第 120 页。

④ 郑民德、朱年志《明清时期山东运河名镇魏家湾经济与文化研究——基于对魏家湾的历史考察》,《中国名城》2015 年第 3 期。

魏湾钞关位于临清市魏湾镇魏湾村东 100 米,会通河转弯处的北岸。临清魏湾钞关设立于明代,为临清钞关的分税口,由临清榷关户部主事管理。雍正七年(1729),为体恤商人与百姓,魏家湾钞关曾短暂关闭。乾隆七年(1742),题准魏家湾等处口岸,准其照旧设立,以便巡查设关征税。直到民国二十年(1931)才最终取消,共存在 500 余年。魏湾钞关"原有阅货厅 3 间,舍人房 10 余间,现只留有古槐一株,古井一口,是研究漕运史、封建社会经济关系、社会形态及运河城市形成发展的重要实物资料"①。

三、临清运河水次仓

水次仓是中国古代中央政府为存储、转运漕粮,在自然河流或人工运河沿岸设立的国有仓储机构。水次仓的雏形最早可追溯至秦王朝。为将中原粮食转运至京师咸阳,秦始皇在河南荥阳黄河岸边的敖山上修建了我国历史上第一座水次仓——敖仓。其后,水次仓历经各朝各代,得到进一步发展,至明代达到最繁盛的时期。

早在明初洪武六年(1373),为扫荡北方蒙元残余势力,朱元璋就命大将军徐达驻军临清,并置临清仓转运、存储军粮。洪武二十四年(1391),又令诸王练兵临清,存粮 16 万石以供训练骑兵所用,尽管这一时期运河尚未贯通,但临清仓仍然具有重要的军事供给作用。永乐十三年(1415),随着会通河的疏浚与海运、陆运的罢黜,南方漕粮源源不断地运往北京,临清仓一跃成为运河沿岸"五大水次仓"之一。国家不但在临清设户部督储分司,由户部郎中、主事管理,而且存粮数量多达上百万石。据史料载,临清水次仓共分为广积、常盈、临清三厫,计厫房 1000 余间,均位于砖城内。宣德四年(1429),临清仓接纳应天、镇江、常州、徐州、扬州等处漕粮共 220 万余石,因粮多仓不能容,朝廷扩建临清仓可容粮 300 万石。正统二年(1427),又规定山东兖州、东昌二府与河南全省漕粮全部运到临清仓交兑。因每年大量漕船、民船在临清仓纳粮,也刺激了粮食业与其他商业的发展,带来了各地物流在临清的汇集,使临清一跃成为"繁华压两京""富庶甲齐郡"的商业大都会,而这自然离不开国家漕运的带动作用,所以民间"先有临清仓,后有临清城"的谚语是有充分道理的。

临清仓的衰落始于明代成化年间,当时漕粮运输改行长运法,江南漕粮基本不在水次仓存储,而是直接运往京师,这样就大大削弱了临清仓的存粮数量。嘉靖、万历年间,临清仓主要接纳山东、河南两省部分州县的夏税与秋粮,其中粮约 11 万余石,与盛时 200 余万石相差数十倍,而这 11 万余石也多半折银征收,真正的本色

---

① 张从军《山东运河》,济南:山东美术出版社,2013 年,第 34 页。

粮非常少。天启、崇祯年间，因运河淤塞与战乱的影响，临清仓疏于管理，与德州仓没落到"二仓如洗"的程度，已基本失去了其存储、转运、赈济的功能。入清后，朝廷积极修复临清等运河仓储，顺治元年（1644），派户部官员管理临清仓；九年（1652），又命山东州县漕粮全部交临清与德州仓，不得以银代粮，以增加国家积蓄。康熙时，社会稳定，国库充裕，逐渐减少临清仓的粮食存储量，并将仓储交由登州府通判管理，后又将临清仓与临清钞关并为一处，统一由户部官员管辖。清中后期，由于国家疏于管理，临清仓坍毁严重，不但存粮锐减，而且仓储也多为暂存截留漕粮、供给运军、满足当地军队开支所用，很难再有大规模的平衡粮价、赈济灾荒的功能。咸丰、同治、光绪年间，山东运河区域遭受战乱影响严重，太平天国北伐军、捻军都曾围攻临清，仓储、衙署、庙宇全部毁于战火，临清仓也随之消失于历史的长河之中。

根据考证，现在的武训实验小学附近，就是明朝初年所建的水次兑军仓所在地。后建的临清仓，就在由解放路、新华路、先锋路、大众路围起来的地块上，现在地势仍然高于四周，依稀可见当年粮仓格局。据当地老人讲，现在的济美酱园、临清市交通局、汽车六队、汽车五队等所处的位置就是临清粮仓的遗址。

四、聊城卫仓遗址

聊城卫仓始建于明代。聊城明初改置东昌府，因为雄踞京杭运河中枢，成为北方军事重镇。洪武四年（1371），置平山卫指挥使司。宣德五年（1430），增置东昌卫，扩运粮卫军，养牧军马达到 50000 匹。一府城内设两卫，有史以来所罕见。这足以说明，聊城系当时集结重兵、征集储备运送军饷的战略要地。

图 2-3　聊城卫仓遗址

明代卫仓地处聊城古城东街繁华闹市,右依光岳楼,出城里许为运河驿站码头、会馆、寺院、商铺鳞次栉比,风水绝佳。卫仓旧有规模宏大的储粮仓廪库房,以筑城大砖和南方圆木建造悬山合瓦清水脊顶,前后出檐,气势宏大。卫仓另有兵器库、地窖、警钟楼、更房等。西南隅有官厅、大堂、厢房等,均为明代北方官式砖木建筑,形式青砖黛瓦、飞檐画栋,系官员人等议事办公场所。清初,卫所军制功能逐渐衰弱,康熙二十七年(1688),裁平山卫归东昌卫。光绪二十八年(1902),卫所制度废止,东昌府卫仓历经战乱亦不复存在。

聊城古城保护与改造工程启动后,聊城建工集团独家投资三千余万元,承担卫仓建筑群的复原重建工程。遵循修旧如旧的原则,2013年重建的卫仓位于古城区楼东大街路北,重建的卫仓工程占地约4300平方米,其中地上建筑面积1810平方米、地下建筑面积近1300平方米。

五、阳谷阿城盐运司

盐运司,亦称运司会馆、山西会馆,位于阳谷县阿城镇海会寺西侧,始建于清康熙四十三年(1704),全称为"都转运使司盐运使",简称"盐运司",是当时设在京杭运河沿岸管理运盐的衙门。阿城曾经是运河畔的海盐集散地,是当时闻名的盐运码头,故清代在这里设立了盐运司。盐运司两进院落,独成一体,后院是盐运司大殿、东西配殿,前后院中间为穿堂,大门前有一道几十米长的大影壁;前院南屋是戏楼,东西两厢为上、下两层的看楼,四周围一遭,楼楼有门相通。"现保存的盐运司

图 2-4 阿城盐运司

大殿为带前廊式硬山建筑,砖木结构。面阔三间,进深三间,通面阔 12.96 米,通进深 9.82 米,建筑面积 151.5 平方米,檐口高 4.52 米,建筑总高 9.6 米。东西配殿位于大殿前东西两侧,其做法相同,为硬山带前廊式建筑,砖木结构。两配殿均面阔三间,进深三间,通面阔 11.42 米,通进深 6.92 米,建筑面积 95.6 平方米,檐口高 4.52米,建筑总高 8.52 米。"①

　　盐运司建筑技法精湛,大殿柱础雕刻精细传神,木构件制作精巧,彩绘流畅生动。大殿门前的石柱刻有龙的透雕,其眼部可见眼睑;殿内梁木雕有白象,体现了南北文化的交流;殿正中房顶有一块木板,是乾隆年间兴建之时所刻的建成日期。"文革"时,盐运司因作为阿城镇粮所使用,故没有遭到严重破坏。1987 年以来,盐运司一直由阳谷县民族宗教局代为管理,由海会寺使用。2009 年 8 月,划归文物部门管理,文物主管部门对盐运司进行保护、维修。目前,盐运司已大部分修缮完毕。盐运司是聊城运河沿线仅存的古代盐业管理机构遗存,也是明清时期聊城运河经济繁荣的见证,现为全国重点文物保护单位。

---

① 张从军《山东运河》,济南:山东美术出版社,2013 年,第 35 页。

第三章　桥梁、码头、窑址

运河文化遗产不仅包括河道、闸坝等水工设施,也包括桥梁、码头等交通设施。桥梁是运河上使用最多的建筑物之一。凡建闸的地方均顺便搭建木桥。闸门关闭时,两闸壁间搭上木板,便可过河;将木板移开,便可开闸过船。聊城段运河闸坝林立,众多闸坝在调蓄水位的同时,也发挥了桥梁通行的作用。码头是漕粮转运和各类物资卸装、船只停靠的主要设施。发达的水路运输带动了沿线商品经济的发展,使得运河沿岸城镇出现了不计其数的公私码头,成为运河区域商贸发达的历史见证。此外,临清运河沿岸还有众多用于生产贡砖的砖窑遗址,这些窑址的发现对于研究当时的历史、政治、经济、文化及城市发展均具重要价值。

一、临清问津桥

问津桥位于临清市先锋办事处白布巷街北首会通河之上。问津桥原为"临清闸",始建于元至元三十年(1293)。明永乐十五年(1417),京杭运河临清城区段南支挖成,元代挖成的北支遂废,明万历时在"临清闸"原址之上起拱建桥,名为问津桥。问津桥呈西南—东北向,砖石结构,高7.5米、宽3.3米,跨径5.6米,单孔直径2.6米,孔高1.3米,占地面积2500平方米。东、西燕翅各残存4米长。[1] 问津桥为研究古代经济、文化、漕运、治水、运河变迁等提供了珍贵的实物资料。

图3-1　临清问津桥

---

① 张从军《山东运河》,济南:山东美术出版社,2013年,第5页。

二、临清月径桥

月径桥位于临清城区北支会通河之上,清顺治九年(1652),由商人邵以枢捐资承建。1929年曾重修,因临近禽鸟市,故又名"鸽子桥"。该桥为砖石结构,单孔,半圆形,直径4.6米,孔高2.3米,通高6米,桥身长5.8米、宽3.1米,桥栏砖砌高1.3米,东燕翅栏墙高1~1.8米、长19.6米,最宽处5.8米,西燕翅长12.3米,最宽处11.4米。[①] 桥身及燕翅保存大体完好,桥身及桥栏砌砖大多碱蚀。此桥位置在临清繁华区,南有箍桶巷、杆巷、馆驿巷、粜米巷,北有牌坊街、更道街(仓储区)、帅府街,西延卫河西岸青龙街、米市街,是商贸、官接之要冲,是研究临清市井文化、民俗文化的重要遗存。此桥由徽商邵以枢独资捐建,对研究徽商在临清经商、善举、交往等活动具有重要价值。2013年10月,临清月径桥被山东省人民政府公布为山东省第四批省级文物保护单位。

图3-2　临清月径桥

三、临清会通桥

临清会通桥位于临清市先锋办事处福德街北首会通河之上,原为"会通闸",始建于元代元贞二年(1296)。明代永乐十五年(1417),京杭运河临清城区段南支挖

① 张从军《山东运河》,济南:山东美术出版社,2013年,第5页。

成,元代挖成的北支遂废。明正德年间,在"会通闸"基础上起拱建桥,名为"会通桥"。现桥面宽6.4米,通高8米,四燕翅保存状况不一,最长约为7.5米。临清会通桥是古代劳动人民开凿运河、治理运河的成功范例,具有较高的历史价值、科学价值、文物价值,现为全国重点文物保护单位。

图3-3 临清会通桥

四、聊城大码头

聊城大码头,亦称为"崇武驿大码头",位于聊城市东昌府区东关运河北岸。大码头约始建于元代,为运河上的官用码头,供装卸漕运货物及官员上下船之用,明、清两代沿用。

大码头坐北朝南,为石质台阶式建筑,全长32米,分两层,条石砌筑。下层台面高1米、长27米、宽1.23米,靠东侧铺设七级台阶。上层台面高1.60米、长6.30米、宽1.30米,下层呈"凹"字形,台而东西两侧各铺设九级台阶通岸上,东侧台阶长16.5米,西侧台阶长4.30米。码头两侧各铺设步行台阶22级,全长4.50米、阶宽1.40米、高0.16米。[①] 码头为官用码头,富贾大商有时也船停此岸装卸货物。站在码头台阶上,观运河流水,让人浮想联翩。明、清两代,聊城商贾云集,经济繁荣,大码头一带,南来北往的漕船络绎不绝。停港待卸的商贩绵延数里,从大码头南望,只见舳舻相连,帆樯如林,宛如一幅宏丽壮阔的画图,故有"崇武连樯"之称,列为聊城"八景"之一,现为聊城市文物保护单位。

---

① 张从军《山东运河》,济南:山东美术出版社,2013年,第31页。

图 3-4　聊城大码头

五、聊城小码头

聊城小码头位于聊城市东昌府区东关运河北岸,离大码头东侧约 300 米,现为聊城市重点文物保护单位。小码头约建于明代,为富商私用码头,供富商大贾装卸货物之用,清代继续沿用。码头全长 17.5 米、宽 4.5 米,中间由 14 层条石垒砌成三个台面,两侧铺设各 16 级石台阶。下层台面长 2.5 米、宽 0.6 米;中层台面长 4.5 米、宽 0.6 米;上层台面平面呈"凹"字形,长 3.3 米、宽 0.4 米、高 1.5 米,台面两侧有

图 3-5　聊城小码头

4 级台阶。人行石阶最高处有圆形穿孔,用于系舟船缆绳。[1] 明清时期聊城东关运河一带商贾辐辏,店铺林立,小码头成为运河商贸发达的重要见证。

六、阳谷七级码头

七级码头坐落在阳谷县七级镇的大运河东岸,明、清两代是莘县、阳谷、东阿等周边市、县漕粮北运的起始码头。《中国古今地名大词典》载,七级镇曾名"毛镇",北魏时,因有七级石阶的古渡口而改名"七级镇"。根据考古调查发现的《重修渡口石磴碑记》碑文所录,现存码头为乾隆十年(1745)由民间集资重修。[2]

七级码头由石砌台阶状慢道、顶部平台及台阶下夯土平台组成。石砌台阶状慢道保存基本完好,由南北两侧斜坡状边石与中部台阶组成。中部台阶共 17 级,南北宽 4.9 米,每级高 0.13~0.2 米。台阶进深差别较大,最窄者仅 0.23 米,自上而下的第 8 级和第 13 级明显宽于其他台阶,尤其是第 13 级宽达 0.6 米,其作用当是放置连接船与岸的木板。两侧边石用宽 0.25 米的长条石斜铺而成,台阶底部有竖埋条石横挡,斜长共 7.8 米。石砌台阶与两侧边石系对河岸整理夯打,顺势铺砌而成。

图 3-6 七级码头

顶部平台系对堤岸夯打整理后,用长方形大石板平铺而成。石板损毁严重,缺失众多,残存南北宽至 6.8 米。东侧与古街道相连接。西接慢道处有三块不均等

① 张从军《山东运河》,济南:山东美术出版社,2013 年,第 32 页。
② 陈清义《聊城运河文化研究》,济南:山东画报出版社,2013 年,第 209 页。

大小的长条石,中间和南侧条石均东西向,其部分叠压在第二阶台阶上,下有青砖、石块唯北侧青石南北向置于台阶上。台阶下夯土平台长达 5 米,宽至 10 米,厚约 4 米。临近台阶的平台部位可见不同的水线痕迹。平台上可见为固定船只残留的断木桩。夯土平台在修建时伸入原河道。在距离台阶 4 米处的平台下,夯土直接叠压在青色河泥之上。连接码头平台的古街在现今街道下 0.4 米处,中部石板路长 20 米、宽约 1.5 米。石板路中间平铺长 0.9~1.8 米、宽 0.5 米的长方形大石板,两侧平铺不规则的较小石块。此古街下尚有三层土质古街。其下第一层和第二层街道土层中均出土有明、清常见的青花瓷片。最下层街道土层包含物皆属宋、元时期,同时发掘显示这一阶段街道的北侧地势明显较低。[①]

七级码头是运河山东段迄今发掘的唯一一座保存完整的古码头,为七级镇的名称由来提供了考古实证,对于我们了解运河河道和水位的变化状况以及船只停靠岸边的方式亦有重要价值。2012 年 4 月 13 日,七级码头和土桥闸一同入选“2011 年度全国十大考古新发现”。2013 年 10 月,七级码头被公布为山东省第四批省级文物保护单位。

七、临清河隈张庄贡砖窑遗址

临清河隈张庄贡砖窑遗址位于临清市戴湾乡河隈张庄村东侧,古运河北岸。砖窑遗址沿河集中分布,西起河隈张庄村西,东至陈官营村西北,东西绵延约 1500 米,占地面积约 30 万平方米。距河道最近者五六十米,远者 700 多米。遗址内现存残窑 10 余处,窑室呈马蹄形或圆形,其中保存最完整的一处窑址为 Y1 窑址。其平面呈马蹄形,高出地面两米,窑室为红烧土掩埋,整个窑址占地面积 175 平方米。[②]

临清烧砖业兴于明初,最盛时有砖窑 380 余座。明永乐初年(1403)起,每年向京城输送皇家建筑用砖 100 万块左右,成为明、清两代京城建筑主要供砖基地。明、清中央政府在临清曾专设工部营缮分司督理烧砖业。临清砖窑在明初为官办,明代后期至清代为官督民办。清末,临清砖窑停烧。临清河隈张庄砖官窑遗址对研究当时的历史、治、经济、文化及城市发展均具重要价值。2006 年 12 月,被山东省人民政府公布为山东省第三批省级文物保护单位。

---

① 陈清义《聊城运河文化研究》,济南:山东画报出版社,2013 年,第 209 页。
② 张从军《山东运河》,济南:山东美术出版社,2013 年,第 62 页。

第四章　寺庙、会馆、名胜古迹

运河的流经对聊城沿运地区民众信仰产生了深刻影响,运河沿岸地区出现了众多与运河、漕运有关的庙宇,在这其中较有代表性的有张秋显惠庙、张秋关帝庙等。运河在回族迁徙和伊斯兰教传播过程中发挥了重要作用,沿运各地的清真寺成为运河沿岸重要的文化景观。会馆是指同籍贯或同行业的人在京城及各大城市所设立的机构,供同乡同行集会、寄寓之用,是一种拥有宴饮、居住、剧场、集会和办公等多种功能的公共建筑。随着聊城运河区域商品经济的发展,商人会馆如雨后春笋般涌现,其中最具代表性的当属聊城山陕会馆。悠久的历史和文化使得聊城运河沿岸地区名胜古迹众多,犹如一幅幅优美的画卷,吸引中外游人流连忘返。

一、临清清真寺

临清清真寺位于临清市先锋办事处桃园街西侧,会通河北支入卫处,明弘治十七年(1504)建,嘉靖四十三年(1564)重修。清真寺为临清运河岸边回族群众进行宗教活动的场所,坐西朝东,所有建筑为砖木结构,中轴线上自东而西依次为山门、望月楼、正殿、后殿、后门;左右两侧对称排列角亭、经堂、沐浴房、供殿、楼、堂86间。"临清清真寺整体建筑规模宏大,形式各异,既有中国宫殿建筑特点,又包含阿

图4-1　临清清真寺

拉伯建筑艺术特点,是中国古建筑的代表,又是研究运河城市以及回族迁徙、繁衍并与汉族团结共处的地域实物资料,具有较高的文物价值。"①

二、临清清真东寺

临清清真东寺位于临清市先锋办事处桃园街东侧,距会通河与南运河交汇处300米,明成化元年(1465)始建,万历十年(1582)、清顺治六年(1649)修缮。经雍正十二年(1734)扩建,始具规模,现为全国重点文物保护单位。清真东寺占地面积1万平方米,建筑面积2000平方米。该寺坐北朝南,四进院落,建筑布局平面呈十字形,南北中轴线上自南而北依次为山门、垂花二门、穿厅、讲经堂;东西中轴线上自东而西为对厅、正殿、后殿、后门。全寺共有殿堂70余间,殿顶四檐相结呈勾连搭式,后殿塔楼突起,攒尖顶部饰鎏金葫芦。临清清真东寺整体建筑规模宏大,融中国宫殿建筑特点与阿拉伯建筑艺术于一身,是运河城市及回族迁徙、繁衍并与汉族团结共处的地域实物研究资料,文物价值非常高。

图4-2 临清清真东寺

三、临清鳌头矶

临清鳌头矶建筑群位于临清市办事处大众路南首西侧,会通河北岸。建于明代嘉靖年间。临清鳌头矶建筑群地域近似方形,砌以石,如鳌头突出,筑观音阁于

---

① 张从军《山东运河》,济南:山东美术出版社,2013年,第61页。

其上,旧闸、新闸各二,分左右如鳌足,而广济桥尾其后,明知州马纶题曰"鳌头矶"。鳌头矶古建群主要有鳌矶坊、正门、吕祖堂、李公祠、望河楼、观音阁组成,现存主题建筑观音阁,砖砌基座高5米,9米见方,下辟门洞,面阔三间,进深两间,歇山卷棚顶,三、五、七架梁和抹角梁木构架,上覆筒瓦,陶质脊兽装饰,四角飞挑,木隔落地。西殿吕祖堂、南楼望河楼现存各三间。整个建筑结构严谨,布局得体,玲珑纤巧,古色古香,是明代北方地区典型的木结构建筑群。

图 4-3　临清鳌头矶

　　明清时期,临清地处南北运河要冲,"舟车毕集,货财萃止",商业经济得到空前的发展。明代大学士李东阳有诗曰:"十里人家两岸分,层楼高栋入青云。官船贾舶纷纷过,击鼓鸣锣处处闻。"[①]由此可见当时临清漕运及商贸之繁盛。"鳌矶凝秀"作为临清十六景之一,是城内最繁华最热闹的地方,也是"商贾云集,文人荟萃"的去处,登临其上,可望"粮艘麇集,帆樯如林",碧波荡漾,景色绮丽。"高阁门环鲁水滨,中流分派接天津。仰瞻云外飞红日,俯瞰波高跃锦鳞"的诗句,就是鳌头矶美丽风光的生动写照。[②] 清末,津浦铁路通车,运河停航,鳌头矶渐失当年风采。[③]

　　鳌头矶作为运河沿岸一处标志性古建筑,乃历代人文荟萃之所,是研究明清两代南北经济文化交流的实证资料,对于研究明清社会风俗、道教文化、民间信仰具有重要价值。1994年,鳌头矶被批准为省级重点文物保护单位。2001年,被公布为全国重点文物保护单位。

①　韩喜凯主编,于振声等编写《山东风景名胜词典》,济南:山东友谊出版社,1989年,第368页。
②　齐保柱《东昌古今备览》,济南:山东友谊出版社,1990年,第44页。
③　曲少平、常兴照等编著《建筑》,济南:山东友谊出版社,2002年,第298页。

四、临清县治阁楼

临清县治遗址阁楼位于福德街南首,南邻考棚街,东临临清市民族实验中学,西临锅市街,北临元代会通河故道。此楼建于明代洪武二年(1369),原为明代临清县治治所的南门阁楼,又称"文昌阁"。明洪武二年(1369),因避水患,将临清县治由曹仁镇(现城南旧县村)迁往邻近会通河的中洲纸马巷。明永乐十三年(1415),重开会通河,漕粮由京杭大运河直运京师,加上当时"海陆运俱废",临清遂成为咽喉扼要、"京师门户,南北要冲"之地。由于临清的地理位置极为重要,明正统十四年(1449),兵部尚书于谦建议在临清筑城。随后,临清县治治所便迁入砖城内,中洲纸马巷内的县治治所随即废弃,成为县治遗址。现此遗址内只保留南向过街门楼,砖砌基座,高3米、长10米、宽7米,下部辟门洞。阁楼面阔三间,进深两间,歇山卷棚顶,抬梁式木构架,简瓦覆顶,飞檐挑角,整体结构巧妙,和谐得体。此楼是临清境内最早的明代建筑,是研究临清县衙治所的实物资料,是临清县治治所变迁的重要佐证,具有较高的文物研究价值。

图 4-4　临清县治阁楼

五、临清舍利宝塔

临清舍利宝塔位于临清市先锋办事处小庄村西北 1.5 千米处,坐落在卫运河东岸。此塔又称"永寿寺舍利宝塔",原本是明代古建筑群永寿寺的组成部分,现永寿寺已不复存在。

临清舍利宝塔并非为"舍利"而建,而是缘于风水。塔内的石刻题记《迁移观世音菩萨塔疏》《修建观世音菩萨塔疏》等,对该塔的修建缘由和经过做了详细记载。明万历年间,临清文人缙绅聚议,认为临清风水不利,并告知当时钦差临清的提刑按察使钟万禄,最后决定,将观音大士像移至砖城北水关下,即土城坎(北)方,并建造一座宝塔。此处正是临清汶、卫两河汇流北去的"天关",可"扼塞两河水口,弘开万天关"。事情定下来以后,便推举在家赋闲的工部尚书柳佐主管其事,并正式定名为"舍利宝塔"。从万历四十年(1612)开始策划,至万历四十五年(1617)第五层建成。第六层于次年由临清布商王道济独资捐建,又历时三年,九层宝塔终于全部建成。塔高61米,九级八面,砖木结构,楼阁式,上部稍内收,通体近垂直,塔顶呈将军盔形。各层有转角形石质梯道,可迂回逐层攀登至顶层。每层辟八门,四明四暗。宝塔中心部位原有木质通天柱,上穿塔顶冠表为塔刹,下直落地宫,承载每层平面负荷。

图 4-5　临清舍利宝塔

临清舍利塔为运河岸边一处著名的标志性建筑,与北京通州燃灯塔、江苏镇江文峰塔、浙江杭州六和塔并称"运河四大名塔",对于研究明代临清历史文化、社会风俗、佛教文化及民间信仰具有重要价值。2001年6月,被国务院批准为全国重点文物保护单位。

六、临清龙山

临清龙山位于临清卫河南支东岸,为一座土山,由东南向西北蜿蜒起伏,似平地上卧着的一条巨龙。明永乐十五年(1417)开挖临清会通河的南河时,堆土成山,高约 20 米、长 1 千米左右,并在其上植树造林、移花接木,既解决了运河开挖土方倾倒问题,又制造出人文景观,体现了我国先民在水利工程、园林设计方面高超的创造力。

图 4-6 临清十景之"龙山晚眺"

原来山上建有六角单檐式小亭,名"观化亭"。旧志称"南亭观化",为"临清十景"之一。新中国成立后,龙山辟为"龙山公园"。近年来,在山上建起了卧龙亭、望岳亭,山下建有 3 座古色古香的望月亭,并广植树木花草,修筑游山小道,辟为龙山森林公园。游人拾级而上,可达各亭,亭中设有石桌石凳,可坐赏园内风光。登山之巅,俯望市区,临清景观尽收眼底。临清龙山以北的大众公园内立有一处临清解放纪念碑,现已成为临清市开展爱国主义、革命传统教育的重要场所。

七、聊城光岳楼

聊城光岳楼位于聊城市东昌府区聊城古城中央,现为全国重点文物保护单位。光岳楼建于明洪武七年(1374),其通高 33 米,是当时东昌卫守御指挥金事陈镛在重修城垣时,为"严更漏,窥敌望远",利用剩余木料建造而成,故始称"余木楼"。因此楼有鼓声报时的功能,又称为"鼓楼"。成化二十二年(1486),知府杨能在维修该楼时,因地而名,称其为"东昌楼"。弘治九年(1496),吏部考功员外郎李赞过东昌,访太守金天锡先生,共登此楼,对该楼赞叹不已,"因叹斯楼,天下所无,虽黄鹤、岳阳亦当望拜。及今百年矣,尚寞落无名称,不亦屈乎?"故命名曰"光岳楼","取其近鲁有光于岱岳也"[1]。此后,历代重修碑记中一直沿用"光岳楼"这一称呼。

① (清)嵩山修、谢香开纂(嘉庆)《东昌府志》卷 44《古迹二·台沼》,清嘉庆十三年刻本,第 1450 页。

光岳楼外观为四重檐歇山十字脊过街式楼阁,从构造上可分为墩台和主楼两大部分。墩台为砖石砌成的正四棱台,底边长 34.43 米,与光岳楼的总高度相近,垂直高度 9.38 米。台的东、西、南、北四面中部,各设有一半券拱门,券至台中心处成十字交叉拱。四个券门上方,各砌有方形门额。南曰"文明",北曰"武定",东曰"太平",西曰"兴礼"。值得注意的是,北门的"武定"带有浓郁的军事色彩,应与明朝建国初期对北方蒙古残存势力还抱有戒心有关。在南向拱门两侧,又各开一小拱门,形制与中间拱门相似,东侧小门门额用青石刻成,上书"凤城仙阙",西侧刻有"阆苑瀛洲"。"凤城仙阙"中的"凤城",取名于聊城旧有凤凰落古城的传说。西门为假门,只存形式,以求和东门相称。东门则是登楼的唯一通道。门宽 3.14 米,拱高 1.75 米。而实际使用仍显过大,于是在券内另砌小券,门洞宽仅 1.86 米。踏门而入,门内为一方室,东设踏跺,升四级至梯台,南壁有一小窗,以供通风采光之用。游人可借光北转,信步攀 37 级而到达平台。平台面积不大,却可驻足小憩,游人到此多有停留休息,然后再升 15 级到达台面。台面上修一敞轩,以防雨水侵入梯台。其建筑年代为清乾隆年间,位置恰在楼东之中轴线上,由于东门为主要大道,增其建筑以为标志。敞轩面阔 5 间,进深 3 间,单檐歇山卷棚顶,轻巧明快。在敞轩楼梯口处挂有当代著名书法名家启功先生所题写的"共登青云梯"木刻匾额,字体清秀,笔力遒劲。台面墁砖,绕以女儿墙,东西两侧设有排水道。站在墙边,举目四眺:遥瞻东南,岱岳峰峦,若隐若现;放眼南望,岸堤垂柳,菡萏满湖;纵目北眺,绿树掩映,瓦舍丛簇;仰视城外,阡陌纵横,柳暗花明;回首俯视,东昌湖水宛若锦带,环抱古城,湖城一色,饶有佳趣。

图 4-7　聊城光岳楼

光岳楼是聊城的标志性建筑,也是目前我国现存的最高大、最古老的古楼阁之一。光岳楼在形式上承袭宋、元楼阁遗制,结构上继承了唐、宋时代的传统风格,不仅具有很高的科学价值,而且也有很高的艺术和文化价值。[1] 1956 年,光岳楼被列为山东省重点文物保护单位。1988 年,被列为全国重点文物保护单位。

八、聊城山陕会馆

聊城山陕会馆位于聊城东关古运河西岸,是山西、陕西商人为了联乡谊而兴建的一处神庙与会馆相结合的建筑群。山陕会馆始建于清乾隆八年(1743),历时 4 年,山门主体工程竣工。其后逐年扩修,至嘉庆十四年(1809)方具现今规模,前后耗银 6 万余两。会馆占地面积 3774 平方米,沿中轴线由东到向西依次为山门、戏楼、钟鼓楼、南北看楼、碑亭、关帝殿、春秋阁。会馆按中国传统宫殿式建筑的基本格局排列各组建筑,强调中轴线两侧均衡对称,通过屋顶的形式、面阔进深的大小、艺术构件雕刻的繁简等来区分建筑的主次级别。从山门到春秋阁三个院落逐渐增高,错落有致,各单体建筑互相连接,十分紧凑。

山门,又称三门或牌楼,为四柱三间牌坊式门楼。面阔 7 米,进深 1.7 米,高 10 米。四根柱子的柱础均为圆雕的狮子,中间两柱正面阳刻楹联,字体雄浑,气魄宏大。上联为:本是豪杰作为只此心无愧圣贤洵足配东国夫子;下联是:何必仙佛功德惟其气充塞天地早已成西方至人。中间石质门框和门楣石上遍雕蝙蝠图案。门楣上方中间嵌条石一块,上刻"山陕会馆"四个大字。南北两小门的门框和门楣也用整块青石作成,石上浅雕卷云纹。门楣上方各嵌一石质方匾,匾上分别楷书"履中""蹈和"。次间两门的两侧为砖筑八字形影壁,影壁左书"精中贯日",右为"大义参天"。山门外南北两端,各有一座插旗杆用的正方形石墩。石墩高 1.98 米、宽 0.92 米,石墩前后两面刻有龙凤,左右两面刻有荷花牡丹。山门内侧有木质圆柱四根。门后两内柱的上端与壁中两外柱以构件相连。戏楼坐东面西,与大殿对峙。戏楼后山墙中央有一条从戏台下穿过通往庭院的甬道,宽 2.16 米、高 2.12 米,入口处为砖雕垂花门罩。罩上方有石刻匾额"岑楼凝霞"四字。甬道左右各有一个石刻照壁,左刻丹顶鹤与苍松,右刻梅花鹿及花草,均高 2.08 米、宽 1.15 米,顶部为单檐硬山式。

戏楼为二重檐两层台楼,结顶正脊为歇山式,又于左右各出歇山,成十翼角,房面覆绿黄两色琉璃瓦。戏台呈正方形平面,台高 2.3 米,前台宽 9.6 米、深 5 米,后台宽 8.6 米、深 3 米。戏台正面开 3 间台口,檐下有 5 块透雕木质额枋。戏台里侧,有迎屏将前台与后台隔开。屏上绘有 4 幅大型花卉。戏台的前台两侧为八字形折

---

[1] 张从军《山东运河》,济南:山东美术出版社,2013 年,第 65 页。

壁,折壁上各镶有高 1.8 米、宽 0.5 米的石刻工笔图画。左为"海市蜃楼",右为"天台胜景"。戏楼的两侧是南北对称的夹楼,与戏楼连为一体,为二层 3 间单檐建筑。中间一间屋顶高起,下有拱门内外通行。东向门上各有石雕匾额一方,左为"对岳",右为"望海"。两侧小间的二楼都开有东向园窗。这里原为戏楼演戏时演员们的化妆室和休息室。至今在其墙上还可以看到从清道光二十五年(1845)到民国八年(1919),山西、山东各地的戏曲班社和教育部的易俗社,各个时期的演员们所写下的对"戏东""班社主"不满的诗句以及京剧、山西梆子、河北梆子等剧种的 120 多个传统剧目,对于研究中国的戏剧史,有着极为重要的价值。

钟楼、鼓楼南北对称,分列于夹楼外侧。均为筑于砖石方台之上的单间二层重檐歇山十字脊式建筑。二层各有 12 根檐柱承托着第一层屋檐。一层楼门西向。左为"钟楼",二层楼门南向,门楣上有石刻"振聋"横额一方,两侧石柱上阴刻楹联一副:其声大而远,厥意深且长。右为"鼓楼",二层楼门北向。钟、鼓楼下各有一小院,院墙上有一圆形月门通往庭院。庭院东西深 23 米,南北宽 33 米。庭院正面的大殿台阶下,有一对石狮,由狮身、须弥座、底座 3 部分组成,通高 3.25 米。

南北看楼位于钟鼓楼的西面,戏楼台前左右两侧,为面阔五间,进深一间的二层外廊式建筑,楼长 16.5 米、深 5 米,其顶为卷棚式,上覆灰瓦。看楼底层地面为砖铺地,二层楼板由六根木制楼板梁,上置木地板椽,在木地板上铺石砖以构成。二层房架为四架梁,上置檩、椽、望板和瓦件。看楼为敞开的廊式建筑,可以坐在楼内观看戏台上的表演。

图 4-8 聊城山陕会馆

大殿是会馆的中心建筑,由献殿和复殿前后组成,檐部有天沟相接。献殿与复殿又各分为正殿和南北配殿,前后左右共六殿,均面阔三间。正殿房面高于南北配殿。献殿为卷棚顶,复殿为悬山顶。正殿房面覆绿色琉璃瓦,前后房面中央各镶嵌有菱形状黄、绿琉璃瓦。南北配殿覆灰筒瓦。正殿亦称"关帝大殿",殿前有方形石柱四根,石柱下为垂幔琴腿式石雕柱础。石柱正面刻有歌颂关羽的楹联。檐廊正中,悬有木质阳文匾额"大义参天"四字。正殿献殿内原为摆放供品,聚会议事的处所。殿之梁檩有人物故事画18幅。殿内正上方悬"富国裕民"木质匾额。廊西头山墙上各有角门通往南北跨院,门外侧各有石刻横匾一方,南曰"南极",北曰"北拱"。过廊后面是复殿,殿中偏后部有一暖阁,阁前供有关圣帝君、关平和周仓3尊雕像。关圣帝君神像高3米,身穿刺绣滚龙袍,鎏金冠旒,威丽端正,俨然帝王形象。复殿后仍有檐廊,廊下有木质圆柱4根,柱下皆以精致的石雕为柱础。檐柱上方镶有3块木质透雕额枋,中间刻人物、牡丹,南北两侧刻有飞龙、麒麟等。檐廊的迎风板上,两侧还镶有"道续尼山"和"义秉麟经"匾,进一步体现了关帝庙中所信奉的是地道的儒家正统思想。

南配殿位于正殿的南面,亦称"文昌火神殿",是当年众商们祭祀文昌火神的处所。设置同正殿相同,即前为献殿,后为复殿。献殿前廊,有以石雕的麒麟、大象作柱础的石雕檐柱四根,其侧面分别刻有仙鹤祥云的花卉图案,正面刻有楹联。内柱上刻有阳文楹联:"气本似珠,看午夜光分奎辟;功原济水,居离官位按丙丁。"外柱上刻有阴文楹联:"位南天以居尊,神焰荧荧临斗柄;邻北极而宰化,星精朗朗俯魁垣。"檐柱上方镶有3块木质额枋,中间一块刻有首尾相接、神态各异的7只芦雁和菊花,两侧的2块各分别刻有梅花、荷花、瓶、大香炉和茶壶。檐廊的正中悬有木质阳文匾额"风时浪恬"一方。献殿后面的复殿内供有文昌神和火神王灵官,殿正门上方悬"天开文运"木质匾额。

北配殿位于正殿的北面,也称"财神殿",与文昌火神殿南北对应,是当年众商们祈祷发财的地方,也分为献殿和复殿。献殿的前廊有以石雕的麒麟、大象为柱础的石雕檐柱四根,柱的侧面、背面分别刻有花卉图案,正面刻有楹联,内柱上刻有阴文楹联:德兆阜财,萃万国物华天宝;行以利涉,庆一时海晏河清。外柱上阳刻楹联:位津要而掌财源,万里腰缠毕至;感钱神以成砥柱,千秋宝载无虞。檐柱上方镶有3块木雕额枋,中间一块刻有6只飞雁和一座城堡,两侧分别刻有鼎、花瓶、香炉和食盒。檐廊正中悬有木质阳文匾额"功司利济"一方。献殿后面的复殿内供有财神赵公明和水神金龙四大王谢绪神像,殿正门上方悬"万世永赖"木质匾额。春秋阁为会馆最后面、最高大的殿宇。面阔3间,上下2层,单檐歇山,灰筒瓦顶,斗拱抬梁式结构。阁前廊有四根木质檐柱,前廊额枋均为木刻透雕,雕饰人物和牡丹、金瓜、花卉等。阁左右各附设一座望楼,上下各一间,一楼内原有大幅关羽画像,二楼原有关羽生平故事木雕连环人物群像。目前,二楼西墙上仍保留着关羽全身阴线雕石刻一方。春秋阁两侧,为南北两侧的游廊,各面阔3间,进深一间,灰瓦盖顶并与望楼和正殿相接,形成一个紧凑的四合院落。两游廊南北两侧为南北跨院。

两院之间,并于南北两厢游廊的东首各有小门相通。南跨院现存硬山瓦房3间。北跨院现有南屋3间、小北屋2间、小西佛亭3间,坐东朝西后门一间,均灰瓦盖顶,前出廊檐。

聊城山陕会馆为聊城"八大会馆"之首,也是其中唯一保存下来的会馆,是明清时期聊城商业发达、经济繁荣的历史见证。它集中国传统文化之大成,融中国传统儒、道、佛三家思想于一体。整个建筑布局紧凑,错落有致,连接得体,装饰华丽,堪称中国古代建筑的杰作。它的石雕、木雕、砖雕和绘画工艺更是中国建筑艺术的精品,对于研究中国的古代建筑史、商贸史、戏剧史、运河文化史、书法、绘画、雕刻艺术史具有极高的资料价值。1977年,聊城山陕会馆被列为山东省重点文物保护单位。1988年,国务院将其列为第三批全国重点文物保护单位。

九、聊城隆兴寺铁塔

聊城隆兴寺铁塔位于聊城市城区运河西岸,始建于宋代,明永乐年间倒塌。明成化二年(1466),由隆兴寺住持祖崇等僧众重新竖立。

图4-9　聊城隆兴寺铁塔

隆兴寺铁塔为八角形仿木结构铸铁式佛塔,由地宫、塔座、塔身、塔刹四部分组成。塔座高3米,塔身高15.5米,通高18.5米。地宫发现于1973年,深80厘米,南北长86厘米,东面宽62厘米,四壁刻有仰莲、云纹浮雕等图案。底部有一深5厘米、长57.6厘米、宽33.2厘米的槽坑,出土了铜菩萨、铜佛、青花瓷瓶、瘞钱等佛教器物。此外,还有一个长方形石函,石函内放置一银棺和两包骨灰。棺身刻有"辟支佛舍利"五字,棺底刻有"大明成化丙戌三月吉日造"(1466),棺内有丝料骨灰袋一个、银币四枚和"舍利子"若干粒。塔座为石砌正方形、上下叠涩不对称式须弥座。牙脚四角成卷云形,罨牙刻宝装覆莲一周,罨牙上有二层叠涩,束腰四面均有浮雕人物。南面中有二龙作上下翻滚状,左右各立一个。东面有二伎乐人,似胡人。北面中有二凤,雌雄追逐,左右各有一伎乐人。西面为二伎乐人。束腰东南和西南两隅,各有一金刚力士,手按双腿下蹲作顶托状,怒目凸腹,形象雄伟。塔身系生铁仿木建造,分层冶铸,逐层迭装,原为十三层,现存十二层。铁壳中空,厚6～10厘米不等。第一层塔身直径1.53米,底部一周宝装覆莲,塔身八面分别有四个假门与假窗,门额有门簪四枚。假门上均有铺首和门钉,东西两面的门做成半掩门式,假窗为格子棂窗,转角置圆倚柱,都铸成刹头式,有侧角和升起。二至七层无门窗雕饰,八至十层有格子窗花饰。各层倚柱及斗拱与第一层相同,每层塔身均有腰檐平座,腰檐为仿木檐铸造,有檩枋、檐椽、飞椽、瓦座及斜脊等。

隆兴寺铁塔是我国古代为数极少的金属古建筑,是研究宋代佛塔建筑珍贵的实物资料。塔身用生铁分层铸造,逐层迭装,其铸造工艺精细,显示了宋代高超的工艺水平,具有很高的科学价值。铁塔须弥座石刻为我国宋代石刻的精品,石刻内容丰富,形象生动,有较高的艺术价值。隆兴寺铁塔是聊城市现存最早的古代建筑,与光岳楼、玉皇皋被誉为"聊城三宝"。1977年,被公布为山东省重点文物保护单位。由于风侵雨蚀、年久失修,塔身破坏严重。西、南两面临近水坑,塔基根部暴露。1987年,山东省政府拨专款对塔基进行加固,由南、西两面由塔基向外20米,填土夯实,边沿用青色方石、水泥砌成护坡,保证了塔身安全。1999年,再次拨专款对该塔进行全面维修。2006年,被公布为全国重点文物保护单位。

十、聊城海源阁

聊城海源阁位于聊城市古城区万寿观街东首路北杨氏宅院内,由清代著名藏书家、聊城人杨以增于道光二十年(1840)创建。其藏书之宏富,版本之精善,文物之丰富,海内闻名。中国历史博物馆将海源阁与江苏常熟瞿绍基的"铁琴铜剑楼",浙江杭州丁申、丁丙的"八千卷楼",浙江吴兴陆心源的"丽宋楼"并称为"清代四大私人藏书楼"。其中以瞿、杨两家所收藏的宋元刻本和抄本书为最多,因之又有"南瞿北杨"的美称,深为海内外学者所仰慕。

杨氏藏书始于杨以增之父杨兆煜,后经杨以增、杨绍和、杨保彝、杨承训四代人的努力,多方搜集,上百年的积累,使藏书逐渐丰富起来。其中杨以增、杨绍和父子二人在丰富海源阁的藏书方面做出了突出贡献。杨以增(1787—1855),字益之,号至堂,别号东樵,今聊城东昌府区人。嘉庆二十四年(1819)中举人,道光二年(1822)中进士,先后在贵州、广西、湖北等地为官,后又担任过陕西布政使、陕西巡抚、代理陕甘总督、江南河道总督等官职。杨以增一生酷爱藏书。步入仕途后,他借居官之便,广交文士,大量搜集珍本秘籍,成为名扬海内的藏书巨擘。明清私家藏书,素以江浙为中心。道光二十七年(1847),杨以增出任江南河道总督后,这种局面被打破。咸丰年间,当时江南一带太平军、捻军在此与清军作战,江南旧家藏书多不能守,大量散失,流入市场,给杨以增大批收购珍贵善本提供了机会。苏州黄丕烈的"士礼居"和汪士钟艺芸书屋藏书大量散出,大多归于铁琴铜剑楼与海源阁,而以海源阁为最。

图 4-10　聊城海源阁

到了杨以增的儿子杨绍和一代,藏书又有进一步发展。杨绍和(1830—1875),字彦合,杨以增次子,海源阁第二代主人。咸丰二年(1852)考中举人,官户部郎中;同治四年(1865)考中进士,历官翰林院编修。杨绍和为官京师时,慈禧发动"辛酉政变",怡亲王载垣作为顾命八大臣之一被杀,杨绍和乘机购得怡府大量宋版珍本运回聊城。杨绍和之子杨保彝曾编《海源阁书目》六卷,载书 3236 种、208300 多卷;又编《海源阁宋元秘本书目》四卷,载本 464 种,计 11328 卷。海源阁经过前后四代人的努力,历时百余年,其藏书规模之大,质量之精,在当时可以说是独步江北。清末诗人叶昌炽称赞道:"四经四史同一斋,望洋向若叹无涯,稽天始有逢原乐,此事难教语井蛙。"[①]近代著名学者傅增湘曾盛赞海源阁集"四部之菁英""举旷世之鸿宝"。1972 年 9 月,毛泽东主席将海源阁藏书《楚辞集注》的影印本,作为国礼赠送给日本首相田中角荣。

海源阁整个院落呈长方形,东西 34 米,南北 64 米。院落设计采用均衡对称的方式,把主体建筑放在后部,使主体建筑显得格外宏伟壮丽,形成四合院。主楼为南向二层楼房,面阔 5 间,阔深 6.6 米,坐落在纵轴线的中央位置。东西配房分列在横轴线上左右,均为 3 间硬山脊平房,面阔 3 间,阔深 4.5 米。主楼屋顶为单檐歇山式,显得稳重协调,屋顶中直线和曲线巧妙地组合,形成向上微翘的飞檐,不但扩

① 　(清)叶昌炽《藏书纪事诗》,北京:燕山出版社,2008 年,第 484 页。

大了采光面,而且增添了建筑物飞动轻快的美感。党和政府十分重视海源阁。早在 1947 年 1 月解放聊城时,八路军某部曾发布入城三项命令,第二条就是"保护中国四大藏书家之一海源阁图书馆"。1956 年 12 月,山东省人民政府把海源阁列为第一批省级重点文物保护单位。为弘扬民族文化,促进对外开放,聊城市政府筹巨资于 1992 年 10 月重新修复了海源阁,并正式对游人开放。

十一、张秋关帝庙

张秋关帝庙,又称"山陕会馆",位于张秋镇南街古运河西岸,清康熙年间,由山西、陕西商人共同捐资修建。现存建筑主要有正殿、配殿、戏楼、山门等,整体为歇山式斗拱建筑。会馆现南北长 32 米、东西宽 40 米,总占地面积约 1280 平方米,现为聊城市文物保护单位。

图 4-11　张秋山陕会馆

关帝庙山门为三开间,后与戏楼连为一体。在山门门洞上嵌有一石质匾额,长 2.0 米、宽 0.6 米,边饰线雕飞龙花卉,中书"乾坤正气"四个大字。戏楼也为三开间,坐南面北,右有砖砌楼梯可拾级而上。戏楼东西长 9.8 米,进深八米,由前台和后台组成。台高 1.9 米,下有甬道与山门相通直达院内。甬道宽 2.45 米、高 1.8 米。会馆正殿原为关帝殿,前为献殿,后为复殿,并供有关帝塑像在里面,三开间,东西宽 10.3 米,进深 10.5 米。配殿位于正殿两侧,均为三间,东西宽 7.35 米,进深 5.5 米。此外,尚有几通石碑卧于配殿东侧。2011 年下半年,阳谷县相关部门对关帝庙进行了全面的维护和修缮。修建后的关帝庙依旧再现了当年的风貌,展示了张秋古镇丰厚的历史底蕴,吸引了无数的游客前来观看。

十二、张秋城隍庙

张秋城隍庙位于张秋镇北街北首北街小学院内,始建于清代,现为聊城市重点文物保护单位。城隍庙为砖木结构,歇山式建筑。现存大殿一座。坐北朝南,耳房一座三间。大殿面阔 3 间、进深 5 间,东西长 11 米、南北宽 7 米,高 10 米左右,歇山顶,木构架梁,不施斗拱,灰瓦覆顶。占地东西长 30 米、南北宽 20 米,总面积约600 平方米。

图 4-12　张秋城隍庙大殿

城隍是中国古代社会普遍崇祀的神祇之一,古代凡有城池之处,必建有城隍庙。在古人看来,城隍是城池的守护神,其职权范围相当于人世间的地方官。道教特别推崇城隍,把它当作"剪恶除凶、护国保邦"的神灵,能应人所请,旱时降雨,涝时放晴,保谷丰民足。明清两代,张秋镇并非州县治所,但由于其得大运河和大清河水运之便,工商业经济极为繁荣,故当时有"南有苏杭,北有临张"之说。随着城镇人口不断增长,张秋镇的规模也不断扩大。其城池周长八里,规模超过了同一时期的州城或县城。鼎盛时期的张秋镇有九门、七十二条街、八十二胡同。镇内之所以建有城隍庙,正是其辉煌历史的见证。

十三、张秋陈氏民居

明清两朝,张秋镇商贸之繁荣,街之繁华可超府县。富商大贾见诸碑刻记载的有 100 多家。目前仅存一处陈家旧宅,系清初民居建筑。陈家旧宅,亦称"陈家大院"(目前已立碑为陈氏民居),在镇北街路东,坐东朝西,占地面积约 2 万平方米,始建于康熙二年(1663),距今 300 余年,整个大院共分为五院,一园,八门户;安排严紧,布局得体,众多房舍均为青砖灰瓦。飞檐斗拱,方砖铺地,木格棂门,木构架为抬梁式,灰瓦复顶,典雅异常。这样的私宅建筑,在当时是少见的,遗憾的是因清末战乱,陈氏家族主要成员相继外出他乡定居,大院常年失修,已非当年气派。民国时期,山东省民政厅厅长李树春,携本部迁来张秋,见陈家大院虽已破旧,但仍不失豪华之貌,稍做整修,设为厅部。而后日伪匪盗多次破坏,整个建筑群所剩无几,现仅存阁楼一座,南北厢房各两间,保存基本完好。目前,已对陈家民居进行修缮,并在旧宅基础上开工建设了阳谷运河文化陈列馆。2013 年 10 月,张秋陈氏民居被公布为山东省第四批省级文物保护单位。

图 4-13　张秋陈氏民居

十四、张秋显惠庙

张秋,古称"涨秋",因地势低洼,秋季易涨水故名,后人忌水字,改为"张秋"。明清时期,张秋为京杭运河重地,黄河屡次在此冲决运河,对南北运道造成了巨大危害。为保障国家漕粮顺利到达京城,明清政府不但在张秋设立了一系列管河机构,而且兴修了大量的水利工程。

元朝开会通河,输南粮入京,即在张秋附近置荆门上下闸、阿城上下闸、七级上下闸节制水源,满足漕河运输,并派都水分监驻张秋,以管理山东运河漕运。入明后,中央政府更视运河为国家命脉,所以对其管理与维护也极为重视。成化时,朝廷不但在此置北河工部分司,而且寿张、阳谷、东阿三县管河主簿厅也驻于此。弘治五年(1492),黄河复决荆隆口,坏会通河,朝廷动用数10万人力与山东、河南、南直隶数省钱粮,历经三年,方将此次张秋决口堵塞。为纪念此次工程的完工,改张秋镇为"安平镇",并在张秋镇内修建"显惠庙",祀真武、龙王、天妃等神灵。

图4-14 张秋显惠庙遗址

随着时间的推移,明代所建显惠庙早已湮没无闻,2015年4月,当地民众在其旧址上捐资重建庙宇,亦名"显惠庙"。在显惠庙前当地民众立有一块石碑,后列有捐资人姓名及捐资数量。碑文记载:"据传明朝年间,张秋镇京杭大运河戊己山处有一漩涡,过往船只皆被吞没,显惠闻知,驱身堵住,从此过往船只平安通行,百姓为其建庙供奉。"

第五章　传统戏剧与曲艺

聊城的戏曲历史悠久,历史上曾有过兴盛时期,这主要是与当时聊城的经济发展密切相关。运河的流经在带来便利水路交通的同时,也带动了沿岸城镇商品经济的发展。聊城在明代成为沿河九大商埠之一,清代则被称为"天都之肘腋""江北一都会",临清更是有"小天津"的美称。随着交通的发达,经济的繁荣,很多民间戏曲艺人纷纷进入城市,这不但活跃了城市的文化生活,而且也使一些曲种得到了发展和完善,同时也培养造就了许多戏曲大家。在戏曲的传播和发展过程中,运河的作用可谓功不可没。大运河为戏曲的形成和发展提供了素材和土壤,促进了外来戏曲与地方戏曲的交流与融合,孕育出聊城丰富多彩、特色鲜明的戏曲文化。

一、临清京剧艺术

临清位于京杭大运河南北交冲之地,凭借着其优越的地理位置,在明清两朝,不仅发展成为繁华的漕运名埠和商业都会,也使之成为一座文运兴盛的运河名城。其深厚的文化积淀以及数百年的兴盛,为京剧这一国粹艺术植根于临清,并在临清这片热土上得到弘扬和光大提供了良好的人文环境。据已故原临清市博物馆馆长王洪辰先生考证,在乾隆三十年(1765)前,"吹腔"(徽班进京时的主要唱腔)这一古老艺术就已在临清松林镇的田庄村扎下了根,并且一直传唱至今。

图 5-1　临清京剧表演

临清真正意义上的票房出现在 1932 年。据《临清县志》载:"晨光剧社成立于民国二十一年,中山国剧社亦于是时成立。"1933 年冬,在中山国剧社的基础上,创办了"进德剧社"。同时期的票房还有"国剧研究会"和山东省立十一中"国剧社"。当时在这里担任美术教员的国画大师李苦禅以及学生黑伯理、李景波等都是"国剧社"的社员,他们经常与"进德剧社"联袂演出。1947 年秋,由原隶属八路军二纵四旅政治部的"解放剧团",与冀南七分区所属的"鲁西北新生剧社"合并,成立了"临清前进京剧团",这也是有史以来临清的第一个专业剧团。1949 年 3 月,李和曾等人曾到西柏坡为毛主席等中央首长演出,并受到高度赞扬。

1976 年后,该团陆续恢复了对传统剧目的排练,培养和涌现出了一批青年优秀艺术人才。20 世纪 90 年代末,该团与山东艺术学院戏曲中专部联合创办了京剧专业戏曲学校。2001 年 9 月,临清成功举办全国京剧票友艺术节。2006 年 11 月,临清市京剧团在北京长安大戏院进行了京剧专场汇报演出,这在长安大戏院的历史上是从未有过的,为临清市成功申报"全国京剧艺术之乡"及弘扬京剧艺术做出了积极的贡献。[①]

二、临清时调

临清时调,也叫"时曲",是临清运河两岸流行小曲的总称,至今已有五六百年的历史。临清是因运河而逐渐兴起的城市,在运河畅通的明清两代,一直是运河码头重镇之一。尤其在清代前期漕运兴盛之时,粮船、官船、商船、客船樯帆林立,市井熙攘。水路的便利,使临清与各地交往密切,小到衣食住行,大到城市布局都大受经济繁盛的苏州、扬州影响,至今从饮食习惯、铺面设置等方面仍能看出痕迹。经济的繁荣对文化的传播产生了有力的推动作用。大量的戏曲、民歌等民间艺术都曾驻足于此。产生、兴起于淮扬的俗曲小令,也正是通过运河而传播于此,广为流传,使临清成为明清两代俗曲小唱主要流传地区之一。明代《万花小曲》中就有"京津流行之小曲,来源山东之临清"的记载。[②] 明人谢肇淛《五杂俎》卷八载:"今京师有小唱……其初皆浙之宁绍人,今日则半属临清矣,故有南、北小唱之分。"[③]清道光四年(1824),临清小曲《下河调》被华广生搜集入北方小调刻本《白雪遗音》中,可见俗曲小唱在临清有着久远的历史。

在明清漕运兴盛时期,俗曲时调主要流传于歌馆青楼之中,故临清时调早期一

---

① 中共山东省委宣传部《山东宣传思想文化工作案例选编(2014)》,济南:山东人民出版社,2015 年,第 248 页。

② 张玉柱《齐鲁民间艺术通览》,济南:山东友谊出版社,1998 年,第 638 页。

③ 张桂林《传统音乐》,济南:山东友谊出版社,2008 年,第 352 页。

直被称为"窑调"。曲目也多是唱四时景致及情曲,如《虞美情人》《尼姑思凡》《十杯酒》《夏景天》《五更》等。清末运河淤滞,漕运停止。临清经济渐衰,时调小曲的演唱也失去往日之繁盛,但在运河两岸的民间仍有广泛的流传,只是曲牌、曲目远远少于职业演出。除了民间演唱时调小曲自娱外,也偶有盲人或破产农民打花棍演唱,以为行乞的一种方式。1920年前后,一个开茶馆的人,名叫陈玉山,是时调爱好者。他在临清大寺附近开了家落子馆(有多种曲艺演出),邀请了当时知名的时调玩友刘印轩、夏庆云、徐金福、夏连杰以及部分歌妓,作职业性演出,颇受欢迎。因嫌"窑调"称谓不雅,便依据伴奏乐器而改称"丝调",一直演出多年。临清一带演唱小曲者都称为"丝调"。到新中国成立后,文艺工作者依其所唱皆为时兴小曲的特点,正式定名为"临清时调"。①

临清时调演唱的形式主要为对唱和独唱。伴奏乐器有三弦、二胡、竹板,有时也加入二胡、扬琴,常用的曲牌有《四平调》《靠山调》《伤心调》《撒大泼》等,曲式结构多为主曲体式,即基本曲调不变多次反复或稍加变化的特点。所以临清时调以悦耳动听、唱段生动、乡土气息浓郁见长。

图 5-2 临清时调演唱

新中国成立后,文化部和山东文化部门对临清时调进行挖掘整理,使其重新焕发生机。1956年4月,临清时调《撒大泼》剧组曾代表山东省参加全国曲艺观摩演出,并在怀仁堂为中央领导专场演出,受到周总理的接见。《人民画报》封面刊登了演员阎玉贞和汤贵荣的剧照,中央人民广播电台播放了《撒大泼》的录音。1964年,山东省歌舞团李若芳与王音旋进京合作演唱《撒大泼》,并灌制了唱片。"文革"

---

① 张玉柱《齐鲁民间艺术通览》,济南:山东友谊出版社,1998年,第639页。

期间,各种演唱被禁止。1979 年后,临清市文化馆许凤霞等人对其进行了重新挖掘整理,1987 年,《山东地方曲艺音乐》收录了他们的研究成果。目前,临清时调仍是广大群众喜闻乐见的曲艺演唱剧目,2006 年被列入聊城市第一批非物质文化遗产名录。

三、临清驾鼓

驾鼓,原名"助阵鼓",又名"羯鼓",起源于东汉末期,原本击鼓是为大将助阵扬威的。流传到五代十国时期,沙陀国国王李克用又有新的发展。他以鸣锣击鼓发号施令,摆下二十八宿阵,设下四面埋伏,以点鼓告知将士们,敌人已进入二十八宿阵;用长鼓暗示将士们用作战的方式,探敌情,摸对方的虚实;以小排鼓点击出左阵角三千伏兵冲击杀敌。如不能制胜,就用滚鼓号令,四面埋伏一起出动,发挥二十八宿大阵的作用。宋太祖赵匡胤统一全国后,将"驾鼓"列为宫中御用品,演变成宫中文化。清乾隆年间,临清庙宇众多,伴随着宗教活动的开展,"驾鼓"开始出现于迎神送佛的队伍之中。为营造声势,各庙会纷纷效法,曾有南坛奶奶"驾鼓"会、古迹奶奶庙"驾鼓"会、碧霞宫庙"驾鼓"会、行宫庙"驾鼓"会等在民间负有盛名。民国初期,由洪鹤岭发起并组织群众购置锣鼓,传授鼓技,成立了更道"驾鼓"会,使这一古老的民间艺术得以传承并发展至今。[①]

图 5-3　临清驾鼓表演

临清驾鼓是一种锣鼓打击乐合奏的形式,乐队分成大、小两种。大队一般由24 面鼓、8 面点锣和 2 面大筛锣组成,小队一般由 8 面到 12 面鼓、2 面到 4 面点锣、

---

① 李群总主编,李建国主编《传统舞蹈》,济南:山东友谊出版社,2008 年,第 330 页。

1面筛锣组成。演奏分行街和圆场两种,行街时,点锣领头在前,起指挥作用,鼓成两排纵队,大锣由两人抬着,一人敲击,边走边演奏。鼓点的变换要看前面点锣的指挥。常演奏的鼓牌有:"老排鼓""小排鼓""长鼓"。当鼓队行至十字街口或广场时,鼓队围成一个圆圈,筛锣居中,点锣面对筛锣,立与圈内一侧进行演奏。这时演奏"点鼓""二十八宿""二十四孝""三翻带滚鼓""卧龙鼓"或进行即兴组合。但一般点鼓起点,最后有卧龙鼓收尾,节奏丰富多变,鼓声洪亮威武,气势磅礴,故临清驾鼓会又有"威武会"之称。①

临清驾鼓具有鲜明的艺术特点,其丰富多变的节奏,威武洪亮的鼓声以及敲鼓边、敲鼓帮、鼓槌相击等演奏技巧和变化多端的演奏队形,震人肺、气壮山河。近百年来,临清驾鼓继承了传统的演奏技巧,并在几代人的发展传承中而更趋完美,演奏也更加灵活多样。1979年,临清大桥村委会出资购置了锣鼓、服装、彩旗等,建立了正规的表演队伍。临清驾鼓以其特有的艺术魅力,长期受到人民群众的喜爱和赞誉。1996年,临清驾鼓队在山东省首届农民艺术节上刚一亮相,便博得全场掌声。临清驾鼓表演一举夺得金奖,被誉为"中华艺术明珠,民族文化瑰宝"。2006年,临清驾鼓被列入山东省第一批省级非物质文化遗产保护名录;2020年12月,成功入选第五批国家级非物质文化遗产名录。

四、临清琴曲

临清琴曲,原名"小调会",是山东地方稀有曲种之一,产生于临清城东北蛤蜊屯,至今已有一百余年的历史。临清琴曲的出现,与临清历史上时调小曲盛行有直接关系。临清因运河漕运之利,成为明清两代南北小曲主要流行地之一。运河两岸的农村乡镇,也多有传唱者,但多为自发业余自娱演唱,无正式组织,多半也只是会数支曲目或片段。紧依临清的蛤蜊屯正是如此,屯子中妇孺老幼都能哼几句小调、小曲。清光绪八年(1882),蛤蜊屯有一位秀才名徐殿元,是个时调小曲爱好者,在当地久已流行的俗曲小令基础上,整理创编了一些曲目,择取各种时调、小曲,组织乡民爱好者习唱,取名"小调会",成为一种近似于说唱艺术的艺术品种。"小调会"之名一直沿用至新中国成立之前。新中国成立后,新文艺工作者正式给它定名为"临清琴曲",以有别于历史悠久的"临清时调"。②

临清琴曲无职业性演出,纯为农民自娱自乐的一种艺术形式。一般在农闲的冬季,爱好者们相约习唱为乐。因农村娱乐形式很少,每次演唱都聚集了大批乡民围听。在春节、元宵节等大节日,农民们往往自发组织"小调会",到处搭台演唱。

---

① 李宗伟《山东省省级非物质文化遗产名录图典》(第1卷),济南:山东友谊出版社,2012年,第76～77页。

② 张玉柱《齐鲁民间艺术通览》,济南:山东友谊出版社,1998年,第636页。

自黄昏后开演直至夜半，往往数日不绝。"小调会"内不分尊卑，演唱者中数辈相聚，乐器一响，开口一唱，呼妻唤子，一应曲中角色，虽爷孙倒置也不避嫌，那份认真投入令人羡叹。临清琴曲平时习唱似曲艺，演员徒手而歌，小乐队伴奏。人多时分包赶角，少时则一人跳进跳出，也无身段表演，随手指划稍应曲词而已。在年节演出时又似戏曲，堆土成台，分上下场，演员着装也分丑、旦、生各行，一应做派都模仿戏曲。只是缺戏曲的武场锣鼓，只有类似文场的小乐队伴奏。

临清琴曲的音乐为曲牌联缀结构，因是农民自娱形式，音乐很不成熟，随意性强，曲牌之间的联缀也无规律，一般照曲套词，自由联接。现存曲牌计有凤阳歌、叠断桥、粉红莲儿、时谣、边关调、悲调、打调、卫调、剪剪花、雁鹅调、哭五更、反临清等十余支；乐器曲牌有小开门、小八板、头通、斗鹌鹑、哭周瑜、苦中鱼等6支。各种曲牌虽看名目似为普遍流传的俗曲曲牌，但实际上大都名实不副，有许多为农民自行改造的产物，与同名曲牌相去甚远。临清琴曲的伴奏乐器有扬琴、三弦、二胡、四胡、箫、京胡等。因有箫、京胡的加入，使其具有一定的江南丝竹风格，尤其是京胡的左手抹音演奏，音色颇似高胡，这与鲁北流行以鼓吹为主的乐队形式相差甚远，约略可看出运河遗韵。临清琴曲的曲目，相传皆为创始人徐殿元所编，计有《吴踏拉扛活》《小秃闹房》《放风筝》《要陪送》《八仙庆寿》《佳人上吊》等14种。

临清琴曲因为农民自娱演出形式，所以影响面很小，只在蛤蜊屯附近数个乡村中有演出活动。1958年，中央民族乐团曾来临清，搜集了大量的琴曲资料。当时临清松林区文工团曾根据"琴曲"改编了很多演唱曲目，如《红姑娘》《懒老婆》等。山东省艺术研究所张军还将琴曲《吴塌拉扛活》整理改编后发表在当时的《曲艺》刊物上。蛤蜊屯演唱琴曲比较著名的有徐殿才、徐景秋、徐庆秋、徐印秋、徐孟秋等，演唱者皆为男性。屯中虽有妇女会唱者，也不准加入"小调会"。因此，临清琴曲曲目中的坤角，皆系男性饰演。至20世纪80年代末，蛤蜊屯还有琴曲演出。① 随着经济、社会的发展，受流行音乐的冲击及观赏群体的局限，临清琴曲逐渐走向衰弱。近年来，在石槽乡、松林镇一带的不少村庄又恢复成立了"小调会"（即琴曲），在逢年过节或大型市场交易会上进行演唱。

五、临清乱弹

临清乱弹，又名"五音联弹"，是以弦乐、弹拨乐器为伴奏，以清唱故事、演奏曲牌子为主的地方剧种。乱弹有东西路之分，形成于清代前期，流行于山东的临清、夏津、冠县、莘县、阳谷及河北省威县、临西等地的称"东路"；"西路"则流行于河北南宫、隆尧一带。

---

① 张玉柱《齐鲁民间艺术通览》，济南：山东友谊出版社，1998年，第637页。

对该剧种的源流说法不一,有的说乱弹是由南方(扬州)传入;也有人说乱是从北京传来。但就乱弹的音乐特征来看,在主要唱腔方面有明显的俗曲痕迹,演唱上近似弦腔,但较丝弦腔更为浑朴、粗犷。由于乱弹腔首先兴起于临清一带,在其发展的过程中,深受过往剧种的影响。明、清以来,临清是运河的重要码头,常有南来北往的各种戏班驻留临清,其中尤以随徽商北上之戏班影响较著,这在乱弹剧种的音乐构成中都有较为明显的印迹。乱弹在山东临清一带的传播、发展过程中,受到燕赵、齐鲁民俗和北方弦索声腔、梆子腔声的影响,其风格渐而趋向高亢激越,浑朴粗犷。主要唱腔保持原来调式,伴奏沿用唢呐、笛子和弦索(弹拨乐器),由于保留了南曲以檀板司节奏的习惯,渐而取消了梆子击节,弦索也渐而不用。伴奏乐器便形成了笛子、笙、唢呐为主自成体系的组成乐器。从现在乱弹伴奏乐器的用律以及唱腔与伴奏之间之声复调的科学运用,可知乱弹的唱腔板腔的形成和吹奏乐器的应用已经历了相当长的历史。

乱弹剧目丰富,传统剧目有 200 多出,其中用乱弹腔演唱的传统代表剧目有《临潼山》《广武山》《煤山》《两狼山》《长寿山》《石佛山》《全忠孝》《岐山角》《五雷阵》《白逼宫》《盗绣龙甲》《大上吊》《汴梁图》《下燕京》《高平关》等。昆腔戏有《拿金钱豹》《铁弓戟》《界牌关》《清风寨》《倒铜旗》《闹天宫》《三打祝家庄》《宁武关》等。

清道光以前,乱弹尚未分流。从清道光末年到同治七年(1868),山东一带连年战乱(太平军北伐、捻军抗清斗争),临清乱弹班其演出范围即向西推移,在任县、巨鹿、隆尧一带扎下根基,继而扩散到今石家庄附近的赞皇、藁城一带。由于这一带比较偏僻,受到外来剧种影响较小,老艺人代代相传,对原有的艺术形式更改不多,基本保持了清时"诸腔杂陈"的旧貌。东路乱弹则主要流行于汶、卫流域和黑龙港流域(包括衡水、邢台、邯郸、沧州、保定、石家庄六市的 50 个县、市、区),这里"水路辐辏、商贾所通,倡优游食颇多",因而受到其他剧种的影响较大。加之东路乱弹不断吸取其他剧种的营养,丰富自己,并对其声腔不断地进行改革和艺术实践,故而有较大发展。至清代末年,东、西两路乱弹已分别发展成为同一名称的两个"剧种",基本上难以同台演出。日本的对华侵略给中国人民带来了深重的灾难,乱弹这一戏曲艺术也遭到空前浩劫。这一时期,班社解体,艺人失业,乱弹几乎完全停止了活动,许多名艺人被迫转行。

新中国成立后,乱弹重新焕发生机和活力。不仅原来的职业或半职业班社恢复了演出,不少农村也聘请教师教戏,培养了一大批乱弹艺术人才。1957 年,临清在半职业剧团的基础上,成立临清市乱弹剧团,主要演员有赵福成、李贵钦、陈玉勤、藏文秀等。1961 年,曾到济南、青岛、烟台、威海、潍坊、淄博、聊城等地巡回演出。在青岛北海舰队礼堂演出时,曾受到萧华上将的接见。之后,该团又演出了新编神话剧《神灯》,排演过《江畔遗影》《不会过日子的人》《二老转变》等现代戏。《人民日报》曾以《枯木逢春》为题,对古老剧种临清乱弹的新生予以评价。乱弹在中国戏曲发展史上,起着承前启后的作用,有着重要的地位和价值。2011 年,临清乱弹被列入聊城市第三批非物质文化遗产保护名录。

六、临清田庄吹腔

临清田庄吹腔是流传于临清松林镇田庄一带的古老戏剧曲种,至今已有近300 年的历史。据考证,田庄吹腔是由秦腔、徽戏、明清时曲吸收当地民歌而形成的。田庄吹腔始于乾隆二十六年(1761)前后,由河北南宫侯姓者传入。乾隆三十年(1765),乾隆帝南巡回銮驻跸临清时,观看此剧,龙颜大悦,并赐名为"吹腔",流传至今。

田庄现在最早的折子戏手抄本是清道光三十年(1850)本村的一个叫田化荣的人组织抄写修订的。可以推断,从道光年间,田庄就形成了剧团。田庄吹腔从俗曲小令到化妆演唱再到舞台表演,经过长期实践,吸收其他剧种的表演特长,最后形成了一套独特的表演程式,展现出粗犷豪放的音乐风格。如武将亮相,必须先进行踢腿、飞脚、翻身等一系列动作,以双脚齐跳表示发怒。我国戏曲特有的"虚拟化""写意化"的表演在吹腔表演中都得到了体现,如《龙舟会》表演,在空无一物的舞台上屈膝虚坐,纹丝不动,整个演出只有小姐、丫鬟和书生三人,通过细腻的表演和身段动作的配合,表现出三人在人山人海中拥挤不堪的情景,十分逼真。"吹腔"程式化表演较为固定,如旦行讲究"青衣走,大甩手,小旦走,起风摆柳"。"推圈"要边推边走,"花脸过顶,红脸与眼齐,小生与嘴齐,旦角齐胸,小丑单指",也有"小丑似小生,小生似小旦"的说法。此外,还有翘腿、劈叉、打飞脚等功夫。田庄吹腔曲牌古朴典雅,吸收了秦腔、弋阳腔、汉调、徽调等特点,形成了多种吹腔的吹腔戏,所用曲牌有山坡羊、朝阳歌、锁南枝等百余种。传统剧目数量甚多,分大、中、小三类,共70 余个,内容涉及春秋战国、三国两晋、隋唐五代、唐宋明清多个朝代,代表作有《王玉荣思夫》《貂蝉思夫》《王小赶脚》《补缸》《十字坡》等。1964 年以后,临清剧团利用吹腔曲牌排演了不少现代戏,如《夺印》《红灯记》《朝阳沟》等。宣传计划生育的《报喜》《拉拉自家事》在省市参演时均获奖。

田庄吹腔是我国古老唱腔的代表,对研究我国戏曲声腔的发展有着不可估量的作用。该团体人员至今保留相当一部分手抄本剧目(有些已存入中国戏曲研究院),对研究中国传统剧目和戏剧的发展有重要价值。2006 年,田庄吹腔被列入聊城市第一批非物质文化遗产名录。

七、冠县柳林花鼓

冠县柳林花鼓属于民间舞蹈艺术,是民间"鼓子秧歌"的一种。最初的表演形式为"地秧歌",后来逐渐发展演变成现在的"走街秧歌"。柳林花鼓起源于清朝初年,距今已有400余年的历史。关于柳林花鼓的起源,民间说法认为,其演绎的故事取材于《水浒传》,梁山好汉化妆成民间艺人混入大名府,大闹法场勇救卢俊义。历史上,此地民风强悍,极富反抗精神,加之地处梁山好汉活动范围,老百姓出于对梁山好汉的喜爱,便将这一故事融入本地流传的"鼓子秧歌",并逐渐演变成固定的表现形式,最终发展成这种独特的民间舞蹈。柳林花鼓原来有两部分,第一部分表现梁山好汉化妆进城、一路上边歌边舞的情形;第二部分表现劫法场大闹大名府,救出卢俊义的战斗场面。现保留下来的仅是第一部分。

柳林花鼓以花鼓为主要道具,在伞、锣、鞭的配合下,载歌载舞,展示技巧。柳林花鼓表演的为一个固定的故事:元宵节之际,梁山好汉化妆成江湖艺人混进大名府,搭救被官府陷害的卢俊义。全队为固定的14人,每个人都有固定的角色。伞头1人:吴用,为全队指挥;头鼓2人:刘唐、李俊;二鼓2人:柴进、花荣;头锣2人:孙二娘、扈三娘;二锣2人:顾大嫂、乐大娘子;和尚2人:武松、鲁智深;老鞑子1人:宋江;憨小1人:燕青;京妈妈1人:金小姐(鲁智深拳打镇关西所救之女,特来帮忙)。其中头锣、二锣、京妈妈5人为男扮女装。另外,这14个人物还分为"内角"和"外角",以伞头为先锋,头鼓、二鼓、头锣、二锣为内角,两个和尚、老鞑子、憨小、京妈妈为外角。表演时,伞头持伞,头鼓、二鼓挎长带腰鼓,头锣、二锣提小锣,和尚拿棒槌,其余三人持鞭。

图5-4 柳林花鼓表演

柳林花鼓的鼓最具特色,鼓带特别长,舞者挂于右肩,鼓则垂在左膝下,无论舞者如何翻、跳、打、扑、转,鼓总是紧贴于小腿部,而舞者就在这些剧烈的动作中有节奏地击鼓,堪称绝技。柳林花鼓的舞蹈动作带有很浓的武术风格,整个表演由"武场"的舞蹈和"文场"的演唱组成,称为"文武秧歌"。武场只舞不唱,文场只唱不舞。

柳林花鼓的演唱基本上和《大名府救卢俊义》无关,曲调也比较庞杂,其演唱的曲调有《绣帐幔》《好一朵奴女花》《喜歌》《爷爷儿出来吱呀呀》("爷爷儿"为当地对"太阳"的俗称)、《河南有个王员外》等。人数固定,角色固定,每个人的表演套路也非常严格,演出时缺一人不可,少一人不行。舞蹈具有浓厚的武术色彩,演员需具有一定的武术功底。演唱则属于朴拙的原生态唱法,唱词中充满了当地百姓的俗词俚语,对于研究当地文化的发展具有重要意义,其生存发展之路对于研究传统艺术的保存和发展有很高的参考价值。

柳林花鼓一直活跃在民间文艺舞台,通过一代代艺人丰富发展、完善创新,得以流传下来。新中国成立后,柳林花鼓受到各级政府重视,曾一度兴盛。1953 年,曾在华东区文艺会演中获一等奖,并赴抗美援朝前线进行了慰问演出。此后,柳林花鼓一直活跃在民间文艺舞台上。柳林花鼓以独特的拷鼓方法、有情节、有人物的表演方式而独树一帜,受到有关专家的高度评价。2006 年,柳林花鼓被列入山东省第一批非物质文化遗产名录;2008 年,被列入第二批国家级非物质文化遗产名录。

八、冠县蛤蟆嗡

桑阿镇是冠县著名的"民间文艺之乡",民间曲艺资源非常丰富,蛤蟆嗡就是该镇独有的地方剧种。蛤蟆嗡戏源于河北省武安县一带的"武安落腔",1890 年前后由逃荒艺人传到桑阿镇后,吸收、融合了本地四根弦、梆子的某些声腔,逐渐形成了一种独具特点的地方剧种。由于这种戏的独门乐器"蛤蟆嗡板胡"音质低沉浑厚,远听起来如同蛙鸣,便被戏称为"蛤蟆嗡",后遂以此为名。[1]

蛤蟆嗡虽是民间小戏,但角色行当如生、旦、净、末、丑俱全,传统剧目可连演五天不重样。主要剧目有《王定保借当》《蓝桥会》《赶三关》《夜宿花亭》《王子龙掉印》《马前泼水》《吕蒙正赶斋》《老少换》《杨二舍化缘》《宋江杀惜》《柜中缘》《安安送米》《梁祝下山》《劝嫁》《王少安赶船》《卖油郎》《李三娘打水》《宇宙锋》及连台本戏《刘公案》等 30 余个。蛤蟆嗡的唱腔音乐属板式变化体,主要板式有慢板、二板、流水以及娃娃腔、发腔迷子等。蛤蟆嗡的唱词以七字句的上下对偶句为主。乐队由文场和武场两部分组成。文场主奏乐器除"蛤蟆嗡板胡"之外还有二胡、笛笙、三弦等。武场所使用的乐器有板鼓、锣、钹手锣、堂鼓等。蛤蟆嗡的主奏弓弦乐器"蛤蟆嗡板胡",又称"胡头"(或称"胡子"),最富有特色,它是用粗大的椿树根挖制成琴筒,蒙以桐木薄板,上配 30 多厘米长的琴担和两根丝弦及马尾弓。椿树根木质松软,发音浑厚悦耳,瓮声瓮气,使蛤蟆嗡的唱腔具有一种特殊的韵味。蛤蟆嗡唱腔

---

① 李宗伟《山东省省级非物质文化遗产名录图典》(第 2 卷),济南:山东友谊出版社,2012 年,第 168 页。

婉转悠扬,优美动听。唱词使用大量本地方言,朴实诙谐,具有浓郁的生活气息和典型的地方色彩,深受广大群众喜爱。①

在 1935 年前后,桑阿镇苇园村的"蛤蟆嗡"班已经成为较有名气的民间戏班,有演员 30 多人。新中国成立后,桑阿镇组织了专职蛤蟆嗡演出队,进行演出。1959 年,演出队以《故事出在棉鞋里》赴济南参加全省文艺调演,荣获一等奖,受到高度评价,蛤蟆嗡从此崭露头角。同年,"冠县蛤蟆嗡剧团"成立,经费由县财政拨付。剧团招学员 52 人,学成后赴周边县市演出,大受欢迎。在此期间,剧团专业人员对蛤蟆嗡传统唱腔及伴奏进行了完善和创新。1962 年,剧团解散。以邱东山为首的桑阿镇文艺宣传队伍始终坚持编演蛤蟆嗡唱段、小戏,并多次在各类文艺会演中获奖。

九、聊城八角鼓

聊城八角鼓是流传于聊城市的一个曲种,以演唱者所用的击节乐器"八角鼓"而得名,距今已有 100 余年的历史。关于八角鼓的起源,说法不一。相传八角鼓由满族八旗的 8 位首领各献一块最好的木料镶嵌而成,象征八旗的团结。八木相拼而得八角,所以叫"八角鼓"。《中国地方戏曲集成》记载,"八角鼓原是满族在关外牧居时的民间艺术。满族人民常在行围射猎之暇,以八角鼓自歌自娱。"②清朝中期,八角鼓沿运河流传到临清、聊城、济宁等地,被改用当地方言演唱,演变为"山东八角鼓"。聊城八角鼓在吸收了岭调、靠山调、马头调等民间小曲以及河南鼓子曲的一些曲牌后,逐渐衍变成了具有独特风格和地方色彩的曲艺形式。

最早传唱聊城八角鼓的是博平盲艺人褚连登,擅长自弹自唱和巧变丝弦,后来习者渐多,流传日广。早期多是业余爱好者演唱。清代末年盛行以后,职业艺人渐多。除清唱段儿书外,又有褚连登的再传门人吴永侠、展永福开始将八角鼓唱段化妆演出,遂使聊城八角鼓具有了清唱段儿书与化妆彩唱两种演出形式。聊城八角鼓属于曲牌联套体唱腔结构,开头都用鼓子头、阴阳句,中间使用的曲牌视内容情绪而变化,结尾多用垛子或鼓子尾。以唱为主,辅以表情动作。早期只用三弦伴奏,演唱者以八角鼓击节。后来伴奏乐器逐渐充实,增加了扬琴、琵琶、二胡等弦乐器和节子板、小钹等打击乐器。演员可化妆,也可便服;可有专门乐队,也可自弹自唱,形式非常灵活,是典型的群众性业余文娱活动。

聊城八角鼓曲目丰富。清唱大段有《送穷神》《耗子告猫》《王二姐摔镜架》《长坂坡》《灞桥挑袍》等。清唱小段,近于北京的岔曲、腰截,多半是咏事咏物、抒情写景之作,有《黄菊开放》《秋景萧条》《尼姑思凡》《牡丹花开》《雁燕催舟》等。化妆演出节目也可清唱,多半是反映民间生活的作品,有《何先生教馆》《母女顶嘴》《老少

---

① 李宗伟《山东省省级非物质文化遗产名录图典》(第 2 卷),济南:山东友谊出版社,2012 年,第 169 页。

② 陈清义《聊城运河文化研究》,济南:山东画报出版社,2013 年,第 250 页。

换《王小赶脚》《断桥》《王大娘探病》等,长篇书有《莱芜县》。中华人民共和国成立后,对聊城八角鼓进行了发掘整理。中央民族音乐研究所曾记录著名艺人逯本荣、史传义演唱的不少传统曲目和音乐唱腔,促进了它的发展。

聊城八角鼓是研究明清曲牌、曲谱及八角鼓唱词、唱腔的有力佐证,是东昌府区民间曲艺的代表,也是研究当时运河沿岸民间曲艺的珍贵资料,具有很高的音乐、史料、学术、艺术价值。从民间文学和民间音乐而言,都是丰富而宝贵的民族非物质文化遗产。2006 年 12 月,聊城八角鼓被列入山东省第一批省级非物质文化遗产名录。

十、东昌弦子戏

东昌弦子戏是聊城市著名的地方剧种之一,至今已有 200 多年的历史。它以东昌府区为中心,南至河南北部,西至河北邯郸,北至德州南部和东部,东至泰安。该剧行腔抑扬有序,平稳婉转,声腔俱佳,是很受群众欢迎的一个戏曲剧种。

东昌弦子戏于清咸丰年间传入原老堂邑县现东昌府区张炉集镇后石槽村一带,当时仅有二十几个人活动、演唱、演出,但深受群众欢迎,当时有"宁可荒了地,不舍弦子戏"的说法,验证了当时人民群众对弦子戏的喜爱程度。该剧种表演所使用的相关器具主要有大笛、笙、三弦、红笛及打击乐器等。曲牌板式内容丰富,大约有 120 个曲牌,通常使用的大致有褚云飞、锁南枝、山坡羊、娃娃调、二板娃娃腔、桂枝香、朝天子等曲牌,剧目有《游西湖》《战樊城》《颜查散》《汉衫记》《破洪州》《讨荆州》等。

作为一种古老的民间艺术,东昌弦子戏在清代曾经名噪一时,官宦人家争相聘请庆寿诞、庆升迁;商贾庆开张、庆乔迁;新年伊始从正月十五一直唱到三月三,很是受到当时官府的重视和群众的欢迎。清末民初,弦子戏更是红极一时,在戏剧苑中独树一帜,其他剧种改编借鉴弦子戏的曲牌、板式、行腔的情况屡见不鲜。新中国成立后,人民安居乐业,东昌弦子戏的演出队伍更加壮大,最多时曾经达到 60 余人。据弦子戏传承人李公运回忆,以前后石槽村人人爱听弦子戏、爱唱弦子戏,村里不管男女老少,都能唱两句;村民在田地里干活时,还经常哼唱弦子戏。由于弦子戏这一剧种深受老百姓的欢迎,因此在广大农村集镇还时有传唱。弦子戏唱腔优美,老少咸宜,具有比较深厚的群众基础,具有较高的艺术价值。2006 年,东昌弦子戏被列入聊城市第一批非物质文化遗产名录。

十一、东阿下码头王皮戏

王皮戏起源于东阿县牛角店镇下码头村,是流行于东阿、平阴、冠县、茌平等地的戏曲剧种之一,至今已有 300 多年的历史。王皮戏的起源说法不一,据《东阿县志》记载,王皮戏"为境内独有民间剧种,源于大桥乡下码头村"。据东阿县下码头老艺人介绍,王皮戏因戏中主角叫王皮而得名,清康熙年间,朝臣孙司马(绰号孙老钱)曾在当地传授过王皮戏,其本人也曾在《土地爷添油》一剧中饰演王皮。关于"王皮"的称呼,早在元明时期,就已经是文学作品中的人物。元代高安道所作的《皮匠说谎》一曲中,写书生请有名的小王皮做双好靴,讲好式样和交货时间,王皮满口应承,却一拖再拖,谎话连篇,折腾了八九个月,才算做好。明清小说中也多次提到"王皮"。王皮戏中的主人公"王皮"就是在元代散曲、明清小说,以及明代笑话"东门王皮"的基础上塑造出来的艺术形象,其基本特征是诚信度不高、虚荣心强、附弄风雅、有些小人得志。

王皮戏的乐器有板胡、二胡、三弦、呜嘟嘟、唢呐以及配合表演掌握节拍的手锣,也有锣鼓,但不常用。主要曲牌有"叠断桥""贯孝灯""耍孩儿"等,最细腻的曲子是"十八调",人称"九腔十八调七十二哼咳"。不论是念白、唱词,还是数板,语言直白,简明朴实,通俗易懂,带有大量的当地口语方言,具有浓郁的地方特色。代表剧目有《土地爷添油》《送饭》《休妻》《两亲家顶嘴》《赌博鬼》《十八大姐逗王皮》等。王皮戏中的角色王皮老丑、十八大姐均为旦角扮相,剧中演员的表演动作采用了大量的民间秧歌和喜剧的表演艺术技法,特别是剧中旦角的表演、有的娇柔俊俏,有的媚悦流俗,有的泼辣刁钻,表演动作如"甩巾转身""扭腰晃头""前俯后仰、送臂闪腰"等,充分体现出舞蹈动作刚中有柔,柔中带刚,动中有稳,稳中有放,韵律舒展,连接顺畅的艺术特征。唱腔大量使用了角、宫、徵、商四种调式,特别是在一个唱段中,数个调式交替出现,音乐结构完整、严谨、新颖、流畅、令人耳目一新。

王皮戏多在夜间演出,演出场地一般选在闲院荒场。演出前,全体演员(最多24人)手持各种彩灯,如伞灯、瓶灯、升灯、鼓子灯、篮子灯等,排成单行,前面一杆"图"字大旗开路,边扭边唱"路灯歌"。进入演出场地后,开始"跑场"。跑技有"里摞城""外摞城""十字穿城""踩街""乱劈柴""夹箔帐""龙吊挂"等,队形变化多端,彩灯上下翻飞,煞是壮观,让人眼花缭乱。剧目演出时,前场演唱,后场演员配唱,俗称"拉崖子",除演出整个剧目外,也演出折子戏。演出剧目多是喜剧,幽默、诙谐、风趣,颇得百姓喜爱。

新中国成立后,聊城地区于1959年组织了业余和专业剧团会演。东阿县文化局为参加会演,组织了中学生和教师40余人,聘请下码头村艺人传授了王皮戏,排演了《两亲家顶嘴》一剧。为加强音乐的表现力,组织音乐教师,根据剧中的唱词和王皮戏的曲调,整理了曲谱,并加进了乐队伴奏,王皮戏有了较大的发展,由广场演出进入了舞台演出。至20世纪60年代末期,王皮戏由盛转衰,趋于湮没。20世纪70年代,因王皮戏演出剧目多是喜剧,幽默、诙谐、风趣,颇得百姓喜爱,其曲谱被载入1998年《中国戏曲音乐集成·山东卷(上)》,山东省艺术研究所还收存了1925年《王皮传》的手抄本。1992年春节期间,东阿县又重新把下码头王皮戏挖掘出来,并在电视台进行播放,其曲谱亦载入《中国民间戏曲集成》。为保护王皮戏这一地方剧种,东阿县政府每年拨出专款支持王皮剧排演,并在春节期间组织到县城及镇驻地巡回演出。该县还开展地方戏"进社区""进课堂""进校园"等活动,使得这一传统戏剧曲目再次焕发青春与活力。

十二、阳谷谷山调

谷山调是流传于阳谷县境内的一种民间曲艺形式,起源于明末清初,距今已有数百年的历史。它是阳谷人民为了纪念明朝的一位清官而创制的民间曲调。因该形式流行于阳谷县境内谷山一带,故定名"谷山调"。谷山调采用三弦、竹板自弹自唱,它的曲调风格独特,既不同于山东琴书,也不同于河南坠子、落子,旋律朴素美妙,婉转流畅,给人以清新悦耳的感觉。

据史料记载,明朝万历年间阳谷县内风调雨顺,人民安居乐业。朝廷给阳谷派来了一位县丞名叫笪一顺。笪一顺为人忠厚,克勤克俭,生活十分简朴。赴任时牸牛驾车而来,他在任期间清廉恭谨,勤政爱民,从不徇私枉法,对在押犯人重教不重刑,还热心资助当地寒门子弟求学,深受百姓爱戴。时隔三年,任期已满,笪一顺依然牸牛驾车离任,阳谷父老自发沿街摆设香案,夹道跪送。笪一顺拱手致谢,洒泪告别。刚出西门,笪公突然发现母牛刚生下的小牛随车跟来,便立即差人将小牛送回县衙。差人不解地说:"小牛是母牛所生,带走又何妨?"笪公说道:"小牛吃阳谷草料长大,应当归为公用。"坚持把小牛留下。后人为了颂扬和怀念这位清官,就将其"去任留犊"的事迹刻在阳谷县城的博济桥石栏板上,历经岁月风雨,但博济桥上的石刻至今依稀可见。阳谷县马庙村老艺人李方连为此创作了谷山调,传颂这段佳话,纪念这位勤政爱民的父母官。

演唱谷山调时,多是艺人手持三弦,腿系节子,自弹自唱,也可加二胡、扬琴等乐器用小乐队伴奏。唱腔为六声徵调式,始终为$\frac{1}{4}$节奏。以流水板为主,但亦有长达十几板的婉转拖腔和俏口垛句,并可任意吸收民间曲调,演唱起来毫不单调谷山调曲目与三弦平调略同。唱段有《唐王探病》《包公夸桑》《八戒拱地》等3余个,中长篇有《五女兴唐》《西游记》等。传统曲目有《猪八戒背媳妇》等。

20世纪60年代,谷山调传承人徐秋菊参加全省民歌会演,演出《绣荷包》。20世纪80年代,阳谷县文化馆对谷山调的曲调进行了大胆的改革和创新,创作了《赵秀姑怒焚鸳鸯阁》《致富引凤》等新曲目。其中《赵秀姑怒焚鸳鸯阁》于1982年12月参加了聊城地区曲艺会演,获演出二等奖和创作二等奖。《致富引凤》于1984年11月地区曲艺会演时获创作和表演二等奖。[①] 现在的谷山调唯一传承人为王代

---

① 山东省文化厅史志办公室、聊城地区文化局史志办公室《山东省文化艺术志资料汇编》第12辑《聊城地区〈文化志〉资料专辑》,内部资料,1988年,第229页。

云,她 16 岁初中毕业后就师从孙学利学习谷山调,掌握了谷山调的演唱技艺,至今已 30 余年了。30 多年来,王代云先后在省市县演出达千余场,很好地传承了谷山调的演唱技法,并不断予以发扬光大,活跃了阳谷县城乡人民文化生活,受到了观众的好评。2015 年 9 月,王代云参加"济南明湖秋韵"2015 年山东省精品曲艺邀请展演,谷山调《去任留犊道清廉》获优秀表演奖。作为具有典型地域性的民间小调,谷山调具有很高的艺术与欣赏价值,是宝贵的民间艺术遗产。由于民间习俗的变迁及市场的低迷使谷山调处于后继无人和濒临灭绝的境地。因此,对谷山调的挖掘、整理以及探索和研究已经刻不容缓。

第六章　传统技艺与工艺美术

传统技艺指历史上传承下来的手工业技术与工艺。传统技艺与人们的衣食住行用等日常生活和社会生产密切相关,既具有现实的使用价值、经济价值,又具有很高的审美艺术价值和人文价值、历史价值。工艺美术是指美化生活用品和生活环境的造型艺术,其发生、发展、制作思想、制作工艺不仅反映着与时代相对应的文化,也反映出与时代相契合的生产力发展水平和生活方式。聊城运河沿线地区的传统技艺和工艺美术数量众多,较有代表性的有临清贡砖烧造技艺、东昌木版年画、东昌葫芦雕刻、东昌运河毛笔制作技艺等。这些传统技艺和工艺美术作为运河非物质文化遗产的重要组成部分,蕴含了沿岸民众特有的精神价值、思维方式、价值取向和艺术品质,是劳动人民智慧、劳动与创造的结晶。

一、临清贡砖烧制技艺

临清贡砖烧制技艺是我国古代建材烧制技艺的重要代表,因其烧制砖窑位于临清而得名。临清贡砖广泛运用于明清皇家及官府建筑,具有"敲之有声,断之无孔,坚硬茁实,不碱不蚀"的特点,历经几百年仍坚硬如石,显示了临清贡砖烧制工艺的高超。2008年6月,临清贡砖烧制技艺被列入第二批国家级非物质文化遗产名录。

临清贡砖开始于明永乐年间,当时明成祖朱棣为了迁都,用15年时间在北京大兴土木营建皇家城池。由于临清傍临运河,运输方便,土质特别,水质不碱,成为当时生产贡砖的首选之地。于是官府在临清划地营建官窑数百座,专设"工部营缮分司"督烧,验收合格的贡砖用黄表纸封装好,通过船只运送到天津直沽厂,复检后运送北京。据清乾隆《临清直隶州志》记载,"朝廷岁征城砖百万"。在北京城,除了故宫和十三陵外,天坛、地坛、日坛、月坛及各城门楼、钟鼓楼、文庙、国子监、清东陵、清西陵等,无不闪现着临清贡砖的身影。清代末年,随着北京皇城建设的基本结束,前后共延续了500余年的临清贡砖官窑停烧。

临清贡砖烧制工艺包括选土、碎土、澄泥、熟泥、制坯、晾坯、验坯、装窑、焙烧、洇窑、出窑、成砖检验等多道工序。用土时,先将土用大、小筛子各筛一遍再用水过滤,待其沉淀后将泥取出,用脚反复踩踏均匀后脱砖坯。砖坯要求棱角分明,光滑平整;脱好的砖坯经晾干之后便可装窑烧制。每窑砖需烧制半个月,再经一周时间洇窑后出窑。① 临清贡砖生产工艺复杂精细,用料也非常讲究,土必须是当地特有的"莲花土",水则必用漳卫河水(俗称"阳水"),就连烧造临清贡砖的燃料也有要求。"打官司的是秀才,烧砖的是豆秸",讲的就是烧贡砖一定要用豆秸秆。②

图 6-1　临清贡砖装窑

　　20 世纪 70 年代至 80 年代,故宫、天坛、光岳楼等古建筑先后展开维修,纷纷来临清购买贡砖,却发现历史上曾经名震全国的临清贡砖,几乎已经无人烧制,令人扼腕痛惜。1996 年,在有关部门的大力支持下,掌握着贡砖传统工艺的景永祥建立了西陶屯砖厂,恢复了贡砖烧制业务。目前,临清永祥贡砖生产基地的砖窑已有八座,是全国唯一专业生产贡砖并已注册的规模化生产基地。近年来,因仿古建筑修建兴起及古建筑修缮产生的贡砖需求,极大地刺激了临清贡砖的需求量与生产量。③

二、临清哈达织造技艺

　　"哈达",为藏语音译,是我国藏族和部分蒙古族人民用来表示敬意、祝贺和祭祀的一种长巾状丝织物。临清织造哈达已有 500 年历史。据乾隆五十年(1785)所

---

① 冯骥才《中国非物质文化遗产百科全书代表性项目卷》(下卷),北京:中国文联出版社,2015 年,第 777～778 页。

② 李宗伟《山东省省级非物质文化遗产名录图典》(第 1 卷),济南:山东友谊出版社,2012 年,第 419～420 页。

③ 冯骥才《中国非物质文化遗产百科全书代表性项目卷》(下卷),北京:中国文联出版社,2015 年,第 778 页。

修《临清直隶州志》记载,临清织造哈达"始于元,兴于明,盛于清"。在明末清初,"临清就有织机五千,织工万余",是当时"日进斗金"的三大行业之一。① 产品除销往西藏、云南、内蒙古、甘肃等地外,还外销到伊朗、泰国、印度、尼泊尔等国。

哈达成品,高档的有官佛像、小佛像、丈帕;中档的有花喜绫、八宝、福寿;低档的有小白绢等。色泽以胡色(浅蓝)为主,兼有白、红、黄等色。在图案设计和工艺水平上,官佛像当为上品。它的图案造型采用"竖三世佛"法。释迦牟尼、燃灯佛和弥勒佛三尊佛像,方脸大耳、脖粗颈短、体态浑厚。佛像上方有二龙戏珠和大鹏金翅鸟,下有四大天王,提花织就,显得精巧富贵,具有浓厚的民族特色。②

图 6-2 临清哈达

到民国时期,临清哈达几乎绝艺断产。新中国成立后,临清很快恢复了哈达生产,开始由哈达生产厂统一发原料,统一收产品并向外销售,后来又专门为蒙古国生产出口哈达。1958 年又过渡到丝织绸合作工厂,当时的生产规模已达到年产 50 万米左右,有职工 200 余人。"文革"时期,哈达停止生产。1980 年,临清再度恢复哈达生产,成立了工艺丝织厂。但由于是木织机生产,生产率极低。其后,引进了日本产的津田丝织机等 11 种铁木和铁织机设备,哈达生产率大幅度增长。80 年代初期,国家将临清哈达正式列入少数民族特殊产品生产计划,临清工艺丝织厂成为全国生产哈达的唯一重点厂家。③ 1988 年 8 月,临清哈达漂洋过海,参加了在南斯拉夫举行的国际民族特需品博览会,受到了与会人士的称赞和好评。2006 年,

① 陈清义《聊城运河文化研究》,济南:山东画报出版社,2013 年,第 262 页。
② 张从军《山东运河》,济南:山东美术出版社,2013 年,第 87 页。
③ 陈清义《聊城运河文化研究》,济南:山东画报出版社,2013 年,第 262 页。

临清哈达织造技艺被列入聊城市第一批非物质文化遗产名录。

三、临清千张袄制作技艺

千张袄是临清的传统名牌产品,远近驰名。其独特工艺源于明代,兴盛于清代,流传至今,已有 400 余年的历史。千纳裘衣由上千块(条)碎滩羊皮结纳缝制而成,故名"千张袄",由于缝制精细,配纳精巧,无论从毛穗上,还是从色泽光度上,都与整张滩羊皮袄相差无几,挑选货品时,如不翻转相看,实难甄别它为千针万线缝连之裘,再加上价格便宜,因此深受劳动人民喜爱。临清民谣:"临清州,三宗宝,瓜干、枣脯、千张袄。"至今脍炙人口。

早在明代隆庆、万历年间,临清御河以北就已有皮业作坊数十家,并形成了专事裘皮鞣制的"皮巷"和专事裘衣制作的"毛袄巷"两条以专业产品命名的街巷。清康熙年间,临清"发进寒羊毛三千斤入武备院"。清雍正年间,巡抚塞楞额将临清裘皮中的"大西皮"(西口滩羊皮)、"二西皮"(二毛羔皮)、和"珍珠隽毛皮"选为贡品,足见当时临清皮毛行业之发达兴盛。① 那时的皮毛工人辛勤劳动一年的收入远远不能维持最基本的生活。他们除干皮活外,不少人还做杀羊、面食等小生意。随着历史的发展和变革,作坊主之间相互竞争激烈,他们大鱼吃小鱼,盘剥工人的手段也愈加苛刻。作坊主们为了收买人心,拉拢工人好好为他们干活,每年将裁制皮衣的下脚料分给工人们一些,美其名为"年终馈赠"。然而这些"馈赠"的边角余料碎皮渣子,既不能充饥,又不能抵债。皮毛工人们为养家糊口逼得没有办法,只好将碎皮下角料,按毛的色泽、长短形状,千针万线缝缀成若干方块,拿到皮子市去出卖,这就是千张袄的雏形。后来人们又将若干方块搭配在一起,剪裁成皮袄。久而久之,千张袄就作为一种民间手艺品出现在市场上。②

至清咸丰年间,专事生产千张袄的作坊已达 30 余家,直至 20 世纪初千张袄一直是畅销不衰的名牌裘衣。20 世纪 30 年代,战火频仍,作坊倒闭,工人失业。至1936 年,临清仅存三家维持生产。新中国成立后,千张袄生产才获新生。60 年代,临清已有皮毛厂、福利皮毛厂、回民皮毛厂、毛毡厂四个生产厂家。1966 年,千张袄产品达 1.8 万余件,经销北京、上海、天津、湖南、湖北等 9 省市。1978 年和 1979年,临清千张袄两次荣获"山东省第二轻工业局名牌产品"称号。③

千张袄生产工艺流程主要是碎皮除尘,选料分类,缝缀方子,选方配袄,缝制成裘,平整皮板,浸湿挺拔,刷毛梳洗等。千张袄的花色品种和规格样式比较丰富。色泽上分为白色、黑色、花色三类;毛绒上分为大毛、二毛、小毛、腿皮四类;式样上

---

① 张玉柱《齐鲁民间艺术通览》,济南:山东友谊出版社,1998 年,第 953 页。
② 陈清义《聊城运河文化研究》,济南:山东画报出版社,2013 年,第 261 页。
③ 张玉柱《齐鲁民间艺术通览》,济南:山东友谊出版社,1998 年,第 954 页。

有大衣、男袄、女袄、皮坎肩四种。千张袄和整张缝制的羊皮袄相比，除具有同等保暖御寒功能外，从正面看同样毛花通顺，色泽一致，无缝无隙，浑然一体，难以分出整皮碎皮。但价格低廉(只有整张皮袄的一半以下)，而且没有整张皮袄皮板厚薄不均匀，久穿落毛，上纵下垂和容易粘结成毡的弊病。几百年来，千张袄以其轻暖、美观、价廉、耐用享誉全国，深受人们的青睐。① 2006 年，临清千张袄制作工艺被列入聊城市第一批非物质文化遗产名录。

四、临清清真八大碗制作技艺

临清清真八大碗包括"烧肉、炖羊肉、圈巧阁、松花羊肉、清汆丸子、黄焖鸡、黄焖肉、肉杂拌"②，是回族同胞结合当地饮食习惯而形成的独具临清特色的清真饭菜，距今已有 700 多年的历史。2007 年 5 月，被省烹饪协会评为山东名小吃。

据史料记载，成吉思汗率兵西征时，临清作为明军的征战要地，有大批的回族军士留守，他们由于祖祖辈辈居住于西域，饮食习惯上都以牛羊肉为主。战争时期，时间紧迫，为了提高做饭效率，节省时间，这些回族兵就充分发挥自己的才智和本领，提前把牛羊肉等食物通过炖、炸、煮等方式做成熟食准备着，到了吃饭的时间，只要烧好一锅热汤，将预先准备好的熟食用热汤一浇，就成了香喷喷的饭菜。这样做不仅可以节约时间，方便行动，还能让这些回族士兵们吃到具有家乡风味的饭菜。

经过数百年历代穆斯林厨师的不断创新、完善，结合临清穆斯林群众的生活习惯，在不违背伊斯兰教义的基础上逐渐形成了临清清真八大碗。如今在临清，既可以在清真饭店吃到它，也可以在回族同胞的饭桌上看到它。尤其是在清真婚宴的酒桌上，这更是必不可少的、隆重的招待礼节。2011 年，临清清真八大碗制作技艺被列入聊城市第三批非物质文化遗产名录。

五、临清什香面制作技艺

临清什香面，又称"什锦面"或"十香面"，即小说《金瓶梅》中所提到的"温面"，形成于运河文化兴盛时期，距今已有三四百年的历史。据民间相传，乾隆皇帝南巡时，曾享用过此面，并为其赐名。相沿至今，已成为临清最具运河文化特色的代表主食之一。

---

① 张玉柱《齐鲁民间艺术通览》，济南：山东友谊出版社，1998 年，第 954 页。
② 全国政协文史和学习委员会、政协山东省临清市委员会《运河名城·临清》，北京：中国文史出版社，2010 年，第 234 页。

什香面烹饪制作工艺流程讲究,菜码品种多,名为十样菜,其实,菜料达十八样以上,且随季节变换蔬菜。做什香面是很见厨师功夫的,要做好十几样菜,不亚于置办一桌子酒席。因为要求的刀工要好,丝、丁、沫,都是些精细活,粗枝大叶也可以,但必然少了十香的神韵。主要炒菜包括炒茄丝、炒西葫丝、炒绿豆芽、炒韭菜等,随炒菜上的小菜包括鲜黄瓜丝、酱瓜末等,佐以小碗调味料有本地香醋、芝麻雪上盐、芝麻酱、蒜泥,另外还有两个卤,即西红柿鸡蛋卤、肉卤(牛肉卤或猪肉卤)。吃的人可以根据自己的口味选择,面条滑嫩爽口。吃这种面由于蔬菜种类多,维生素含量较高、较全,很受广大食客的青睐。近年来,随着什香面名声的扩大,有很多省内外的厨师来临清学习它的制作厨艺。

图 6-3　临清什香面

临清什香面是饭菜合一,自成一席。上菜程序严格,排列秩序井然,餐具十分讲究,是山东宴席面的一种独特形式。此面通过京杭大运河融合了南方与北方面食文化的特色和口味,是贵族、富商宴请宾客和婚娶大宴的必备大席。临清什香面是临清特有的一种美食,曾被评为"山东省名小吃""到山东不可不品尝的 100 种美食"之一。2009 年,临清什香面(温面)制作技艺被列入山东省第四批非物质文化遗产名录。

六、临清济美酱园甜酱瓜制作工艺

临清的酱菜业生产历史久远,明清时期,有文字可考的店铺就有 20 余家,较负盛名的有"茂盛酱园""益香斋""济美酱园"等,其中以济美酱园影响最大,与北京的"六必居酱园"、保定的"槐茂酱园"、济宁的"玉堂酱园"齐名,被称为"江北四大酱园"。

甜酱瓜,又称"闷瓜",是济美酱园的又一传统产品。它以优质菜瓜(二青瓜或九道筋瓜)为原料,加之优质面粉,采取独特的生产工艺焖制而成。成品金黄透明,光泽细润、浩净,软而不僵,质地嫩脆,香甜醇厚,酱香浓郁,有增进食欲之功能,老少皆宜食用。该产品曾于 1920 年出口日本。1935年,在南京国民政府实业部举办的国货博览会上获奖。1959 年,国庆十周年时,国家商业部门指定临清"济美酱园"的甜酱瓜向北京市供应 6 万千克。

图 6-4 济美酱园甜酱瓜

1979 年,被评为山东省一轻厅优质产品。[1] 1987 年,济美酱菜被国家轻工业部评为优质产品。1995 年 3 月,中国农学会、中国优质农产品开发服务协会、国务院发展研究中心农村发展研究部、经济日报农村部、中国特产报社授予临清市"酱菜之乡"称号。[2] 2006 年,临清济美酱园甜酱瓜制作工艺被列入聊城市第一批非物质文化遗产名录。

七、临清进京腐乳制作技艺

临清进京腐乳系临清济美酱园的传统产品,至今已有 200 多年的历史。据传,乾隆皇帝乘船沿运河南下,到临清凤凰岭下船时,地方官献上豆腐乳,深得乾隆喜爱。道光二年(1822),济美小菜、豆腐乳被清廷列为御用贡品入宫,被誉为"贡品小菜","进京腐乳"因而得名。

进京腐乳表面呈枣红色,内为杏黄色,以当年优质大豆为主要原料,经

图 6-5 临清进京腐乳

① 聊城地区史志办公室、山东省出版总社聊城分社编,齐保柱、高志超主编《聊城风物》,济南:山东友谊书社,第 163 页。

② 陈清义《聊城运河文化研究》,济南:山东画报出版社,2013 年,第 263 页。

过浸泡、腐糊过滤、煮浆、点缸、压榨、切块、培菌、腌制、拌曲、装缸、发酵等 19 道工序加工而成。腐乳块形齐均、色泽浓艳、味道鲜美、咸淡适口、质地细腻、营养丰富，并含有人体需要的多种氨基酸、蛋白质和维生素，颇受老百姓欢迎。进京腐乳的绝佳搭配是馒头。白面馒头从中间掰开，将腐乳放入抹匀，捏实后大口一咬，馒头的香甜加上腐乳的咸鲜细腻，回味中还有淡淡的豆香和酱香，令人胃口大开，回味无穷。2014 年，临清进京腐乳制作技艺被列入聊城市第四批非物质文化遗产名录。

八、临清镜画工艺

玻璃镜画在清代初期传入中国，因其多样化的艺术形式得到广泛的传播，后经民间艺人各种改进，玻璃镜画逐渐成为寻常百姓人家皆有的物品。镜画的主要特点是从玻璃背面绘画书写，正面观赏，美观大方、色彩持久，悬挂、摆放皆宜。镜画技艺清末由天津传入临清。临清制镜厂的镜画除保持传统工艺的长处外，又吸取国画、油画、粉画、水彩画的优点，刻意求新，形成了一种面貌全新的制画艺术。1982 年，临清制镜厂采用了真空镀铝新工艺，产品质量大大提高。生产套镜、挂镜、美术镜等六大类产品，上百个花色，拥有彩绘、印花、喷花、磨花、电刻、银刻等各种生产工艺所需的技术人员和设备，是全省生产工艺最全的厂家之一。

临清镜画品种繁多，门类齐全。雍容华贵的仕女，江边垂钓的渔翁，云遮雾障的青山，一泻于丈的瀑布，成双提对的珍禽，迎风滴露的花草，对空长啸的猛虎，奋蹄驰骋的骏马，憨态可掬的熊猫，嬉游山林的群猴，无不收入画面，情趣各异，给人以美的享受。这些产品不仅牢固地占领鲁西、冀南、豫北等几个市县的市场，还先后打入西宁、烟台、济南、北京等大中城市。1983 年，产量达 1528 万面，产值达 92 万元，获利润 9 万元；1986 年，生产镜画 2510 万面，产值 149 万元，实现利税 15 万元。[1]

九、临清面塑

面塑艺术，俗称"捏面人"。它以面粉、糯米粉为主料，加入食盐、蜂蜜和水调制而成。面塑艺术早在汉代就已有文字记载，经过千年的传承和经营，可谓是历史源远流长，早已是中国文化和民间艺术的一部分。面塑的表现形式主要有插棍式、浮雕式、微雕式等；就捏制风格来说，黄河流域古朴、粗犷、豪放、深厚；长江流域却是细致、优美、精巧。

明清时期，面塑艺术已具有很强的艺术和经济价值，到了近代，尤其是当今的

---

[1] 聊城地区史志办公室、山东省出版总社聊城分社编，齐保柱、高志超主编《聊城风物》，济南：山东友谊书社，第 134 页。

面塑艺术有了一个崭新的飞跃,面塑艺术在向更高一层的艺术领域靠拢,不仅在颜色上采用间色、复合色,甚至完全采用写实的风格来塑造作品造型,更加促使面塑艺术迈向高雅的艺术殿堂,近几年,中国面塑已被列为国家非物质文化遗产项目,小小的面塑艺术,在外贸、旅游、收藏等方面,以其特有的文化内涵和表现形式,来展现其特有的艺术价值和经济价值。面塑这门手工艺还漂洋过海,担当起中外文化艺术交流的重任,使中外各个民族能有机会欣赏到它的永恒魅力,感受到它所蕴含的生生不息的民族精神。面塑创作题材广泛,可塑性强,应用范围广,无论是在节庆、风俗、喜事,乃至宗教活动都有能用到它,如今的面塑更是广泛应用于酒店装饰、家庭装饰、古宅装饰、主题定做、肖像定做、艺术收藏等。

"面人汤"面塑由汤子博于清末首创,他以深厚的国学和艺术功底,博采众长,将民间面人由"签举式"改为"托板式",进而创作出核桃面塑、浮雕面塑、悬塑面人等多种形式,题材也拓展得极为广泛,有书卷人物、戏曲人物、仙佛人物等,用料从面粉到陶、木、泥等,以大量成功的作品确立了"面人汤"面塑流派的地位。1956年,中央工艺美术学院成立汤子博工作室,从此"面人汤"从民间登上艺术殿堂。

临清面塑的主要工序是:先按一定比例调好配料,再用开水烫,揉匀后醒面,然后蒸熟揉匀,上色再次揉匀,面团需要烫一次蒸一次揉三次才可以使用。常用方法主要有揉、捏、揪、挑、压、搓、填补、延伸等,常用到的颜色有红、白、黄、蓝、黑、肉色等。与其他面塑相比不同,临清面塑贴近生活,是生活中受到启发再去创作,这样创作出的作品有故事有灵魂。在制作过程中,采用原生态的一些辅助材料,树枝、树皮、麻绳、干花等,创作出的作品更灵动,整幅画面感更有意境。

临清面塑技艺继承了"面人汤"面塑的优良传统,是以传承优秀传统文化为核心,按照"创新性发展、创造性继承"的原则创作出特有的艺术形式。临清面塑根据儿童年龄特点设计,将"非物质文化遗产"纳入教学体系,融入中华传统文化的精华,是保护、继承和发扬民族文化与艺术的有效途径和方法。在传统文化与现代教学的完美结合下,让儿童在游戏中快乐的学习传统文化,增强民族自豪感,更好地传承民族文化之血脉。

临清面塑技艺的发展范围主要核心区域在临清市区,后因影响力不断扩大,辐射到山东、河北附近县市,同近百所学校合作开展"非遗进课堂"。建有专门的非遗传承基地,占地面积近 500 平方米,指导和培训学生 5000 余人。合作的具体县市和乡镇有临清市什方院、金郝庄、康庄等,聊城市有东昌府区、冠县及侯营镇的小学及幼儿园,河北省有廊坊、广宗、童村等地区的幼儿园,山东烟台市的天真幼儿园等。2018 年,受邀参加济南百花洲等活动;2019 年,参加潍坊鲁台经贸洽谈会、济南文博会展演。

曲玉双,临清面塑项目代表性传承人,北京"面人汤"第二代传人董凤岐之入室弟子,现为临清市面塑协会会长。她自幼酷爱面塑手工艺品,擅长制作历史古代人物。2017年5月,参加山东艺术学院中国非物质文化遗产传承人群研修培训计划并顺利结业,结业作品《屈原》被山东艺术学院收藏;2019年10月,参加山东工艺美术学院中国非物质文化遗产传承人群研修培训计划并顺利结业,结业作品《花中君子》被山东工艺美术学院收藏;2017年,参加全国首届"一带一路,中华杯"民俗文化艺术邀请展,参展作品荣获"银奖";2018年,全国第二届中华杯民俗艺术荣获"金奖"。她曾在济南大学、聊城市幼儿师范学校、山东师范大学附属小学、济南官扎营小学、济南韩仓小学、济南易安小学、泰安附属小学、红黄蓝幼教集团、上海交通分校、英国圣乔治高端幼教集团、北京鹏博连锁园、北京蒙氏连锁园、北京红缨连锁园、大地连锁园、北京金色摇篮连锁园、香港跨世纪等多处知名学校传授面塑技艺,并开展以非遗文化为主题的课程,受到师生一致好评。2020年1月,临清面塑被列入聊城市第六批非物质文化遗产名录。

十、冠县史庄圈椅制作技艺

史庄圈椅因产于冠县辛集乡史庄村而得名,相传清朝初年,史庄村有一木匠张氏,不仅手艺精巧,而且善于独自创新。他取材于当地柳木资源,借鉴太师椅款式,几经变更、创新而成。

史庄圈椅至今已传九代,有200余年的历史,而且在传承过程中有传男不传女之说。史庄圈椅选料严格,制作精细,史庄圈椅选料严格,制作精细,一般用柳木、桑木,根据热胀冷缩的原理,经过十道工序精心制作而成,而且制作时不用锯,根据木头的自然纹路劈开,然后依照祖传工艺,经过火烤、水煮,反复晾晒后适时掘制而成。经历代传人的改革和发展,史庄圈椅最终形成其独特的工艺流程和独树一帜的造型特点:圈扁适当,美观大方;重心适中,坐卧舒适;卯榫科学,不用铁钉;组装严紧,结实耐用。史庄圈椅虽历经百年但传人都有一个坚定的信念,宁可不做,不可不精,也是其广为流行至今不衰的主要原因,有圈椅从房上扔下来,落在地上纹丝不损和坐上一个人让牛拉出100步圈椅不坏的美名。也曾有从东昌府古楼上扔下纹丝不损的传说。据说一把椅子一般能用200多年。

史庄圈椅的款式新工艺几经改进,比以往更好。史庄圈椅已由正宗传人张金得等两户八人下传发展到十二户40多人,年产3000把。产品供不应求,远销山西、河南、河北、安徽、浙江、北京、天津等省市。2006年,史庄圈椅制作技艺被列入聊城市第一批非物质文化遗产名录。

十一、冠县宝德葫芦制作工艺

冠县宝德葫芦是产于聊城市冠县辛集乡岳胡庄村的传统手工艺品,距今已有几百年的历史,被誉为"鲁西民间一绝"。

宝德葫芦是在祖传"刻花葫芦"的基础上创新发展而成的民间葫芦工艺品种。民间艺人经过多年的葫芦种植,加工实践,形成了一整套葫芦种植技术和刻花工艺,在葫芦的生长过程中使用特殊方法控制其生长,以改变葫芦个体的质地、形状、大小,成熟之后,用特殊的方法去掉外面的一层薄皮,露出木质部,色泽匀净,黄中带褐,光洁平滑。并根据个体差异进行构思,展开联想,赋予葫芦于新的内涵,而且采用刻、烙、片、染、浮雕、高浮雕、透雕等技法进行加工,刻出花、鸟、人物、景观,填上颜色,使葫芦成为极富观赏价值的工艺品。它从传统的刻花、片花发展到烙花、浮雕、高浮雕、透雕等多种手法,品种也从"蚰子葫芦"发展到上百个品种。近年来,宝德葫芦制作工艺有了很大发展。在葫芦的生长期间,艺人们便用特殊的方法使其变形,或扁、或圆、或方、或长、或人形,还可以用一种叫"掐花"的办法让葫芦长出浮雕式的图案。从图案上看,花卉翎毛、仙佛人物、题诗题词无所不有,已经成为古朴雅致的摆设上品。

"宝德葫芦"不但在鲁西一带深受广大群众欢迎,也受到各级专家的高度评价。产品直销京、津、沪,价值根据大小及图案高低不等。1996 年,宝德葫芦在"山东省第二届民间工艺品博览会"上获金奖;2005 年,在"聊城市民间艺术绝活大赛"上获两金两银奖;2006 年,在中国深圳国际文化博览会和山东文博会上的作品,一经展出,全部销售一空,深受国内外专家学者的青睐。产品远销新加坡、朝鲜、韩国、越南、日本、加拿大、美国、英国等国家和地区,成为传播传统文化的载体。2006 年,冠县宝德葫芦制作工艺被列入聊城市第一批非物质文化遗产名录。

十二、清平坠面制作技艺

清平坠面,又称"空心面",因面条均匀空心而得名,始产于清朝末年,距今已有100 余年的历史。

坠面制作的工序复杂,技术性强,需经过十几道工序,历时十几个小时才能完成。先用优质面粉加盐及水和面(10 斤面粉加盐 0.1～0.15 斤,冬春多些,夏秋少些)。然后揉面,揉面采用折叠式,即用手折起面的边部往中心叠压。面和好后盖一湿布,置于温暖处醒面 0.5～1 小时。再将面轧成圆饼形状,厚 3～4 厘米。接着用刀沿边转圈将面饼切成 3 厘米宽长条,在面案上反复搓揉,至大拇指般粗细时,交叉循序盘挂在两根竹签上,放入醒面池内醒 0.5～1 小时,然后将醒好的搓条放到 25 米高的条架上,用两手轻拉搓条下端的竹签,轻拉慢坠,便成为头发丝般细的空心面。

图6-6　清平坠面

　　该面状若银丝、细而中空、吹可透气，食之柔滑，劲道爽口，营养丰富。现已从单一的传统面发展到大枣面、蔬菜面、土鸡蛋面、绿豆面等多营养、多维生素系列面。产品远销省内外，屡获赞誉。该面易消化吸收，是老人、幼儿、产妇、病人及上班族的高品位经典美食，也是送亲馈友的首选佳品。民间有"日食两碗空心面，胜过皇家宫廷宴"之说。2011年，清平坠面制作技艺被列入聊城市第三批市级非物质文化遗产名录。

十三、博平马蹄烧饼制作技艺

　　博平马蹄烧饼，当地人称"博平烧饼"或"吊炉烧饼"，因形如马蹄，故名"马蹄烧饼"。博平烧饼颜色金黄，外酥内嫩，味香口甜，风格独特，是聊城市茌平县博平镇特有的传统名吃。

图6-7　博平马蹄烧饼

制作烧饼的主要原料有面粉、芝麻、糖稀、食用碱、食油等。制作方法是先将糖稀在锅里成金红色,加水稀释盛在碗里备用。将发面和死面按比例兑好,做成面饼,轧成长条,搓瓢抹油捏褶,卷起来,用死面做皮包起来,沾上糖稀、芝麻,用手捏成中间薄周围厚的迭边圆饼,放在特制的"吊炉"里。下面木柴烙,上面木柴烤,烧饼呈金黄色即成。吃起来外酥脆香甜,内松软可口。因发面、死面掺和的原因,烧饼有一种特殊的香味。饼子通常都是放在炉子上边烤的,与其他烧饼制作的不同之处是,在博平是把炉子吊在上边来烤下边的烧饼。这个汽油桶般的炉子就是用来做吊炉烧饼的,外观跟现在街头架在三轮车上卖烤白薯的炉子几乎一模一样:在桶的上盖中间开一个直径大约30厘米的圆孔,里边用白泥搪出橄榄形的炉膛,上口收得跟桶的圆孔一般大,炉膛的壁抹得非常光滑,把几根螺纹钢从下边横着穿过桶就成了炉篦子,用来架焦炭并保持通风,桶的底部开有一个很小的炉门。师傅先把烧饼一个一个地擀出来,巴掌般大小的椭圆形,两头有点像贡多拉一样地翘起来,然后在表面刷一层油撒上芝麻,做得20来个烧饼后,师傅就把袖子撸起来,光着大半截膀子,在烧饼底部刷上水,用手托着轻轻地"嘿"一声,飞快地伸进炉子里,把烧饼贴在炉膛上,从下到上贴满了就盖好炉盖,十多分钟就好了,这时可用火钳把烧饼一个一个夹出来。出炉的烧饼个个金黄色,散发着诱人的清香。2011年,博平马蹄烧饼制作技艺被列入聊城市第三批非物质文化遗产名录。

十四、聊城熏鸡制作技艺

聊城是国家级历史文化名城,自元代至元二十六年(1289)会通河被凿为京杭运河重要河段起,聊城得舟楫之便,呈现繁荣景象,城内商贾云集,店铺林立,百业兴隆,成为沿河九大商埠之一。清乾隆年间,聊城魏氏扒鸡店所制作的扒鸡,就被过往客商所青睐,成为地方名吃。

魏氏熏鸡由魏永泰在1810年独创,至今已有200余年的历史。清嘉庆十五年(1810),魏氏扒鸡店传人魏永泰继承祖传扒鸡工艺,吸收传统熏烤方法,研制出能够长时间保存的魏氏熏鸡。此品制作方法,选3~4斤的一年生本地家鸡,配以丁香、八角、桂皮、茴香等12种香料,放在烟火上熏烤而成。既可下酒,又可佐茶,成为馈赠佳品。当时的过往客商竞相购买,用木箱成批运往京津、江浙等地。[1] 在魏永泰和魏兆松主营期间,魏氏熏鸡只限于冬季加工,全年销售,产销量较少。同治十二年(1873),魏永泰四世孙魏金龙仿名士雅意,为魏氏熏鸡店命名为"龙胜斋",寓"龙腾盛世、翔龙致胜"之意。1894年以后,由魏世忠和魏金鉴经营,魏世忠根据市场需要和聊城各界的要求,变冬季加工为常年加工,并竖起了"远香斋"的牌匾,

---

[1] 张庶平、张之君《中华老字号》(第5册),北京:中国商业出版社,2007年,第20页。

从此使聊城铁公鸡名声大振,年产销量增加到数千只。

1947年,聊城解放后,"龙胜斋"魏氏熏鸡店继续经营。1956年,聊城县食品公司成立后,归属食品公司。魏氏熏鸡传人魏立亭,成为国营企业职工,专门制作熏鸡。1984年,在魏立亭老人的指导下,魏氏熏鸡店第6代传人魏更庆重新启用"龙胜斋"字号,严格按祖传工艺,采用现代加工设备,经过12道工序,配以18种香料制作熏鸡。其制作过程,注重选鸡、配料、烧煮、熏制4道工序。优选1～2

图6-8 聊城魏氏熏鸡

年的肥嫩活鸡,调入齐全量足的配料,按鸡龄控制烧煮时间,熏出的成品不焦、不腻。严格的质量意识,保证了龙胜斋魏氏熏鸡水分少、皮缩裂、肉外露、药香浓的品质,形成了肉嫩、骨酥、色鲜、味美、入口余香深长的特色。1998年,山东著名书画家、聊城师范学院副院长于茂阳题写了"龙胜斋"匾额。为了纪念先祖魏永泰的创始之功,龙胜斋魏氏熏鸡店申请注册"魏永泰"商标,并不断提高产品包装水平,推出礼品袋、礼品箱、真空包装。聊城龙胜斋魏氏熏鸡,自魏永泰创始,经魏兆松、魏世德、魏金龙、魏立亭至魏更庆、魏更月,代代相传近200年,制作工艺基本未变,生产设备和产量逐步完善和提高。[①]

"聊城铁公鸡"是作家老舍先生赠给魏氏熏鸡的誉号。1935年夏,老舍先生在青岛与赵少侯教授和萧涤非先生聚会。品尝到魏氏熏鸡时,大家止不住地赞美,却都不知道其名称,于是赵教授请老舍先生给起个名。老舍先生说:"你看这鸡的皮色黑里泛紫,还有铁骨铮铮的样子,不是像京戏里那个铁面无私的黑老包吗?干脆就叫它铁公鸡吧。"事隔50年后,萧涤非先生在1985年《中国烹饪》杂志第三期发表《聊城铁公鸡》一文,从此"聊城铁公鸡"风行全国,享誉四方。

魏氏熏鸡风味独特,鲜香筋韧。它以选料考究,调配合理,制作精细而著称。选用肥嫩良种活鸡,经卤煮,用锯末烟熏制而成。成品鸡皮缩裂,胸腿肉外露,色泽栗红,嚼有余香,脱水适宜,易于存放,便于携带,既可下酒,又可佐茶,深受广大消费者的喜爱,被列为聊城名吃之首。[②] 2006年,聊城铁公鸡制作技艺被列入聊城市第一批非物质文化遗产名录。2009年9月,被列入山东省第二批非物质文化遗产保护名录。

---

① 张庶平、张之君《中华老字号》(第5册),北京:中国商业出版社,2007年,第21页。
② 李宗伟《山东省省级非物质文化遗产名录图典》(第2卷),济南:山东友谊出版社,2012年,第388页。

十五、东昌澄泥烧制技艺

东昌澄浆玉泥烧制技艺距今已有 700 年的历史。据史料记载,明代聊城籍户部尚书郭敦告老还乡后,建议其弟郭山利用故乡黄河淤泥在东昌府西南(今湖西办事处岳庄居委)建澄窑一座,主要制作活字印模等印书用具,山水盆景等家居摆件,砚台、笔洗、笔筒等文人文玩,米缸、茶叶罐、杂物罐等御用器皿,蟋蟀罐、鱼缸等宠物用品。出窑后,窑头极品用 10 余种中药炮制后,以金箔包装好,全部通过运河运入京城皇宫作为御用收藏。因为当时在澄窑负责加工制作的技师,主要是东昌府区道口铺郭庄郭姓人,所以澄泥制作技艺一直由郭氏家族传承至今。

"澄浆玉泥"这个名称是将工艺取材和成品感官相结合而取的名字。原料取自取黄河淤泥,过滤后除去杂质沉淀而形成的一种极细腻的纯泥,将泥放在泥池里,注水后搅拌。然后,用一种纱状工具在泥池中来回过滤,将杂质再次滤出。这个过程叫作"澄泥"。而名称中的"玉"指的是手感,虽然是泥巴做的,但是出窑后摸起来有如玉一样光滑细腻的感觉。澄泥制品中最受古代文人器重的是"砚台",澄泥砚经特殊炉火烧炼而成,质坚耐磨,观若碧玉,抚若童肌,储墨不涸,积墨不腐,厉寒不冰,呵气可研,不伤笔,不损毫,其功效可与石砚媲美,是砚中一绝。澄浆玉泥砚台制作方法十分复杂,共有取泥、晾晒、澄泥、揉泥、成胚、修型、阴干、进窑、烧窑、出窑等 11 道工序,从泥浆到成品需要五六年的时间才能完成。在这些工序中,焙烧环节是最关键的,稍有不慎就会出现变形和裂缝,温度过高就会瓷化,透气性差;若烧制时火候不够,就会硬度差,内糠外酥。在烧制阶段,泥坯要在窑内烧制 24 小时,开始用小火,中端用稳火,最后用猛火,温度在 800℃~1100℃,烧好后,还要自然降温两天,不能通风。澄浆玉泥因泥质、制作技艺、烧制火候及时间等因素的差异会产生制品成色变化,这个过程也叫作"窑变",会对澄泥的颜色、硬度、莹润程度有重大影响。据介绍,古代澄泥罐以鳝鱼黄、蟹壳青、豆绿砂、檀香紫、墨玉黑、鸡骨白、雪里红为上乘颜色,尤以豆绿砂、鸡骨白最为名贵。

郭太星是澄浆玉泥的第十三代传人,从小就跟着祖父郭亮思以及伯父郭汝桥学习这门手艺。其制作的澄泥砚以发墨粘、绵、均、润、浓等特点,受到了欧阳中石、韩羽、乌丙安、张登堂等国内外书画名家、专家的关注。2007 年以来,郭太星的"东昌轩"澄浆玉泥作品先后在各类博览会上斩获大奖。在 2007 年 9 月 22 日第七届中国国际园林花卉博览会上,郭太星制作的三件澄浆玉泥山水盆景碧山凌云图、青山平远图、泰岱翠屏图,受到国内外游客的青睐;2008 年 10 月 1 日,参展山东省文博会,澄浆玉泥砚器作品获得一等奖;在 2009 年 9 月 22 日开幕的第七届中国(济南)国际园林花卉博览会上,制作的碧山凌云图盆景获得一等奖;2011 年 2 月应日本书画界邀请在日本京都美术馆举办个人砚器、绘画作品展,同时与日本皇室砚器大师进行技艺交流,受到日本书画界朋友的一致好评。2013 年 5 月,东昌澄泥制作技艺被列入山东省第三批非物质文化遗产名录。

十六、东昌木版年画

东昌木版年画的生产已有近 300 年的历史。聊城东昌府与潍坊杨家埠并称为山东的两大民间画市,代表着山东木版年画的东西两大系统,很早就在国内享有盛誉。清初,山西、陕西商客首先在"五方商贾辐辏,物阜繁齿"的阳谷县张秋镇开设了 3 家年画店。后来,其中之一的"刘振升画店"迁到东昌府东关清孝街,而后各地商贾蜂拥而至,竞创画店。具有悠久历史的聊城木版印书业为木版年画的发展提供了有利条件。清末,聊城的"五福祥"、堂邑的"同泰"、莘县的"通顺"等 20 多家大堂号画店相继出现。除门神画外,又有了包括当地风俗和历史故事在内的多种年画品种。每年春节前,各种年画纷纷上市,引人瞩目。从鲁西平原到山东各地,从晋、陕、冀、豫到东北三省,都有聊城年画的销售市场。①

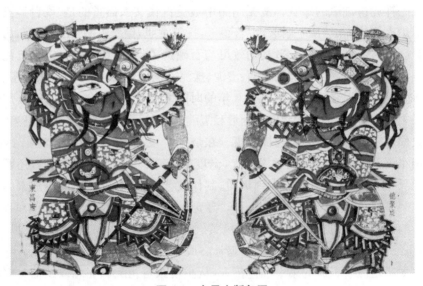

图 6-9　东昌木版年画

东昌府年画取材范围非常广泛,包括描写劳动生产的耕织图、渔家乐、戏曲故事、民间传说以及福禄喜庆性质的吉利画等。年画的种类也很多,可分为三大类:一类是故事,包括民间故事、戏曲故事、小说故事等,如《庆顶珠》《天河配》《打金枝》和《赵云夺阿斗》《长坂坡》《武松打虎》《马超马岱》等;另一类是吉祥喜庆的内容,如《福寿三多》《双喜临门》《招财进宝》《连年有余》等;再一类是生活题材的,以儿童题

---

① 张从军《山东运河》,济南:山东美术出版社,2013 年,第 90 页。

材的"胖娃娃"为主,一个个天真活泼的儿童,有的抱鱼、逗猫、采莲,有的捧花、扑蝶,形象生动,饱满甜润,既给人以美的享受,又给人以幸福美好生活的憧憬。[①] 东昌木版年画具有独特的艺术风格。它构图简洁,整体感强;人物造型眼型窄长、鼻梁鼻翼瘦窄,形象丰满质朴;线条刚劲、流畅、圆润,弧中有直、柔中有刚;色彩柔和、鲜明、古朴。聊城年画历来只有"草版",即只印不画,全印用木版分色套印,有红、黄、绿、青、黑5种基本色,整个画面五彩缤纷,装饰性强。脸面部不着色,使人物形象更加突出醒目。在人物塑造上夸张手法的运用较潍县年画为多;在色彩运用上较山西晋南年画更古朴。

近年来,随着现代印刷技术的发展,传统木版年画受到很大冲击,东昌木版年画的作坊越来越少,绝大部分木版的版式已面临灭绝,传统的年画刻版技艺和印刷技术的传承也难以为继。2008年6月,东昌木版年画入选第二批国家级非物质文化遗产名录项目。

十七、东昌葫芦雕刻

东昌葫芦雕刻作为一种山东省的汉族雕刻艺术,是山东省级非物质文化遗产之一。聊城市东昌府区位于黄河下游的鲁西平原腹地,在历史上就以盛产质量上乘的葫芦而闻名。东昌葫芦雕刻流传区域以东昌府区堂邑镇为中心,辐射至周边的梁水镇、阎寺、柳林、桑阿镇、辛集乡等乡镇。[②]

关于东昌葫芦雕刻的起源有很多传说,当地比较认同的为宋代王合尚所创一说。据传,擅长绘画和雕刻的宫廷艺人王合尚,告老还乡回到现在的东昌府区。因当地盛产葫芦,于是王合尚就地取材,在葫芦上雕刻出精美的图案,用来养自己喜爱的蝈蝈,当地人纷纷仿效,东昌葫芦雕刻便逐渐流传开来。据当地文献记载,东昌葫芦雕刻宋代已经很流行。明清时期,紧邻京杭大运河的东昌府是鲁西平原政治、经济、文化的枢纽,商贾云集,繁盛一时,当时的雕刻葫芦一度是运河两岸农家生产的重要商品,随运河销往全国各地。直到20世纪三四十年代,东昌雕刻葫芦还曾远销全国各地。近年来,东昌葫芦雕刻得以慢慢复苏并有所发展,一些作品还流入新加坡、韩国、越南、加拿大、英国等国,成为传播聊城民间传统文化的载体。

东昌葫芦雕刻用料考究,刻工纯熟,线条流畅,图案丰富,制作精良。其用料多以"大葫芦""亚腰葫芦"和"扁圆葫芦"为主。其雕刻借鉴雕刻工艺的镂雕技法,将构图以外的空白部分全部镂空,透刻上折线纹、如意纹、古钱纹等各式花纹,不仅改善了葫芦的透气传声性能,也增强了葫芦的整体审美效果。雕刻各种图案后,要用

---

① 陈清义《聊城运河文化研究》,济南:山东画报出版社,2013年,第241页。

② 冯骥才《中国非物质文化遗产百科全书代表性项目卷》(下卷),北京:中国文联出版社,2015年,第603页。

锅底灰或麦秸灰同棉油或豆油搅拌均匀,深抹在雕有图案的葫芦上,留在图案凹槽的油灰会使图案更加清晰逼真,久不褪色。东昌葫芦雕刻的题材内容非常丰富,以写实性的花鸟、鱼虫、走兽、人物、山水居多,其中人物雕刻的取材尤其丰富。[1] 东昌葫芦雕刻艺术风格淳朴、典雅,洋溢着浓郁的乡土气息。其题材的广泛性、技法的独特性、风格的多样性在中国民间工艺品中实不多见,具有重要的艺术价值。2008 年,被列入第二批国家级非物质文化遗产名录。

十八、东昌泥塑技艺

泥塑艺术的发展,与道教的兴起和佛教的传入,以及多神化的奉祀活动息息相关,道观、佛寺、庙堂的兴起,直接促进了泥塑偶像的需求和泥塑艺术的发展。东昌泥塑就是在这一基础上发展而来的,聊城历史上道观、寺院及各种神庙较多,而聊城属平原地带,缺少石料,加之运输等比较困难,因此,聊城供奉的"神"多数是泥制的,这也促使聊城产生了很多造诣高深的泥塑艺人。根据现有资料记载,新中国成立前聊城泥塑主要集中在东昌府城区古运河以东,小逯庄、小东关一带,最著名的代表性作品就是玉皇皋,里面有上百尊神像,是"聊城三宝"之一。

东昌泥塑主要分为两种,一种是大型的神像,一种是小巧的泥人。马官屯泥人在东昌泥塑中是首屈一指的,它小巧玲珑、品种繁多,造型以戏曲人物和飞禽走兽为主。其捏制过程需要经过多道工序,首先将黄河淤泥取来晾干,用水洇透后,拌入旧棉絮用木锤砸匀即可使用。若捏制小动物或泥哨,可直接制作。若捏制较大的泥人或动物,需先制作泥模,每个泥人的造型都需要一对模具来扣制。扣制出的坯子晾干后,刷上用白粉子和水胶合成的底色,等底色干透以后,根据造型需要刷上各种颜色。马官屯泥人外表颜色火辣、鲜艳,以红、绿、黄、黑为主色,团块感强,造型优美。

东昌泥塑雕像用料考究,工艺精细,需经多遍工序方可完成。首先用稻草或谷子秆绑扎好骨架,再用麦糠与黄胶泥合成粗料,用料比例基本为六份糠四份泥。用和好的粗料根据需要进行造型,这遍用粗料造型的工序称谓"抓粗"。待造型干透后,再上一遍细泥,所用的材料为黄胶泥。然后是上色,先刷一遍底子色,这种底子色由水、白粉子、水胶合成,用料比例要根据雕像制作的季节不同而有所变化。若在冬季一斤白粉子需用胶二两,夏季一斤半白粉子用胶二两,秋季一斤半白粉子用胶数钱即可。底子色干透后上彩,根据雕像的面目、体态、服饰的不同涂上各种颜色,经过这道工序,一尊神像便完工了。这最后一遍工序称为"定型"。

聊城比较著名的泥塑艺人是张安之,博平人,早在清朝道光年间便在聊城塑神

---

① 李宗伟《山东省省级非物质文化遗产名录图典》(第 1 卷),济南:山东友谊出版社,2012 年,第 320 页。

像。张安之技艺高超,在造型、调色、上彩等各方面工艺精湛,堪称高手。他的门徒李振基继承师业技艺,对雕塑工艺造诣颇深,昔日,东昌玉皇皋的神像就是出自张安之、李振基师徒之手。2006 年,东昌泥塑技艺被列入聊城市第一批非物质文化遗产名录。

十九、东昌运河毛笔制作工艺

东昌府毛笔制作技艺主要分布于聊城运河沿岸、古楼东大街两侧,现在集中在东昌府区道口铺和堂邑镇等地。

东昌府毛笔是聊城一绝。它的历史悠久,由浙江湖州经运河传承而来。据《东昌府志》记载:元代已有制作,明代中叶至清道光年间为聊城东昌府毛笔制作业的兴隆时期,从业者千余人,"东昌作坊、书笔两行"说明了当时的繁荣景象,产品大多销往山西、河北、河南及本省各地。清末始衰,但仍有作坊 30 余家。较大的作坊有余子尚、玉山堂、老文友、魁允堂、恒顺堂等;小作坊有万元长、文元斋、松华斋等。各作坊工匠多者 100 余人,少者 30 人,年产毛笔 200 余品种、300 余万支。毫毛最大的抓笔用六尺寸猪鬃、羊胡精制而成,最小的毫笔只有半寸。

民国后,随着木版印书业的没落;毛笔的制作业也逐渐呈现凋零景象。东昌毛笔的制作工人不足 200 人,年产毛笔的数量也只有 50 万只左右。1949 年后,制笔业又再度兴起,而且从进一步精选原料、改进传统工艺入手来提高产品质量,不仅畅销内地和香港,而且出口销往东南亚及日本等国家和地区,东昌府毛笔遂成为享誉海内外的名牌产品。

东昌毛笔选料精良、做工精细、锋长杆硬、刚柔相济,含墨多而不滴,行笔畅而不滞,其基本特征是"尖、圆、齐、健"。制作工艺要经过采毛、梳毛、湿理、剔锋、修头、刻字等大小 72 道工序。1995 年,东昌毛笔被评为全国同类产品第一名。2013 年 5 月,东昌运河毛笔制作技艺被列为山东省第三批省级非物质文化遗产名录。

二十、聊城牛筋腰带制作技艺

牛筋腰带是山东聊城的传统产品,也是全国独有的民间工艺品。牛筋工艺腰带源于清乾隆年间,由聊城一位民间老艺人所首创。鲁西独有的鲁西黄牛,历来是优质牛皮的最佳来源,牛筋腰带精选鲁西优质上等牛皮、牛筋为原料,经多道独特的民间传统工艺精心手工编制而成,具有清凉透气,束腰健身的独特效能。据资料记载,乾隆皇帝多次南巡途经聊城,地方官府便以此作为珍品进贡朝廷,倍受乾隆皇帝喜爱,遂作为珍品赏赐给有功大臣佩带,被民间称为"乾隆带"。

聊城凤凰街道的张飞村在历史上是有名的腰带村,家家户户几乎都会编织牛筋腰带。在抗日战争时期,聊城牛筋腰带曾赠予抗战将士。当时,物质匮乏,聊城老百姓支持范筑先的部队保家卫国,多数人给军人送干粮,而张飞村的百姓送去别样的东西,牛筋编的特制腰带,正好解决了将士缺少武装带的难题,至今在张飞村传为佳话。

图 6-10　聊城牛筋腰带

20 世纪 80 年代,牛筋腰带的市场销路进入了低谷。除自身原因外,南方义乌小商品强势崛起,机械化生产挤压了牛筋腰带的生存空间。在传承上,传统牛筋腰带也面临着难题。市场不景气,懂行的年龄偏大,年轻人宁愿外出打工,不愿重操旧业,能恪守传统老工艺的寥寥无几,以至于最后面临断代的危险。牛筋腰带第四代传人郑怀仁、张庆洪和第五代传人梁成贵、邹福智、张元杰等人在继承传统制作工艺的基础上,注重运用现代科技手段,先后开发出"老板带""鸳鸯带""一条龙""乾隆带""金钱花"等多种图案花色的系列产品。驰名商标"圣封"牌牛筋腰带在国家专利局注册了专利,产品现已远销北京、上海、港澳地区,以及东南亚各国,创造了可观的经济效益。2009 年 9 月,聊城牛筋腰带制作技艺被列为山东省第二批省级非物质文化遗产名录。

二十一、东昌古锦织造工艺

东昌古锦是流传于东昌府区沙镇一带的民间纯棉手工纺织品,距今已有 500 多年的历史。相传在春秋战国到秦汉时期,齐鲁大地已是重要的产锦中心,"齐纨鲁缟"号称"冠带衣履天下"。据史料记载,明代聊城境内的棉花产量居山东 6 府之首。丰富的棉花资源促成了纺织、印染等家庭手工业的勃兴,出现了"家家纺车转,户户机杼声",土纺、土织、土染配套发展的景象,其中尤以"织布为大宗"。"绫罗缎匹文龙绢,胡皱蜀锦并杭纺。各色呢绒来海外,印花被面出本乡。"这段清朝光绪年间称赞东昌府区繁华的《秧歌调》,更是形象地反映出当时东昌本地的手工艺花纹布在社会上的巨大影响。因为明清两代东昌古锦又被作为皇家贡品，因而也被称为"贡品布"。民国年间，聊城当地所织土布除满足本地需要外，还大宗出境，"运到济南、临沂、潍县等地"。抗日战争时期，纺织业遭到严重破坏，但在中国共产党领导下的革命根据地内，广大军民自己动手，土法上马，纺丝织布，为抗战胜利做出了巨大贡献。

东昌古锦工艺复杂，从系棉纺线到上机织布要经过大大小小72道工序。主要工序就有16道，包括轧花、弹花、整棉、絮条、纺线、打线、染线、落线、整花型、整经做纬、闯杼、掏综、栓机、织布、了机、修布等。这些工序全部完成后，一件成品才算完工。

现代纺织工业的发展对古锦带来了巨大的冲击。虽说这种土布床单、被罩等有夏天出汗不粘身，冬天使用更暖和的特点，但由于长期产品单一，缺少开发，销路不畅，土布逐渐退出人们的生活，"户户机杼，家家浣布"的田园风光已经成为历史。现在的年轻人对传统纺织工艺根本不感兴趣，同时，懂技术的妇女年纪越来越大，致使这一古老的工艺面临传承难题，以致到了需要挖掘、保护的境地。2006年12月，东昌古锦织造工艺被列为山东省第一批非物质文化遗产名录。

二十二、东昌府沙镇呱嗒制作工艺

沙镇呱嗒是一种煎烙的馅类小食品，聊城传统名吃。创制于清代，迄今已有200多年历史，已被收入《中国名吃谱》一书。其馅料有肉馅、鸡蛋馅、肉蛋混合馅（又名"风搅雪"）等多种，在包制时，先用烫面和面，随季节变化，按不同比例调制，卷以配好馅料，两端捏实，轧成椭圆饼型，后放入油锅煎制而成。食之香酥，味道可口，加之有馅有面，也可以根据自己的胃口自由选择肉馅或蛋馅，备受普通百姓的欢迎。在城镇闹市、乡间集日，常年有设摊者供应。搭配小米粥、吊炉烧饼可谓丰盛早餐。

图6-11　东昌府沙镇呱嗒

关于呱嗒名字的由来有多种说法，一种说法是，因呱嗒形似艺人说快板的道具"呱嗒板"而得名；另一种说法是，取名叫"呱嗒"是因为将其吃在嘴里，会发出"呱嗒"的声音；还有一种可能是，在制作呱嗒的时候，制作工人把面团制作成呱嗒型时，擀面杖与面团在案板上结合，会发出"呱嗒呱嗒"的拟声声音，尤其是制作完毕最后一下的响声最大，也最为清脆，故名曰"呱嗒"。众多呱嗒中，尤以沙镇呱嗒最为有名，而沙镇呱嗒中又以"杨家呱嗒"最为有名。沙镇东街的杨氏家族，从山西老家带来祖传煎肉饼的绝活。据说郑板桥到范县做县官时经过沙镇，便前去亲眼看看。郑板桥正对着一个生肉饼专心致志地看时，被身后的人撞了一下，他的一只手正好把一个生肉饼压扁了。主人舍不得扔掉，便把这个被压扁的肉饼煎熟吃了，顿感味道特别，照此又煎了几个，照样很香。后来，主人根据当时郑板桥压生肉饼的声音和形状，取名为"呱嗒"。2006年，东昌府沙镇呱嗒制作工艺被列入聊城市第一批非物质文化遗产保护名录。

二十三、东阿迟庄木版年画

东阿迟庄木版年画起源于清朝末年，历史悠久。据《东阿县志》记载，东阿年画出现于元末明初，主要在安平镇（今阳谷张秋镇）一带。1289年，会通河开通，安平镇成为京杭大运河漕运的枢纽，到清末，山西、陕西商贾店铺在此地达到30多家，其中画店3家。到1930年，迟庄全村制作年画的商户达到9家，而且出现了"福顺祥""义和成""益兴"等老字号商铺。1946年，冀鲁豫行署在朝城举办民间艺术培训班，提倡新式年画。迟庄村迟庆绪、迟连仲前去参加。二人回来后，又研制出一批新式年画，给古老年画增加了新意。新中国成立后，迟庄村年画制作达到了一个新阶段，全村一百多户人家，几乎家家都经营年画，销售年画成为各户的主

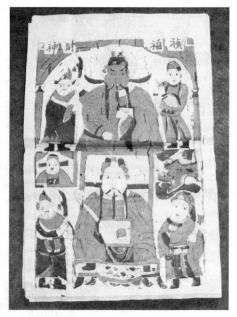

图6-12　东阿迟庄木版年画

要经济来源。"文化大革命"中，年画印版和产品被烧毁，年画印制曾一度中断。党的十一届三中全会后，文化事业开始繁荣，木版年画生意得以恢复和发展。

年画题材广泛，构图饱满，造型夸张，线条简练。颜色各异，千姿百态，精巧别致。迟庄木版年画主要分为三类：一是神祃，主要有"天地""灶王""门神"等，门神

又分为秦琼、尉迟恭、钟馗等历史神话人物;二是吉庆年画,主要有"招财进宝""双喜临门"等;三是生活故事年画,如"麒麟送子""赵云救阿斗"等。年画制作分布在本村,鼎盛时期全村百分之八十都在印制年画,产品多数销往平阴、肥城、汶上等县市。迟庄木板年画不仅是一项源自民间的传统技艺,更寄托着人们迎福纳祥的美好愿望,承载着大吉大利的乡村情感,蕴含着丰富的民俗文化。2009年,迟庄木板年画被列入聊城市第二批市级非物质文化遗产项目。

二十四、张秋镇木版年画

明清时期,阳谷县张秋镇是京杭大运河黄河北岸的第一大码头,水陆交通非常方便,是经济、文化汇集之所,也是木版年画的集散地。据《寿张县志》记载以及文史专家考证,明清时期,它和苏州桃花坞、潍坊杨家埠、天津杨柳青合称为"全国四大木版年画基地"。

张秋木版年画自元代由山西晋南传入山东阳谷县张秋镇,至今约有600年的历史。清末民初,张秋镇规模较大的年画店有源茂永、鲁兴聚、景顺和三家,每家印纸用量达1500余令,作品销往山西、陕西、河南、河北、东北三省等地。后来景顺和店主刘振升将画店迁往聊城,促进了东昌木版年画的发展。1918年,源茂永画店山西业主李殿源将画店转卖给张秋人闫均振。抗战时期,闫均振配合冀鲁豫文联文艺工作者,创制了一批新内容木版年画,宣传党的方针政策,激励了军民抗战热情。

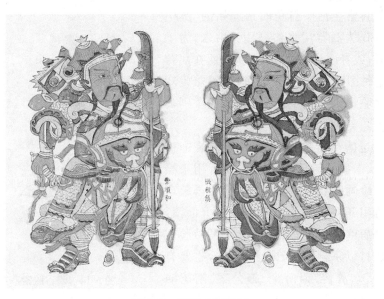

图6-13　张秋木版年画

张秋年画的制作技法是套色木版印刷,共分绘稿、刻版、印刷、手绘 4 个工序。张秋木版年画只有"草版",即只印不画,全部用木版套印,但一般不超过五遍,颜色有红、黄、灰、青、黑 5 种基本色,整个画面五彩缤纷,装饰性强。人物面部不着色,使其形象更加突出醒目。张秋木版年画历来刻印分家,本身没有自己的画工、刻工,刻工要从百里之外的堂邑雇佣,或将画样送往堂邑刻制。张秋木版年画题材新颖,形式多样,内容丰富,题材品种的数量就有 300 多个。人物造型夸张,色彩明快沉着,刻板精细,线条流畅,简洁有力,印刷独特,采用左手执把,做工十分考究。张秋木版年画根据消费者水平,分普通木版年画、装裱年画、木框年画、布艺年画、木雕年画、宣纸年画、挂历年画等系列。①

张秋木版年画特色鲜明,色彩艳丽,有浓厚的乡土气息和鲁西地方特色,展示了鲁西人民刚劲、朴实、豪迈、大方的人文特征,并促进了山东西部年画艺术的发展。它与山东中部杨家埠年画相呼应,共同促成了山东民间年画的繁荣,在全国木版年画中占有极其重要的位置。2006 年,张秋木版年画被列入山东省首批非物质文化遗产名录。2008 年,张秋木版年画被列入第二批国家级非物质文化遗产名录。

二十五、阳谷脸谱葫芦制作技艺

阳谷脸谱葫芦是流传于鲁西一带的民间工艺品,它的最初雏形来源于黄河中下游两岸渔民的日常生活中打鱼时最原始的"救生圈",有的作为酒器用来盛酒用。后来,为了美观好看,或者说是为了作为记号,便在葫芦上刻画各种图案,此后逐渐改进,最终热爱戏剧的人将脸谱刻画到上面,形成了现今别具一格的工艺美术品。

葫芦是盛产于鲁西地区的一种装饰植物,每到秋末摘下晾干,去皮后,便可用来绘画图案。绘画时要先打好底子,然后再起草脸谱。待用颜料填完颜色,晾干,罩上面漆,一件脸谱葫芦艺术品也就成功了。葫芦脸谱选用的题材以京剧的净、末、丑为主,主要有三国演义、水浒传、西游记、施公案、隋唐演

图 6-14　阳谷脸谱葫芦

① 李宗伟《山东省省级非物质文化遗产名录图典》(第 1 卷),济南:山东友谊出版社,2012 年,第 314 页。

义、岳飞传、楚霸王等七大类人物100余种,而且一个个栩栩如生,可以说看了脸谱葫芦,就等于在戏剧艺术殿堂里走了一遭,让人了解不少戏剧艺术知识,所以脸谱葫芦深受人民喜爱。

　　阳谷脸谱葫芦在形成工艺品之前,是刻画不同形状图案作记号来用,直到清末民初,才被京剧爱好者把脸谱刻画到葫芦上,并逐步达到图案清晰、刻工精细。脸谱葫芦传承人辛福春带着他所创作的作品,曾参加了在深圳召开的第二届国际文化博览会和山东省首届国际文化博览会、山东省非物质文化成果展以及五届江北水城旅游节,受到国内外专家和游客好评。2006年,阳谷脸谱葫芦制作技艺被列入聊城市第一批非物质文化遗产名录。

第七章　传统音乐与舞蹈

音乐和舞蹈都是反映人类现实生活情感的一种表演艺术,二者关系极为密切,传统舞蹈中一般会伴随有音乐的演奏。历经千年、贯通南北的大运河,在促进中国古代音乐、舞蹈的繁荣兴盛,南北音乐、舞蹈文化的交流与传播方面起到了不容忽视的作用。聊城运河沿岸地区代表性的音乐、舞蹈主要有临清金氏古筝、临清冯圈竹马、聊城伞棒舞、道口铺竹马舞等。这些音乐与舞蹈是聊城运河非物质文化遗产的重要组成部分,是沿岸民众审美情趣和生活方式的生动体现,具有重要的文化价值和艺术价值。

一、临清金氏古筝

临清市金郝庄镇自古就有着悠久的古筝演奏传统,系山东筝乐的发祥地之一,现根据古艺人年谱追溯,至少有 200 年的流传历史。据临清金氏古筝传承人李克超先生介绍,较早弹奏筝乐者有金玉亭(约 1802 年生),后传金光烛(约 1842 年生),再传金灼南。

金灼南(1882—1976),字癸生,号秋圃居士,出生于书香世家,家中藏有琴、筝、箫等多种乐器,他自幼习字练筝,钻研律学、琴学、筝学,后曾赴江南几省寻师求访,集众家长于一身,终成一家,世称"金派"。1912 年,他将流传家乡的《双板》《三环套木》《流水激石》三首筝曲创编成一首乐曲,取名《渔舟唱晚》,成为一首著名的筝曲,广为流传。20 世纪 50 年代初,他积极参加省组织的文艺演出活动。三次当选临清县人民代表。1957 年,受聘为山东省文史研究馆馆员。同年与李华萱、刘玉轩、詹征秋、张音谨等人筹建了"琴学研究会",挖掘、整理民间传统音乐,并教授学员,为继承、发展民族音乐事业做出了有益的贡献。1958 年,金灼南曾去南京艺术学院任教,1959 年返回山东,在省艺术专科学校(现山东艺术学院)教授古筝,并兼任美术专业书法课程。为使筝艺流传后世,金灼南系统地整理了大量筝曲,在其任教期间编写了《古筝教材》。由他传谱的传统乐曲有《齐手开板》《流水激石》《禹王治水》《平河落雁》《三箭定天山》《穿花蜂》《蝶恋花》《莺梭织柳》《幽思吟》等,改编的筝曲有《渔舟唱晚》《乘风破浪》《庆丰年》等。20 世纪 60 年代,金先生曾将其 60 余年来对筝学研究的心得汇集成书,书名《筝学探源》,是很有价值的学术论著。全书共分源流、构造、音响、音律、定弦、调式、协律、旋三、指法等 18 个章节,并附有筝曲 16 首。在论著中他对不少学术问题阐明了其独到的见解,为我们研究民族传统音乐提供了宝贵的资料。

金氏古筝的演奏风格古朴典雅、声纯韵正、肉甲并用,推崇中国传统音乐的怡情养性,其风格体现"古奇鲁派"的高古淡泊、宏、雄、健、溜、奇、逸、古的文人音乐特点,其演奏稳健、以情感人,其效果"重而不燥,轻而不浮,急而不促,古朴典雅,疏而有味,断而似连,刚柔相济,清浊协调"。在点、按、吟、揉方面均具独到,为同行所青睐。2013 年 5 月,金氏古筝被列入山东省第三批省级非物质文化遗产名录。

二、临清冯圈竹马

冯圈竹马主要流传于临清市烟店镇冯圈村一带,当地俗称"竹马会"。逢年过节或有了红白喜事,他们总会精心装扮,跨马而舞,伴着节奏明快的鼓声和乐曲,时而跳跃,时而搏击,浩浩荡荡,场面好不壮观,成为深受当地群众欢迎的一种传统表演形式。

"竹马"一词起源于唐代。文献中最早记载竹马的是《后汉书》。东汉后,竹马正式作为儿童游戏加以提倡。唐代后竹马舞、竹马戏等多种艺术形式相继出现。到了宋代和明代,竹马表演已在民间社火中出现并逐渐得到普及。明代阮大铖编写的剧本《双金榜》中,曾有跑竹马舞蹈表演的记述。竹马曾经流行于全国许多地方,经过漫长的流传过程和历代艺人的修改、演变,形成了不同地域、不同艺术风格的多种表演形式和内容。

临清冯圈竹马已有 200 余年的传承历史。据第九代传承人冯连解介绍,冯圈竹马具有鲜明运河文化特色,是地域文化交流融合的历史见证。清朝时期,临清交通运输主要以水路为主,冯圈村位于漳卫河畔。清嘉庆年间,正是寒冬腊月,漳卫河面上处处可见顺流而下的大块冰凌。当时河南新乡的民间竹马会去北京、天津一带演出,返乡途中,正赶上河道冰封,船只无法通航,无奈之下,部分人只好徒步回家,留下的便看守船只,等待开春时再回去。因岸上就是冯圈村,时间一长,村民们便慢慢学会了竹马这门表演艺术,并很快置办了行头,组织了竹马会。从此,竹马艺术在冯圈村流传下来。

作为一种传统民间艺术,临清冯圈竹马有其独特的表演形式和内容。首先,竹马表演由七匹马和一头黑驴组成,每匹马脖子上均系有五个铜铃。马身上分别涂有红、黑、白、青、黄五种颜色。红象征"桃花马",白为"白龙马",黑为"乌骓马",青为"青鬃马",黄为"黄骠马"。其次,演员服装按饰演角色进行包装,分为"硬靠"和"软靠"。"硬靠"后背插四护背旗,"软靠"后背无旗,穿缀彩上衣,又称为"须子铠"。女将着"七性额子"头盔,男将着"帅子盔""虎头盔""金银壳"头盔,分别插有两根翎子,丑角帽子插一根翎子为丑。演出时七马一驴八件套,按净、丑、生、旦编排。表演内容以唐宋戏文为主。在演出过程中,骑黑马的丑角演员在场上最为活跃,表情也最为丰富，有时扮个鬼脸，有时表演一些令人捧腹的滑稽、幽默动作。演员互舞动作中，间有唱腔，或对唱，或接唱，或数板，唱完再舞，舞完再唱，声情并茂。唱腔主要为笛子腔，很多地方与河南梆子（豫剧）大平调相同，伴奏以唢呐、笛子、笙为主，并有大号、小号、能学马叫声，称为"人欢马叫"。武场有一尺八的大鼓、大锣、小锣、大铙钹等。常表演的传统剧目有《三请樊梨花》《杨家将》《穆桂英》《大刀王怀女》等。整个表演过程按武场分为五部分。一是亮相单别马，即单人互相穿插迂回表演；二是双别马，由双人对走互相穿插表演；三是跨走四面斗，即由里到外分四角进行翻转表演；四是扇子延马，即分别表演各种上下马的亮相动作；五是杀乱阵，即八人分四对表演相互搏杀的场面。

图 7-1　临清冯圈竹马

冯圈竹马是通过口传身授的方法传递下来的。第一代传承人冯木是最先学习这项民间艺术的冯圈村人，他不仅掌握了全套要领，还是竹马会最早的组织者和发起人，成为当之无愧的第一代竹马会会首。第二代传承人冯金选系冯木之子，因受家庭影响，从小学习竹马演出技艺，再加上嗓子好，16 岁就因唱功出色而走红，人送绰号"十六红"。第八代传承人冯广逊一生爱好竹马，他掌握全套技艺，并能自编自演小剧小戏，以头马扮演樊梨花、穆桂英而出名。在 20 世纪 80 年代中期，他把中止演出活动 20 多年的竹马会重新恢复并传承下来。第九代传承人冯连解擅长创作，兼工乐器演奏及唱功，他担负着竹马会第二次恢复演出活动后的传承责任。

据冯圈村老人们讲，临清解放时，竹马会演员 30 余人曾进城祝贺演出，荣获"龙灯马会"表演第一名，轰动一时。当时在临清县城考棚街一带进行表演时，人山人海，在拥挤中把道具马都挤扁了。1963 年，漳卫河发大水，冯圈村被淹房屋、竹马道具一应被冲毁，竹马一时停止了活动。随着经济发展和生活水平的提高，1986

年,竹马第八代传人冯广逊重新成立了"马会",大家踊跃参加,积极捐款捐需。白天劳动,晚上排练,使这项民间艺术很快繁荣发展起来。后来,原竹马会成员纷纷从事各种经济活动,竹马会再度停止了演出活动,尤其是第八代传承人冯广逊等主要演员相继过世后,冯圈竹马面临后继无人,濒临灭绝的境地。2007年,冯圈村村两委出资3000多元修缮了现有竹马表演行头,召集老艺人安排专门场地进行排练,冯圈竹马再次呈现在人们面前。2009年,冯圈竹马被列入临清市第二批非物质文化遗产名录。2011年,入选聊城市第三批非物质文化遗产名录。

三、临清洼里秧歌

洼里秧歌是由运河传来的南方歌舞,盛行于临清城南一带。相传,宋元时期,江南一带农民不满封建统治者的压迫。他们受梁山聚众起义的影响,从江南沿运河北上,一路走,一路游唱,深受百姓的欢迎。清末,这种表演内容又变成水泊梁山英雄人物攻打大名府,这种歌舞形式也随之流传到堂邑、冠县、临清等地。①

图7-2 临清洼里秧歌表演

洼里秧歌所用的道具有伞、鼓、锣、落子(金钱落子)、高罩(一罩上写"洼里庄",另一罩写"秧歌会")、蓝旗(蓝色象征着青天,白字代表日月星光普照大地,飘带寓指五谷丰登、万物生长)。主要角色"玩伞人",是秧歌队的开路先锋和向导,他指挥整个队伍变换场景和演唱内容;"蓝旗人",紧跟"玩伞人",是秧歌队的领队;"高罩人",由二人扮演,各执高罩立于"蓝旗人"两旁;还有"鼓子""锣子""土地爷""公子"。"土地爷"常说"颠倒语"逗引观者,如《春秋扇》中"土地爷"开场道白:"话说

---

① 高建军《山东运河民俗》,济南:济南出版社,2006年,第249页。

话,胡说胡,荞麦地里耪三锄。一耪耪到枣树上,桑椹落的黑拉糊。撑起兜来拾桑椹,茄子、黄瓜两嘟噜。拿到家里熬瓜菜,咕嘟一锅小豆腐。张三吃,李四饱,撑得马五满街跑。东西胡同南北走,出门撞见人咬狗。拾起狗来砸砖头,砖头咬了我的手。""憨老婆"是秧歌队中的丑角,在秧歌舞中是活跃于各角色间,起着"戏补丁"的作用。她什么戏都会唱,别人忘了词、脱了腔,她立即主动搭腔引唱,是戏中的"中枢角色",还时常指挥"憨小""傻妮"逗笑取乐,把戏引向高潮。"憨小""傻妮",是"憨老婆"的两个得力助手,秧歌队走到庙会上无论哪个摊贩前,吃的用的随便拿,他们还得和人家论亲家,喊舅舅、喊姨姨。摊贩被吃被拿,也只一笑了之。"京妈妈"是京城百姓的代表,象征着城乡人民的团结。因秧歌源于江南,所以许多动作特点都以插秧、拔草作为舞蹈的基本动作,以载歌载舞的表演形式反映劳动人民边劳动、边歌唱的生活情景。[1]

"洼里秧歌"组班演唱至今已有 300 多年,传有 30 多班次。1943 年,八路军卫东县临南大队队长苏以柱组建歌舞秧歌会,利用秧歌舞形式,积极宣传抗日救国道理。卫东支队队长李翠峰、侦察员李仁厚多次借秧歌演出活动搜集敌伪情况、传递革命情报。1945 年,临清解放,第一支进城参加庆祝活动的就是"洼里秧歌队"。新中国成立后,洼里秧歌作为活跃在城乡的一支文艺队伍,颇受群众欢迎。"文革"结束后,陈宪瑞、陈宪忠、陈宪渠、陈春奎、李荣厚、张介清、刘庆瑞、陈书芬、张保华、李福西等一批老艺人,再次组建起洼里秧歌队,并选拔石宪林、李衍涛、李敦厚、左爱玲、刘桂茂等年轻人参加,洼里秧歌重新焕发勃勃生机。尤其是陈宪忠化装扮演的"憨老婆"、李荣厚扮演的"憨小"、刘庆瑞扮演的"土地爷"、李福西扮演的"精妈妈"、陈春奎扮演的"傻妮"等人物,栩栩如生。1956 年,洼里秧歌参加"山东省第一届农民音乐舞蹈会演",获集体演出一等奖,陈以忠、刘庆玲唱的《老汉耪田》获演出优秀奖。1983 年底,山东电台到临清对洼里秧歌进行了录像、录音,并制作成洼里秧歌电视片在电视台播放。时至今日,洼里秧歌会一直活跃在临清及周遍县市的城乡街头。2006 年,临清洼里秧歌被列入聊城市第一批非物质文化遗产名录。

四、临清五鬼闹判舞

"五鬼闹判"是从明代南直隶通州(今江苏南通)一带沿运河传播而来,以民间传说中钟馗伸张正义、鞭挞邪恶为内容的民间社火。"五鬼闹判"一语最早见诸明施耐庵小说《水浒传》。明万历年刻本《梼杌闲评》一书中也有描述:"却说临清地方,虽是个州治,到是个十三省总路,名曰大码头。次日正值迎春,但见数声锣响,纷纷小鬼闹钟馗。"由此可知,"五鬼闹判"舞蹈出现于临清有五六百年的历史了。

---

[1] 高建军《山东运河民俗》,济南:济南出版社,2006 年,第 249 页。

经过几十代艺人的演变，表现内容不断丰富，演艺日趋精湛。

"五鬼闹判"中的"判"即阴司判官，亦即传说中的镇鬼之神钟馗；"五鬼"即是手执琴、棋、书、画以及撑伞的"蝙蝠鬼"。演出时，在锣鼓伴奏下众"小鬼"欢腾跳跃。忽而虎跳、滚毛、蛮子、旋子；忽而蝎子爬、车轮跟头、狮子滚绣球；忽而鲤鱼打挺、"屎壳郎"滚蛋、叠罗汉、窜挪腾跳、潇洒大方，以稔熟的舞蹈语汇配以各种图形的变换，使其整个场面生气勃勃、情趣盎然。"判官"在转伞伴舞下，手执笏板，舒展阔袖与众"小鬼"打逗嬉闹，时而抚琴聆曲、时而凝目观画、时而举盘品棋、时而捋髯审书，鬼、判配合默契、形神入微、惟妙惟肖、妙趣横生。[①]

图 7-3 临清五鬼闹判舞

"五鬼闹判"借鬼喻理、伸张正义、鞭挞邪恶。经历代艺人相演相嬗，表演技艺不断丰富，深受劳动人民喜爱和拥戴，已被收入《中国民间舞蹈集成·山东卷》，被载入艺术史册。2006 年，"五鬼闹判"舞被列入聊城市第一批非物质文化遗产名录。

五、冠县三合庄高跷

冠县三合庄高跷距今已有 200 多年的历史。踩高跷，是民间盛行的一种群众性技艺表演。高跷本属我国古代百戏之　种，早在春秋时已经出现。我国最早介绍高跷的是《列子·说符》篇："宋有兰子者，以技干宋元。宋元召而使见其技。以双枝长倍其身，属其胫，并趋并驰，弄七剑迭而跃之，五剑常在空中，元君大惊，立赐金帛。"[②]从文中可知，早在公元前 500 多年，高跷就已流行。表演者不但以长木缚

---

① 高建军《山东运河民俗》，济南：济南出版社，2006 年，第 248～249 页。

② 凝溪《中国寓言文学史》，昆明：云南人民出版社，1992 年，第 57 页。

于足行走,还能跳跃和舞剑,高跷分高跷、中跷和跑跷三种,最高者一丈多。古籍中记载,古代的高跷皆为木制,在刨好的木棒中部做一支撑点,以便放脚,然后用绳索缚于腿部。表演者脚踩高跷,可以做各种动作。

冠县三合庄高跷队刚组建时只有三副拐子,表演动作也非常简单,后来经一代又一代传人不断丰富发展,队伍逐渐壮大,表演日渐成熟。高跷队多在民间集市、庙会上打场子表演,头副拐上锭有钢钉,能很快打开场地。表演中演员扮成各种戏曲人物,踩着高跷进行表演。技艺高超的演员能表演劈叉、翻跟斗、从八仙桌上向下翻等高难度动作,喜剧人物则插科打诨、诙谐逗乐。高跷表演没有固定的曲目,往往根据演员的特长,表演一些简单的小戏,如《小放牛》《刘海砍樵》《十八相送》《猪八戒背媳妇》等。

图7-4 冠县三合庄高跷表演

三合庄高跷表演气势欢腾,热烈奔放,轻盈优雅,灵活飘逸,粗犷剽悍,朴实稳健,具有鲁西民间舞蹈的典型特点。2006年,冠县三合庄高跷被列入聊城市第一批非物质文化遗产名录。随着社会的变迁,因为挣不到钱,一些年轻人不愿再学高跷。2010年至2017年曾一度沉寂。2017年底和2018年初,三合庄村支部书记许申垫付万余元资金购买道具和服装,让村里老艺人重新培训和传承,三合庄高跷重新焕发生机。

六、冠县田庄花船

田庄花船流传于冠县冠城镇田庄村一带,距今已有200多年的历史。据说花船的表演形式起源于"三国演义"故事,周瑜用计骗刘备到东吴招亲。诸葛亮识破诡计,让赵云护驾刘备坐船回荆州,通过"赵云拦江""张飞赶船",刘备与夫人孙尚香平安回到荆州。后人为纪念此事,遂将其演变为花船表演。明朝洪武年间,有樊姓人氏由山西洪洞县迁到冠县田庄,此人知道这个典故,便自己造船做车,自导自演。经过不断改进,逐渐形成一种演出形式,一直流传至今。

图 7-5　冠县田庄花船表演

　　田庄花船表演分"文武场",文场演唱,武场舞蹈。文场共 5 人,踩街时敲锣鼓,表演时演唱田庄村当地流行的乱弹。乱弹历史悠久,源远流长,被称为"北曲遗韵",唱腔风格高亢嘹亮、悲壮苍凉,别有韵味。演唱的剧目主要有《铁冠图》《高平关》《赵公明下山》《高金宝下南唐》等。武场舞蹈表演包括 4 部分,由花船、花车、二人搬、老姜背老婆四种舞蹈组成,表演各富特色。花船表演优美流畅,模仿逼真;花车表演配合默契,风趣幽默;二人搬表演热烈火爆,技术独特;老姜背老婆表演真假难辨,富有极强的生活气息。舞蹈表演者共 12 人,均有固定角色,其中花船 3 人,花车 4 人,二人绊 4 人,老姜背老婆 1 人。每一部分的表演均有固定的表演程式。花船表演时,船挂在坐船者的肩上,用碎步走出各种花样,有"玩船""拨船""上船""走剪子股""走四门"等,表现船在水上的各种形态。船拐子则表现撑船、划船的动作。花车表演由 4 个人默契配合,表现推、拉、帮、坐的动作。"二人绊"由一人穿上带有两个假人的特殊服装,演员四肢着地,双手和双脚分别作为两个人的腿,表演二人摔跤,推、拉、扭、抱、踢、摔,各种动作,无不惟妙惟肖。"老姜背老婆"则由一人利用特殊服装,模仿老姜背老婆行走的故事。演员上身扮作老婆,下身则扮老姜,胸前装着假人为老姜,背后的假腿则为老婆的腿。由于社会、历史及自身的原因,田庄花船一度面临生存危机。2006 年,当地政府开展"发掘文化传人、挖掘民歌民俗、繁荣文化市场"系列活动。同年十二月,冠县田庄花船被列入聊城市第一批非物质文化遗产名录。

七、冠县柳林降狮舞

柳林降狮舞因流传于聊城冠县柳林镇南街而得名，是清朝初年从堂邑县城（今东昌府区堂邑镇）传到此地的，距今已有300多年的历史。降狮舞的确切渊源已无法考证，只知道其组织名为"降狮会"，是群众自发组成的演出团体。降狮舞的主要功能是祭祀娱神，多在庙会上进行演出，年关时节也表演降狮舞自娱自乐。

柳林降狮舞虽称"狮舞"，但其实是最古老的舞蹈——傩舞。傩舞在长期的发展和传承过程中，逐渐与宗教、文艺、民俗等结合，演变为多种形态的傩舞、傩戏，至今仍在我国广大农村流行。据调查，以江西、湖南、湖北、陕西、四川、贵州、云南、广西等地遗存较多，中原地区较少，山东省则更为罕见。目前全省只发现3处傩舞，而柳林是保存较好的一处。几百年来，柳林南街的老艺人总把自己的组织称为"狮子会"。因为，"傩舞"一词，对于一般人来讲实在是太陌生了。但是，降狮舞就是傩舞，这一点已毋庸置疑，因为它仍保存着许多傩舞特征。

图7-6　冠县柳林降狮舞表演

面具是傩舞最典型的文化特征，而降狮舞之"降狮人"和"狮子"均为头盔型面具。傩舞与祭祀密切相关，具有祈祷、招魂等功能，而降狮舞就主要在庙会、葬礼上表演。傩舞中动物形象时常错位，而降狮舞中的"狮子"额头上有一大大"王"字，又像虎，而舞中称之为"无名歹兽"。降狮舞有简单的情节，说是一个外地"回回"，为了为民除害，手持"灵芝草""倒心钩"和"八卦阴阳旗"，追踪、查找、相斗最后降服一对"歹兽"的故事，类似于戏曲中的"折子戏"如"武松打虎"。各种舞蹈动作均沿着这条情节线进行表演，有"踩鼓""查蹄印""丈量狮子""轰狮子""撒旗子""撒球子"

"单咬""双咬""踩四门"等。降狮舞的乐队非常庞大,乐器有大鼓4面、镲4副、铙4副、大锣2面、二锣1面。这些舞蹈均在雄壮、宏大的锣鼓伴奏中完成,场面十分壮观。降狮舞中的"回回"在场上头戴面具,身穿戏服,手持八卦阴阳旗,灵芝,有"独白",还有和乐队人员之间的"递话"(对白),内容主要是交代情节。在漫长的传承过程中,傩舞这一古老的名称逐渐被遗忘,因其与到处兴起的"狮舞"有某些相似之处,便开始被称为"降狮舞",以至于连艺人自己也称其组织为"狮子会"了。但是,名称虽改,但傩舞的基本特征,都保存至今。

柳林杨氏家庭为柳林南街第一大姓。该家族崇文尚武,文人武将辈出。为保家族兴旺,杨氏族人于1770年前后从堂邑县南邢庄学得此艺,从此代代相传,至今已九代,历200余年。而在原地南邢庄,该项技艺早已灭绝,柳林南街成为唯一的分布地。新中国成立之后,"降狮舞"一度停止活动,服装、道具、乐器大部失散。从此,在50多年的岁月里,"降狮舞"销声匿迹。但有百多年历史的"狮头""回回面具"被有心人精心保护下来。2002年,在全国抢救保护非物质文化遗产的热潮中,杨氏家族的杨乃让兄弟3人,为了让传承300年的家族绝艺重振雄风,出资2万元,修复道具,购置乐器,挖掘资料,组织排练,终于让沉寂半个多世纪的降狮舞走上了传统艺术的舞台,让世人重睹其古老的风采。"降狮舞"有故事、有人物、有道白,表演独特,伴奏恢宏,在众多"舞狮"中独具一格,有极高的艺术价值。2006年,冠县柳林降狮舞被列入聊城市第一批非物质文化遗产名录。2009年9月,被列入山东省第二批非物质文化遗产名录。

八、聊城伞棒舞

聊城伞棒舞发源于聊城市东昌府区梁水镇梁闸村,后流传到临清、聊城、茌平一带。该舞蹈因运河漕运的繁荣和兴盛而形成的,故又被人们称为"运河秧歌"。梁闸村原是古运河的水闸码头,据当地民间艺人介绍,明朝末年的一个春天,百余艘运粮船行至梁闸码头南,因枯水而搁浅了七七四十九天,押粮京官闲居无聊,便令地方官邀聚当地艺人登船献艺,但听遍丝竹管弦,仍觉索然无味。地方官为讨好粮官,着令当地武术行家梁某献艺。梁某几套空手拳脚过后,押粮官要梁某持器械与人相搏。梁某灵机一动,戏称须借用粮官头顶上撑的绫罗盖伞与差役们手中持的黑红棍。粮官居然应允。于是,梁某持伞,邀数人持棍,又折挑粮扁担为板,边耍边舞,击棍为节,回旋有序。粮官见后大喜,遂重赏地方官及梁某。此后,每逢旧历年节或有重大庆典,当地艺人即自做大伞和黑红相间的棍棒,或五人、或七人、或九人持之相舞,故称其为"伞棒舞"。

伞棒舞动作豪迈粗犷,多与武术套路相糅合,强度高,力度大,加之配以民歌民曲,更显得铿锵有力。在当地,每逢旧历年节或遇重大庆典,都有伞棒舞助兴,演出时,可登台表演,也可在广场围圈演出,或沿通衢边舞边唱边行进,若在舞台表演,则以伞领舞,板、棒排成双队以"双龙出水"式绕场出台,继之按序表演,若在广场围圈演出,则先以棒舞开场,然后,舞伞者引诸人登场。持伞者先唱赞语,如:"正月十五挂红灯,男女老少喜盈盈,舞动伞棒求吉利,秋后又是好年景。"紧接着,伞旋棒击,舞队中的各种角色可自由穿插表演,或甲按角色表演,或乙按曲调演唱,各走图形插科打诨,互相逗乐。演唱的曲目有《姨娘斗》《秃子闹房》《闺女出嫁十二难》《王眉还家》《小磨房》等。在长期演变过程中,还曾出现多种表演形式,如在伞棒之外增添"火流星"以及其他角色,组成各种舞队等。伴奏方面增加了唢呐,并配之以鼓、锣、钹、螺号等,吹奏的曲子有斗鹌鹑、小开门等。①

图 7-7　聊城伞棒舞表演

伞棒舞的传承方式是口授身教,师徒间多是血缘或地缘关系。传授时先传口诀,如持伞的口诀是"三尺红伞手中旋,一手虚握一手转,身形随着伞儿舞,不可死抓硬扛伞"。然后再教授身法和步法。经过百年的传承与演变,伞棒舞依然保持着独特的地区特色与艺术风格,它是广大民众借以表达心愿、抒发情怀、陶冶情操的一种自娱娱人的大型广场舞蹈。在艺术风格上突出地表现了男性粗犷豪放,女性妩媚柔韧的风格特点,传承着中国文化传统的审美观、理想情趣和精神追求。其主题与礼仪文化、运河文化等密不可分,具有浓郁的地域风格和民族特色。素材多源于人民群众身边的物、人、情,有一套严谨的师徒传承方式,体现出特定的地域性、民族性。② 1984 年,山东省电视台来梁水镇梁闸村研究考察并录制了"大秧歌"电视片。1994 年,"伞棒舞"被编入《中国民族民间舞蹈集成·山东卷》。2006 年,伞

---

①　中国民族民间舞蹈集成编辑部《中国民族民间舞蹈集成山东卷》,北京:中国 ISBN 中心,1998 年,第 1011~1012 页。

②　李群总主编,李建国主编《传统舞蹈》,济南:山东友谊出版社,2008 年,第 244 页。

棒舞（运河秧歌）被列入聊城市第一批非物质文化遗产名录。2015年,聊城伞棒舞被列入山东省第四批非物质文化遗产名录。

九、东昌府道口铺竹马舞

　　竹马舞流行于聊城道口铺街道办事处四甲李村、肖香坊村及其周边一些村庄,是道口铺办事处的特色文化,也是聊城有名的民间舞蹈形式。"竹马舞"俗称"跑竹马""竹马落子",据有关史料考证,竹马舞至少已有600年的历史。宋代地处黄河以北的中原大地战乱不断,当地农民久历战火考验,加之官府提倡民间举办团练,时人尚武。而最传统的跑竹马就是仿照古时战争场面,组成"铁甲骑兵",骑上竹马,挥枪弄剑,驰骋厮杀。据说,辽兵在战争间隙,既要保证战马得到充分休息,还要提高士兵的战斗力,于是萧太后就命令士兵用竹子扎成假马,绑在腰间进行训练,这就是竹马舞的雏形。明清时期,社会相对稳定,百姓安居乐业,备战气氛日渐淡薄,跑竹马逐渐演变成民间的年首岁尾娱乐健身的活动。

图 7-8　道口铺竹马舞表演

　　"竹马舞"是春节期间民间的一种花会形式,多在元宵节前后表演。表演竹马者一般要求4男4女,分生、旦、净、末、丑等角色,正生骑红马,青衣(俏闺女)骑黄马,小生骑绿马,花旦(花大姐)骑白马,小丑骑黑马。竹马的表演在跑动时,各角色分工明确,各司其职,配合默契,以走场为主,有"双进门""开四门""水溜溜""绕八字""蛇蜕皮""十字靠""剪子股""跑圆场""三龙出水""南瓜蔓"等十余种。演员手中的道具,或马鞭,或刀枪剑戟,或棍棒,根据人物身份选定。表演者通过表情、姿态和唱腔,表现剧情和人物性格。表演时,伴奏乐器多为锣、鼓、镲等打击乐器。目前,这种活动已与秧歌、戏曲小唱如弦子戏、三句半、吕剧、豫剧等有机结合,逐渐发展成为一种内容更鲜活的寓教于乐的民间娱乐健身运动。每逢节庆,五颜六色的群马,生龙活虎,跳跃奔驰,大大活跃了节日气氛,表达了人们对美好生活的祝愿,深受广大群众的喜爱。

目前,该街道已有各类业余文化艺术团体 30 多个,3000 多名农民常年参与演出活动。他们白天干活,晚上排练,编排的节目都是农民的身边事。一有时间就走村串户演出,把节目送到农民家门口,既宣传了党的好政策,又活跃了农民的文化生活。1987 年,政府曾投资对竹马舞进行抢救性保护。从 1992 年至今,每年通过举办民间艺术节对其进行保护。2006 年,道口铺竹马舞被列入聊城市第一批非物质文化遗产名录。

十、东昌府道口铺唢呐吹奏艺术

唢呐,俗称"喇叭",是我国各地广泛流传的民间乐器。它发音高亢、嘹亮,过去多在民间的吹歌会、秧歌会、鼓乐班和地方曲艺、戏曲的伴奏中应用。唢呐音量宏大有力,音色高亢明亮,常用作室外演奏,是民间婚丧仪仗和吹打合奏中的主要乐器。唢呐的独奏曲目多源自民歌、地方戏曲、民间小曲和戏剧曲牌,具有浓厚的乡土气息和民间风味。

东昌府区道口铺办事处田庙村有一个世代吹奏唢呐的宋家乐班。宋氏祖先漂泊迁徙,逃荒流浪,以吹奏唢呐糊口。宋家乐班以在田庙村定居的宋开鉴为第一代,其上溯亦为世代家庭传承,但逃荒漂泊已无从考据。从宋开鉴起至今已传六代,有百余年历史。新中国成立前民乐艺人的社会地位较低,被世人称为"坐板凳头的"或"吃凉菜的"。新中国成立后,民乐艺人在政治上,经济上彻底翻了身,民乐受到党和人民政府的重视,乐理知识和文化水平不断提高,在继承传统的基础上,创作和学习了一批反映社会主义新农村欣欣向荣的乐曲。如《春耕忙》《农家乐》、现代戏曲《朝阳沟》等。第五代传承人宋兴贵于 1953 年参加全国人民赴朝慰问团,亲临朝鲜战场,为抗美援朝的中国人民志愿军演出献艺,随后又去上海慰问赴朝志愿军,他吹奏的《光荣花》《大保国》《一枝花》等曲目深受欢迎,得奖章十余枚而归;其后,在省级、市级比赛中连获民间民乐比赛一等奖,1987 年在山东人民广播电台《文艺半点钟》特别录制了他吹奏的《百鸟朝凤》曲目。

作为北方民间艺人,宋家乐班传承、创造了许多高难度复杂的演奏技巧,极为丰富,唢呐为主要乐器,笙笛、二胡为辅,并配有打击乐器锣鼓等。唢呐吹奏大致可分为口内技巧和手指技巧,在演奏中常常两者结合运用,其中有连奏、单吐、双吐、三吐、弹音、花舌、箫音、滑音、颤音、叠音和垫音等,还可以模仿鸟鸣虫声及人的歌唱,从而大大发展和提高了唢呐的表现力。乐班经常演奏的曲牌有一句半、两句半、小抬杠、小开门、大开门、三翻、十翻、爬山虎、宝瓶装、水落音、点头凤、大锯缸、送情郎、百子乐、梆子娃娃等。吹奏的戏曲曲牌最拿手的是百鸟朝凤,其间模仿百鸟的叫声,惟妙惟肖,令人百听不厌。从前多活动于婚丧嫁娶之地,现多活动于开业典礼,节庆活动,并常年活跃在乡村集镇,为传承民族音乐、活跃农村文化生活发挥了积极的作用。2006 年,道口铺唢呐吹奏艺术被列入聊城市第一批非物质文化遗产名录。

十一、聊城周店运河龙灯

运河龙灯的历史可追溯到东汉。相传,东汉光武帝刘秀建都洛阳、统一天下后,为了庆贺这一功业,在皇宫里张灯结彩、大摆筵席。席间,盏盏灯笼,各呈艳姿,惹得到场的众人一片叫好。因该灯悬挂于宫廷之内,人们为它取名"宫灯"。隋炀帝大业元年正月十五,庆元宵节,在洛阳陈设百戏。夜间,为使百姓不为看戏所忧,遂在城内各处悬挂"宫灯"。一时间,洛阳城张灯结彩,半月不息,老百姓饮宴畅游,处处欢声笑语。自隋唐之后,每逢元宵节,当朝都城或商业繁华的城镇,家家宝灯高挂,处处明灯璀璨,人人提灯漫游,盏盏争奇斗艳。而这时的"宫灯"虽说在民间已常见,但其制作工艺还是由政府的专门作坊来掌控。宋、元两代,元宵节挂"宫灯"的风俗,开始由都城传至全国,宫灯的制作技术也由宫廷传入民间。明初,借着大运河交通的便利,周家店乃至运河沿岸的其他城镇也逐渐掌握了宫灯的制作技艺。明朝后期,周家店的周姓村民开始仿照宫灯的样式,制成刻有龙体的灯笼悬挂在房门屋檐上。到了清朝乾隆年间,他们又突发奇想,将这一个个悬挂在屋檐上的灯笼,串成龙的模样,转到运河边玩耍。久而久之,运河龙灯就在周家店扎下了根。

从清初到 1960 年这 300 余年间,运河龙灯在周家店乃至它附近的村庄很受欢迎,可惜到"文革"时,它曾一度被当作"四旧"禁演。"文革"结束后,村里的老人们通过记忆又重新恢复了这一传统文化。如今,运河龙灯已成为周家店的一张名片了,每逢春节前后市里举办大型活动时,都会邀请周家店"舞龙队"参加。但是,随着扎制龙灯老人们的逐渐老去和资金的短缺,周家店运河龙灯的未来也面临着诸多问题。2016 年 6 月,聊城周店运河龙灯入选山东省冬春文化惠民季活动品牌项目名单。

十二、东阿黄河大秧歌

东阿黄河大秧歌是一种集歌、舞、戏于一体的民间艺术,起源于明末东阿县大桥镇于窝村,距今已有三四百年的历史。当时,每逢乡里庙会或节庆,这种秧歌调便在街头演出,久而久之,成为习俗。每年正月开始,黄河大秧歌就要耍家庙,拜祖宗。正月十五"闹元宵"秧歌更是成为必不可少的活动形式。民国时期,经常利用黄河沿线的小调编演秧歌剧,宣传抗日,教育群众,受到广大军民的喜爱,因而用黄河地方小调编演秧歌剧的活动遂逐渐普及起来,群众也逐渐习惯地将其称为"黄河大秧歌"。黄河大秧歌有绸子秧歌、子秧歌、花轿秧歌、高跷秧歌等30多种表演形式,动作分跳、扭、倒步、十字花、走八字、逗乐等。在表演过程中,队伍最少30人,多则几百人,服装统一,色彩鲜艳。化妆滑稽、幽默,演员男女老少皆宜。黄河大秧歌的音调具有热情、豪放的特点,唱腔常衬以"啊、哈、哟"等虚词。黄河大秧歌以其豪放古朴的艺术表演风格、轻松活泼的气氛,形象逼真的表演在民间舞蹈中独树一帜,赢得广大百姓的喜爱。

图7-9 东阿黄河大秧歌表演

由于黄河大秧歌的丰富多彩和多种引人入胜的表演形式,黄河大秧歌表演团队多次被邀请进城参加市县内秧歌会演,令人耳目一新,受到了广大群众的欢迎。1993年春节,于窝村的《黄河大秧歌》在聊城地区海峡杯迎春民舞大赛中荣获二等奖;2005年,获中国江北水城(聊城)文化旅游节"花车巡游"银奖;2006年,获江北水城合唱节一等奖、江北水城合唱节创新奖以及全市文化科技卫生"三下乡"活动先进集体。东阿黄河大秧歌充分体现了劳动人民的聪明智慧和艺术才能,对弘扬民族文化,活跃劳动人民文化生活,起到了积极的推动作用。2011年,于窝黄河大秧歌被列入聊城市第三批非物质文化遗产名录。

十三、东阿鱼山梵呗

鱼山梵呗是发源并流传于聊城东阿县鱼山镇的佛教音乐,至今已有1700多年历史。"梵呗"是佛教徒歌诵、供养、止断、赞叹的颂歌,是净化人生的清净之音,后世泛指为传统佛教音乐。"梵呗"起源于佛陀时代,中国最早的梵呗是从曹魏时代开始的,曹植是中国化佛曲梵呗之音的创始者。魏明帝太和三年(229),曹植受封为东阿王,在登览鱼山时听到岩洞内传出梵音歌唱,于是写出曲调并将《太子瑞应本起经》中的内容编撰为唱词填入调中,后世经久传唱,称其为"鱼山梵呗"。"鱼山梵呗"的出现初步解决了"梵音重复,汉语单奇"之矛盾,使从西域、天竺传来的"梵音"开始适用于汉语咏唱,此为佛教音乐中国化的开始。

图 7-10　鱼山梵呗寺

由于历代帝王的倡导,唐代佛教进入鼎盛时期,佛教活动走向民间,佛乐也形成大众化、通俗化的趋势。唐代以前流行的主要有鱼山梵呗《如来呗》《云何呗》和《处世呗》三种。后世于课诵、祝延等时举唱的赞呗,一般最为流行的是六句赞及八句赞。六句赞是南北通行的赞词,其赞由六句共二十九字构成,故称六句赞。八句赞亦称为大赞,般由八句构成。八句赞多于诵经之后或法事中间唱之。近世佛教寺院于佛诞、安居等时,往往唱《四大祝诞》《八大赞》等名赞。唱念时通常只用点板记谱,以铛铪等敲唱,其音量之大小音准之高低以及旋律过板等,均依口授而无定则。唐代贞观年间,日本真言宗创始人弘法大师空海(774—835)大台宗圆仁慈觉大师分别来中国求法,并将鱼山呗请到日本广为流传至今。鱼山呗在日本被称为"声明",系佛教五明之一,即梵呗为声明的"原声态"。1996 年 6 月 19 日,日本佛教界不忘根源所在,鱼山梵呗弟子组织友好代表团来东阿鱼山参拜中国佛教音乐的创始人曹植的陵墓,并在鱼山示范演奏了曹植当年创作的佛教音乐鱼山呗,充分表达了日本人民对中国人民的深情厚谊。在著名音乐学家田青、袁静芳等人的努力合作下,通过永悟法师带头认真查找收集,大部分鱼山梵呗词谱保存下来,并将鱼山梵呗原有的"五音、五行、五气"与国内传统"一板三眼"等特征完美结合,恢复了鱼山梵呗的基本原始面貌。2006 年,东阿县成功举办了中国鱼山梵呗文化节,邀请日本、美国等国家和台湾地区的梵呗研究人员来鱼山交流,使梵呗研究进入一个新阶段。

鱼山梵呗佛教音乐主要分布在东阿县的曹庙、邓庙、净觉寺,阳谷县的海会寺以及周边的聊城、临清、平阴、梁山等地。[①] 鱼山梵呗有声乐和器乐调两类,主要用于讲经仪式、六时行道、道场忏法。其按结构可分为单句式、齐句式、长短句式、套曲式等。单句式梵呗由一个句子重复构成,齐句式梵呗由句幅相等的乐句构成,长短句式梵呗由长短不同的乐句构成,套曲式梵呗是一种声乐套曲。鱼山梵呗有乐器伴奏,称为"法器",主要有钟、鼓、磬、木鱼、钹、铃、金刚杵、箫、笛、琵琶、胡琴等。代表性曲目有《释迦大赞》《佛宝大赞》。鱼山梵呗随佛教传入韩国、日本,进而传播到亚洲及世界其他地区,是中国佛教音乐发展史的典型代表。[②] 2008 年,鱼山梵呗被列入第二批国家级非物质文化遗产保护名录。

十四、阳谷泥哨

阳谷泥哨,原名"咕咕虫",属吹奏乐器,是用黏土(胶泥)烧制而成的一种土制娱乐用品。阳谷哨从其外形、发音和原料制作来看,由古代乐器"埙"演变而来。"阳谷哨"与"埙"的不同之处在于,"埙"的吹奏孔是在顶部的一个简单的圆孔,吹奏方法较难掌握,而"阳谷哨"的吹奏孔则型同"哨子"的嘴,扁长且有一个圆形的风口,吹奏省力,老少皆宜。泥哨有泥制、陶制两种,从 3 寸许至 1 尺大小不等,其上有 7～10 个孔,音域广,可运用单吐、双吐、花舌等技巧吹奏,发音清脆嘹亮,委婉动听。品种由单一雏形,发展到现在的十二生肖、鱼、鸟、龟、兽等 50 余个品种。特别适于模仿各种鸟类的叫声,用以演奏地方戏曲和民歌有独特的乡土韵味。因其发明者李保正是山东省阳谷县的一个农民,故原中国音乐协会副主席、中央音乐学院院长赵沨将其命名为"阳谷哨"。阳谷哨能吹奏的小曲有山东民歌《送情郎》《四贝上工》《十杯酒》《二姑娘要陪送》,山东民间小调《卖饺子》《锔大缸》《斗鹌鹑》,山东民间戏曲曲牌《四根弦大原版》《大梆子原版》《大梆子开门》《秧歌舞》等。

从 20 世纪四五十年代到 80 年代,阳谷哨销往冀鲁豫及东北三省各地,深受人民喜爱,可以说是妇孺皆知。1953 年 10 月 3 日,《北京日报》对阳谷哨进行了报道。1978 年,阳谷哨曾在"全国民间工艺品、少数民族用品展览会"上展出,受到有关单位的重视。1980 年,国家对民间艺术进行挖掘整理,阳谷哨被市县文艺工作者系统整理后,被编入《中国民族民间乐器曲集成·山东卷》《中国民歌曲集成·山东

---

① 李宗伟《山东省省级非物质文化遗产名录图典》(第 1 卷),济南:山东友谊出版社,2012 年,第 80 页。

② 冯骥才《中国非物质文化遗产百科全书代表性项目卷》(上卷),北京:中国文联出版社,2015 年,第 89 页。

卷》《中国戏曲音乐集成·山东卷》《中国曲艺音乐集成·山东卷》。

随着现代科技发展和人民生活水平不断提高，阳谷哨的发展逐渐陷入困境。2002年起，阳谷哨第二代传人辛福春带着阳谷哨，连续参加了五届"聊城市江北水城"文化旅游节，并获得第五届旅游节民间绝活现场制作并吹奏演艺大赛金奖。2006年5月，阳谷哨参加了在深圳召开的第二届中国国际文

图7-11　阳谷泥哨

化产业博览会。同年6月，参加了山东省非物质文化遗产成果展和山东省首届国际文化产业博览会，深受国内外游客喜爱，河南、山东等地客商纷纷订制货物，阳谷哨得以重新焕发生机。

十五、阳谷寿张黄河夯号

寿张黄河夯号产生于临黄河岸边的金堤脚下寿张镇一带，是人们在抵御黄水侵害而修筑堤坝的劳动中，为了消除寂寞，缓解疲劳，统一步调，所喊唱的一种调子。这种调子不但广泛出现在过去的修筑堤坝时，而且还普遍使用于黄河两岸的农村建房夯实地基劳动中。喊唱的内容有民间传说、历史人物故事、传统戏曲，有的是即兴发挥编唱。喊唱的调子有民间小调、小咳呀、小莲花落、大雁窝、锯大缸、咳呀咳、打权头等，节奏有快有慢，有唱有和，声音高低和唱词长短皆不固定。所使用的夯有扛夯、片碨、登台碨、立柱夯、大夯。扛夯重30斤，一般用五个人操作；片碨重40斤，要用八个人拉；登台碨重60斤，也是用八个人；立柱夯重150斤，八个人拉，一个人扶夯把；大夯重200余斤，八个人用夯辫子拉，两个人把住绑在夯腰上端的木棍抬。大夯使用较少，一般用于重要堤段和险工。

阳谷寿张黄河夯号是从创作到演出最便捷、最有效、流传范围最广、最普遍的一种演出形式，它是沿黄劳动人民勤劳智慧的具体体现，发掘、整理并传承下去具有重要意义。随着机械化手段的运用，黄河夯号渐渐销声匿迹，一些会喊唱阳谷寿张黄河夯号的人大都在七十岁以上高龄，如不及时挖掘、挽救，将面临失传的危险。为了保护和传承黄河夯号这一非物质文化遗产，寿张镇党委、政府联合东阿县文化馆对黄河夯号进行了挖掘整理。2009年，阳谷寿张黄河夯号被列入聊城市第二批非物质文化遗产名录；同年，又被列入山东省第二批非物质文化遗产名录。

十六、阳谷顶灯台

顶灯台，又称"怕老婆子顶灯台"，主要流传于聊城阳谷县张秋镇一带，该舞蹈起源于 20 世纪 30 年代，在春节和当地庙会期间，随狮子、龙灯、旱船等民间艺术形式结队演出。据张秋镇艺人张金福（1938 年生）介绍，他是向本镇老艺人张玉成（已故）学习此舞的，到他已传了四代。①

相传，一个勤劳持家的女性嫁了一个嗜赌成性的丈夫，为了教育丈夫她绞尽脑汁。一天，她到显惠庙烧香许愿以求显惠娘娘显灵，使丈夫改邪归正，发现显惠娘娘身旁站着一个小鬼，头顶一盏油灯，恭恭敬敬地在那里侍奉着，便心头有所触发，产生了新的念头。于是她每天夜里做针线，不许丈夫外出，让丈夫学着庙中小鬼的样子，在身边为其端灯照明，并讲些人情世理教育丈夫。丈夫有时不从，她就撒泼，用洗衣用的棒槌吓唬他……久而久之，终于说服了丈夫，使丈夫成了好人。后来，张秋镇的一位民间舞蹈艺人以这个故事为题材，编出了"顶灯舞"。②

图 7-12　阳谷顶灯台表演

舞蹈通过"顶灯钻凳""别步箭指"以及"妻赶夫""夫追妻"等动作，表现妻子的泼辣、凶狠状，以及丈夫在妻子的威逼下，吓得畏畏缩缩、胆战心惊的神态。表演幽默诙谐，不受音乐限制，即兴性较强。③ 因其融教育与娱乐为一体，劝人改邪归正，深受群众欢迎而流传至今。2006 年，阳谷"顶灯台"被列入聊城市第一批非物质文化遗产名录。

---

① 中国民族民间舞蹈集成编辑部《中国民族民间舞蹈集成山东卷》，北京：中国 ISBN 中心，1998 年，第 974 页。

② 张玉柱《齐鲁民间艺术通览》，济南：山东友谊出版社，1998 年，第 273 页。

③ 中国民族民间舞蹈集成编辑部《中国民族民间舞蹈集成山东卷》，北京：中国 ISBN 中心，1998 年，第 974 页。

第八章　传统体育、游艺与杂技

传统体育、游艺与杂技是非物质文化遗产中的一个独特种类，由三种具有相通性的小类别组合而成。其中游艺主要指流传在民间生活中的嬉戏娱乐活动，也称为游戏或玩耍；传统杂技则主要指活跃在民间的一种带有技巧性和表演性的娱乐方式，在我国历史上，传统杂技主要有广场杂技、高空杂技、魔术、滑稽表演、马戏、驯兽等形式；传统体育则更多的是指健身、修身养性、表演或自娱自乐的运动，有的具有一定的竞技性，有的则不具有突出的竞技性，其中又以传统武术最具有代表性。传统体育、游艺与杂技作为历史悠久的民间健身娱乐活动，在聊城沿运地区有着广泛的群众基础，其中较有代表性的主要有临清潭腿、临清肘捶、聊城杂技、冠县查拳、聊城梅花桩拳、东阿二郎拳等。

一、临清潭腿

临清是京杭大运河上的名城重镇，南北通衢的交通要道。它特殊的地理位置、风土人情，都为临清武术的发展提供了良好的土壤和条件。临清人历来就有习武健身的优良传统。民风尚武是民间武术发展的重要基础，仅清一代，表就有武进士37人，武举117人之多。[①] 无论是军旅武术还是民间武术，都深深影响着临清，使临清乃至周边地区孕育和发展了多种拳种流派，唐末宋初，源出于临清龙潭寺的潭腿，充分利用了腿长力大的特点，内外兼修，开创了北腿之先。清道光年间，临清瑶坡人张东槐巧妙使用多种肘法、拳法而创编了刚柔并重的肘捶，并远播冀鲁豫广大地区。乾隆年间王伦起义，清末宋景诗起义和义和拳的兴起，使练武的拳场遍及临清广大城市乡村。清《军机处录副奏折》中载：山东临清有梅花拳教、义和拳教、大红拳教、二狼拳教、五祖拳教等。仅梅花拳教刘四就有徒弟 3000 余人。这些教首及头目通过开场授徒、访友比武等方式传习了红拳、八卦拳、六躺拳、阳阴拳、义和拳、梅花拳、神拳、太于拳、二狼拳、金龙煦拳、五祖拳等，以及刀、枪、棒、剑、绳票、鞭法诸技，使明以来蓬勃发展的各种拳法及器械进一步向复杂化、多样化发展。[②] 临清武术历史悠久，种类众多，目前流行于临清当地的主要是潭腿和肘捶。

---

① 全国政协文史和学习委员会、政协山东省临清市委员会《运河名城·临清》，北京：中国文史出版社，2010年，第237页。

② 全国政协文史和学习委员会、政协山东省临清市委员会《运河名城·临清》，北京：中国文史出版社，2010年，第237～238页。

临清潭腿始创于五代宋初时期,至今已有 1000 余年的历史。创始人为五代时期后周名将昆仑大师。潭腿的"潭"字是借用发源地龙潭寺(今河北省临西县尖冢镇龙潭村)的"潭"字,故而称为"潭腿"。潭腿讲究"拳三腿七"和"拳是两扇门,全凭腿打人"。潭腿套路,气势连贯,起伏转折,节奏清楚。在攻防技击方面,较强地突出了北方拳派的特点,腿法多变,回环转折进退顺畅。演练时要求手、眼、身法、步协调一致,又融内、外功于一体。表演起来古朴大方,高低起伏,对比鲜明,深受广大武术爱好者的喜爱。今天,临清武术界仍流传着"潭腿本是昆仑传,功法深奥妙无边,若是学得真谛在,交手比试准占先"的歌谣。①

图 8-1　临清潭腿

临清潭腿这一流传千年的传统武术文化,自清中叶后受到了很大冲击,至今练习者极少,在发源地河北临西以及现代临清一带早已绝迹。临清潭腿于明朝初叶传至北京,如今只有北京保有临清潭腿传统的技艺和风格。20 世纪 90 年代初期,北京临清潭腿研究会会长、临清潭腿第 97 代掌门隋世国先生率领部分会员多次到临清和临西一带考证,才使这一在当地失传的拳种在临清得以显现。2009 年,临清潭腿被列入山东省第二批省级非物质文化遗产名录。

二、临清肘捶

临清肘捶是一种流传有序、内外兼修、刚柔并重的优秀拳种,为临清瑶坡村张东槐所创,主要流行于山东、河北一带,因其能够巧妙使用多种肘法、拳法而得名。

---

① 聊城地区史志办公室、山东省出版总社聊城分社编《聊城风物》,济南:山东友谊书社,1989 年,第 228 页。

张东槐生于清道光二十四年(1844),卒于清光绪二十七年(1901)。他家道殷实,秉性豪放,幼承家教,勤奋好学。据传少林寺一腐和尚曾传其拳法,后又游历四方,以武会友,经多年研究,创编了立意精深、法度严谨、简明实用的肘捶拳法。

肘捶的基本内容由功法和理法两部分组成。功法主要有两通、十趟捶、四季捶、八方捶及天地人字号散手等。理法主要有玩意起名说及捶论等。肘捶论是临清肘捶研究理、法用则,内外兼修,法理合一。主张学一式得一法,得一法明其所用,学一法须知法中之理,以其举一反三。肘捶的捶论对本门技法功法之要领进行了全面的论述,内容有论两通、交手谱、论身法、论进退、论静法、雷电捶飞鞭捶、游意捶、透甲捶、伏虎捶、审机捶、缠丝捶、空敌法、无我法、论刚柔、论化境捶、论四节劲、论八面肘、论立身中正等,每一论都以诗歌而概其要旨。[①] 无论是两通还是十趟捶都可单练,也可对练。习练者皆可根据自身学识、条件去揣摩其中奥妙,达到健体、防身、修身的统一。百余年来,肘捶拳法经六七代弟子传习延伸,受到鲁西、冀东等地人民的喜爱。

图 8-2　临清肘捶演示

临清肘捶作为我国传统武术文化的优秀代表,其可贵之处在于:在中国武艺的高度成熟期,张东槐自觉地运用易、医之理及兵学之理来演绎武技,使他创编的拳法起点高、立意准、招法切重实用,是理论和技法的优秀结合。他在拳谱中写下的若干篇"捶论",全面细致地论述了拳的各种性质及临敌交手时的战斗谋略、心理意识等。其见识深刻独到,精辟之至,为其他武术典籍所没有。肘捶中保留了许多中国传统武艺中的原生态元素,为我们研究认识中国传统武艺、发展现代运动提供了

---

① 李宗伟《山东省省级非物质文化遗产名录图典》(第 2 卷),济南:山东友谊出版社,2012 年,第 236～237 页。

借鉴。① 近年来,肘捶不但在各健身点推广传授,而且武校也开设肘捶课程,为进一步弘扬优秀的传统文化,促进全民健身运动的开展,起到了积极的作用。2009年9月,临清肘捶被列入山东省第二批省级非物质文化遗产名录。2011年5月,临清肘捶入选第三批国家级非物质文化遗产名录。

三、冠县查拳

冠县查拳发源于聊城冠县张尹庄村,距今已有1200余年的历史。据说,唐朝"安史之乱"时,朝廷向西域大食国借兵平乱。大食国将领滑宗歧,因受伤流落冠县,受到冠县张尹庄村回族群众的精心照料,康复后感到无以回报,便将自己擅长的"架子拳"传授给村民,后又请师兄查元义传授"身法势"。当地人为纪念查、滑二人,将"架子拳"称为"滑拳","身法势"称为"查拳",统称"查滑拳",简称"查拳"。

图 8-3　冠县查拳

查拳盛行于山东、河北、河南、北京、山西,后遍及海内外,尤以在回族中流传更为广泛。历经数百年的实践和演变,在漫长的历史进程中,查拳通过与其他拳种的交流学习,加上历代大师的切磋琢磨,创新发展,内容日渐丰富,逐渐形成了冠县"张式"查拳、冠县"杨式"查拳、任城"李式"查拳三大流派。三派的套路内容不同,练法也各有其妙,但其拳理相同,其要求也大体一致。"查拳的基本套路共十路,每路有30~60个动作,第一路、第二路又各有副拳一路,和正拳有刚柔之别,所以世称'十二路查拳'。另外,查拳中还吸收了四路滑拳、三套炮拳、四套洪拳、两套腿

---

① 李宗伟《山东省省级非物质文化遗产名录图典》(第2卷),济南:山东友谊出版社,2012年,第237页。

拳,最终形成了比较完备的查拳体系。"①查拳的风格特点是:姿势舒展挺拔,发力迅猛,动静有致,刚柔兼备,节奏鲜明,步活灵活多变,结构严谨,功架整齐。无论往返进退,上下起伏,力求协调配合,整个套路表现出一种潇洒、剽悍、矫捷的形态,是长拳类型中较为系统的拳种。

2005 年 2 月,冠县成立了查拳协会,联合本地及外地查拳名家共同推进冠县查拳文化的发展。王秀芬、沙宗朝等拳师在冠县开办了查拳培训班。县城西环附近还建设了专门的查拳训练基地,在寒暑假期间免费向青少年等武术爱好者传授查拳功夫。同时,该县利用一切机遇、创造载体进行查拳等传统文化的展示和推介,在梨花节、采摘节等重大活动期间,开展查拳表演。2008 年,冠县查拳被列为第二批国家级非物质文化遗产项目。

四、聊城杂技

聊城地区是中国杂技的发源地之一,其历史可追溯至新石器时代晚期。据说,当时活动于聊城地区的东夷人首领蚩尤便是一位杂技高手。春秋战国时期,聊城杂技马戏得到初步发展,到汉代已经基本成熟。三国时期,杂技马戏在聊城的东阿一带已很盛行,成为一种以杂技为主兼有其他技艺的表演形式,东阿王曹植曾以"斗鸡东郊道,走马长楸间"的诗句来描述这种状况。历史上黄河经常泛滥成灾,许多农民为了生存不得不弃农学艺,东阿县孟庄、贺庄、张大人集等村就是著名的杂技村。民国初期,仅东阿县就有几十个杂技马戏班。此外,阳谷、茌平、莘县、临清等还有几十个杂技团。其中有些团体曾到朝鲜、日本、新加坡演出。

图 8-4 聊城杂技表演

① 李宗伟《山东省省级非物质文化遗产名录图典》(第 2 卷),济南:山东友谊出版社,2012 年,第 283 页。

新中国成立后,在党和政府的扶持下,"前进""胜利""跃进"等杂技马戏团先后组建。1970年,成立了聊城地区杂技团。1985年,聊城杂技团在原有两个演出队的基础上,又创建"环球飞车队",填补了山东省杂技艺术的一项空白。1990年,全区共有杂技马戏团体二十多个,杂技艺人数以百计。聊城杂技界为繁荣新中国的杂技艺术,培养输送了大批杂技人才。据初步统计,聊城籍杂技演员几乎遍及全国各省。除了山东省济宁、德州、聊城三市杂技团外,贵州省杂技团、云南省杂技团、山西省长治市杂技团、山东省杂技团等,起初均是以聊城杂技团为主组建而成。[①]

聊城杂技历史悠久,艺人辈出,逐渐形成了富有齐鲁特色的杂技行业文化体系。聊城杂技主要包括马戏、魔术、表演三大种别,重视腰腿顶功,突出新、难、奇、美、险,艺术风格朴实、英武、粗犷,素有齐鲁英豪之称,深受广大群众喜爱。但是,随着人民生活水平的提高,原来作为谋生手段的杂技对现在的年轻人已不具吸引力,再加上一些颇有造诣的杂技演员因年事已高逐步退出舞台,使得一些绝技面临失传的危险。1993年,文化部批准在聊城建立中国少儿杂技基地,并将其列入国务院蒲公英计划。聊城市政府依托中国少儿杂技基地,建立了聊城蒲公英杂技艺术学校,培养杂技后备人才。但这仍然与科学的、立体的、全面的、原生态的保护相距甚远,非物质遗产的抢救保护意识和工作力度亟待进一步加强。[②] 2006年5月,聊城杂技被列入第一批国家级非物质文化遗产名录。

五、聊城梅花桩拳

梅花桩是中国传统武术中优秀拳种之一,广泛流传于冀鲁豫一带,至今已有2500多年历史。因其练功和技击均在桩上进行,动作有"大、小、败、仆、顺"基本五势,势如行云流水,宛若梅花怒放,而梅花迎苦寒而出,避百花而妍,凌寒傲霜,孤自芬芳,遂取名为"梅花桩拳"。梅花桩拳最大特点就是"桩功",其桩阵有干支桩和八卦桩,即阴阳桩或父母桩。梅花桩拳由阴阳桩而衍生出12趟单练、24趟对练、72手、36步等丰富的套路功法,可谓母子所演化,父子之精意。其拳理既合于阴阳五行、天干地支,又融于八卦易理,科学严谨,世间稀有。《梅花桩拳秘籍》载:"吾梅拳当为万拳之首,应天时而创,知地利而行,得人和而传于后世,以卦行应于天文,意手足合于武学,故为文武并驱之学也。"练习梅花桩既能强身健体、开发智慧、磨炼意志,还能感悟传统文化、振奋民族精神。

由于年代久远和传授严密,梅花桩长期以来不为外人所知,直到明末清初才正式以梅花桩拳之名公开流传于世。《根源经》记载:梅花桩后百代是明万历年间收

① 李宗伟《山东省省级非物质文化遗产名录图典》(第1卷),济南:山东友谊出版社,2012年,第293页。
② 周和平《第一批国家级非物质文化遗产名录图典》(下册),北京:文化艺术出版社,2006年,第637页。

元老祖为第一代始祖,并称是"收元祖降东土度化元人",为"治世干枝梅花开"的首创祖师。张三省(约 1570—1643)是梅花拳第二代祖师,邹宏义是第三代祖师,他从徐州北来传道至开州(今河南濮阳),收王西征、蔡光瑞、孟有德、邹志刚等人为徒,在冀鲁豫潜心传道。由于拳场多人手吃紧,邹志刚和孟有德二师在传拳方位上进行了分工,以内黄县城为原点,分东西两路,孟传东、邹传西,梅花桩逐步传播到四省十数县。最后,邹孟二人传拳到"京兆各领"。

聊城梅花桩最早由四代祖师孟有德传于阳谷、莘县一带。五代祖师杨炳(1673—1747),康熙壬辰科武探花,授御前二等侍卫,一生保过康熙、雍正、乾隆三位皇帝,乾隆六年(1741)告老还乡,在运河两岸广收弟子,传拳授艺,著《习武序》典籍。王伦(?—1774),阳谷寿张人,梅花桩七辈,梅花拳师李成章的弟子。乾隆三十九年(1774),王伦发动农民起义,仅持续一个月便以失败而告终,自焚于临清县城。光绪二十四年(1898)十月,梅花桩拳弟子在梅花桩第十四代传人赵三多的带领下,在聊城冠县蒋家庄组织发动了轰轰烈烈的义和团反帝爱国运动。为避免因参与反洋教起事而牵连梅花桩组织,遂将梅花桩拳改称"义和拳"。义和团运动失败后,十三代宗师李培金和十四代宗师田岳林邀请冠县孔村齐德众、齐德仁和齐德朝三兄弟传道于鲁西黄河两岸,并在阳谷寿张设坛传法,教授十五代闫万森、韩升海、贾淑岐等梅花桩"八大红徒"。闫万聚、闫万森、闫万测三兄弟都是梅花桩十五代弟子,他们积极传承梅花桩,培养了韩清岐、韩金浩、宋广起、武继才、李文田、田文唐、田文良等一代梅花桩杰出人才。

2013 年 8 月,梅花桩拳第十八世传人孟昭力先生发起成立了聊城市梅花桩拳研究会,致力于研究推广梅花桩拳,挖掘其丰富的武技功法和深厚的文理思想,弘扬祖国传统文化。聊城梅花桩拳分别于 2014 年 7 月和 2016 年 4 月入选聊城市和山东省非物质物质文化遗产名录。

六、东阿二郎拳

东阿二郎拳起源于明朝,流传至今已有 600 余年,古时男子称"郎",因该拳适宜二人对练又始创于东阿,故称"东阿二郎拳"。东阿二郎拳是齐鲁武学重要一脉,也是中华义化的重要组成部分,因其拳风古朴、体系完整、实战性强,在鲁西大地深受群众的喜爱和推崇。

东阿作为中华武术文化的发祥地之一,武术文化源远流长,底蕴深厚,有着1000 多年的武术发展史。千百年来,东阿武术在传承与发展中形成了自己独特的文化,勾勒出东阿人在这一文化的熏陶中所形成的勤劳、勇敢、不屈不挠、重义诚信的品格,积累了东阿宝贵的文化资源。北宋梁山英雄"青面兽"杨志、"霹雳火"秦明、"小霸王"周通曾在东阿传授武术,培养了不少武林高手,形成了"家家练拳习武，人人勇武善战"的风习，在当地流传着"喝了北双庙的水也会翘翘腿，东头到西头都会拉四门斗"；江湖上还留下了"拳不打铜城、枪不扎石横"等传说。东阿二郎拳因其厚重的历史内涵和独特的武术流派而独秀鲁西大地。

东阿二郎拳拳术体系由八大功法、十二趟架子、一百零八路调膀连环捶、七十二擒拿、二十四摔跤式子、三十种单练兵器、四十多种对练兵器、十种硬气功法、拆卸接骨拿环法、点穴法及跌打损伤后的治疗和药理疗法等组成。该拳主要突出一个以"硬"字。大开大合、大劈大撂、动作迅猛、练起拳来技法攻如风，刚猛有力、爆发力强、威猛雄浑、朴实无华、气势磅礴，震脚如闷雷，击掌如爆竹，旋臂出拳，讲究"扇手走步脚挖土、拧腰晃膀把力发"，以七星鞭锤震脚居多，拳风古朴、姿势舒展大方、运动量较大。所以在我们当地有"二郎拳大

图 8-5　东阿二郎拳

架子"和"练红拳的长衣裳、练二郎拳的光脊梁"之说，该拳每趟单练套路都能对练还能拆招实战，有侧面上势也有正面上势架子，终式回归起式原位，还讲究"演、练、看、用"等特点。

东阿二郎拳第九代传人刘洪贤（1886—1974），绰号"铜头铁罗汉"，他自幼酷爱武术，广交天下武林朋友，凡地方有名的拳师无不请进家中待为上宾，加之刻苦和聪慧，深得苏广华大师的真传。第八代二郎拳传人苏广华，享年86岁，一生靠行走江湖，打把式卖艺、保镖为生，人称"神拳苏大锤"，和刘洪贤是本村，为刘洪贤的受艺恩师，刘洪贤学成后18岁那年，经省考一同与杨廷栋到山东第四十八旅旅长、济南镇守使马良开办的山东武术讲习所任武术教习。后行走江湖，先后在上海、河南、河北、黑龙江、天津等地打把式卖艺，开馆授徒、传授武艺，曾在山东省主席韩复榘旧部担任武术教官长达八年。在这期间，刘洪贤大师曾多次擂台比武，运用二郎拳打败日本武士，为国争光。1937年，他返回东阿县顾官屯西程铺村老家，回乡后带领弟子在外"打把式卖艺"和"教场子"授徒。他一生授徒甚多，受业满门，培养出许多武林高手。刘洪贤大师不但武德高尚，拳脚凌厉，而且内功精湛。精通擒拿点穴、接骨拿环、拳术、摔跤和各种兵器，堪称东阿二郎拳一代武术宗师。

为进一步有效保护传承这优秀的传统文化，2010年，由于庆芝、王法明、董德

平、谭成银、赵传华、李广平、张学伦、马强、张志栋、张明峰、张青、张吉超等人共同筹划组建了东阿二郎拳大红拳研究会。研究会组建以来，组织交流活动、举行武术展演，同时遍寻老拳师、搜集整理挖掘资料，申报非遗。东阿二郎拳代表队参加了国际梁山武术节、山东省非物质文化展演、山东省首届传统武术和功力大赛、东亚武术交流大会、华夏武状元、中韩武术交流大会等赛事，获得省级以上金牌36块，银牌27块，3次团体一等奖，有中武协六段3人，国家级裁判1人，省级裁判2人，国家级教练员3人，受到各级领导的广泛赞誉，在全县范围内掀起了武术健身锻炼的浓厚氛围。东阿二郎拳大红拳研究会于2016年10月在东阿影视城成功举办首届全国邀请大赛。2014年7月，东阿二郎拳入选聊城市第四批非物质文化遗产名录。2016年4月，被列入山东省第四批非物质文化遗产名录。

第九章　民间传说与歌谣

民间传说是指民众口头创作和传播的描述特定历史人物或历史事件、解释某种地方风物或习俗的散文体口头叙事文学,是劳动人民集体智慧的结晶。许多传说把比较广泛的社会生活内容通过艺术概括而依托在某一历史人物、事件或某一自然物、人造物之上,达到历史的因素和历史的方式与文学创作的有机融合,使它成为艺术化的历史,或者是历史化的艺术。民谣以当地的生产生活、民风民俗、重大事件、奇人奇事为创作素材,采用形象、生动、精炼的民间口语,结合一定的音乐韵律,朗朗上口,易传易记,在内容和方言上具有鲜明的地方特征。聊城运河沿岸流传着众多的民间传说和歌谣,它们是沿岸民众的集体记忆和文化宝库,生动地记录了聊城运河的历史变迁,形象地反映了沿运地区的生产生活和风土民情。

一、临清舍利塔的传说

临清舍利塔位于城北卫运河东岸,为仿木结构楼阁的砖塔,建于明万历三十九年(1611)。塔平面呈八角形,连长 4.9 米,外接圆半径 6.4 米,9 层,通高 53.44 米,底门向南,基座条石砌筑,每层 8 面辟门窗,4 明 4 暗。外檐砖木结构,陶质斗拱莲花承托。塔内设有通天塔心柱,对称转角形楼梯,可迂回攀缘,登临塔顶。塔刹呈盔形,远眺雄浑高峻,巍峨壮观。各角挑檐系有铜钟,风摇钟鸣,声震四野。临清舍利塔与通州的燃灯塔、杭州的六和塔、扬州的文峰塔并称"运河四大名塔"。

传说临清舍利塔是观音菩萨请鲁班建造的。在很久以前,卫河两岸水美田丰,人们过着衣食无忧、风调雨顺的生活,都把这片土地作为福地,据说大灾大难到了这里就会变得不那么严酷了,故而得名——临清。但天有不测风云,不知在什么时候,卫河里来了一个"千年王八精",它能呼风唤雨,一怒起千丈浪,一恼倒万家房,平时欺男霸女,无恶不作,人们再也看不到以前美好幸福的景象了。这个水妖跟两岸百姓定下了一个规矩,每年千担粮,万担米,外加一对童男童女。两岸的百姓哪敢不听?稍微抵抗就会遭到水漫河堤的报复。有的人家不忍欺负远走他乡,有的年轻人不甘受辱,到河里与恶魔决一死战也都成了它的腹中餐。生活在恐怖中的人们只能祈求上苍来为民除害。这事被南海观音菩萨的慧眼看到,便动了慈悲之心,准备除掉这个恶魔,她踏上祥云,来到此处,把手中的玉净瓶投入河中,口念咒语,巧施法术,便把那妖怪连同一河水装入了瓶中。然后以指为杵,戳了一个千米深的大井,把妖怪放入井中盖上盖子,并邀请鲁班在上面盖上一座宝塔,使那妖怪不再作恶。走时菩萨却没把玉净瓶内的柳枝拿去,故两岸多柳树。

鲁班应邀带了一百个徒弟来建宝塔,经过十年十月又十天的施工,这一天终于建成了这座宝塔,完工时鲁班对众徒弟说:"今天完工,我请大家吃饺子。"鲁班叫住最小的一个徒弟说:"跟我烧火吧。"小徒跟着师傅去了。小徒弟很纳闷,这百十口人吃的饺子什么时候能做好? 一会儿大锅烧开了,鲁班对徒弟说:"徒儿把脸转过去吧。"小徒听话地转过了脸,但又忍不住好奇心,就偷偷转过脸来看了一眼,没想到竟看到师傅正解下裤子,蹲在锅边向锅内屙饺子。小徒吓得闭上了眼睛,只感到一阵恶心。过了一会儿,师傅说:"转过脸来烧火吧。"开锅后叫来众徒弟每人一碗薄皮大馅的饺子,吃的众徒弟只喊"香!"小徒弟却怎么也吃不下去。

众徒弟吃的饺子一个都没剩,吃完后,鲁班对众徒弟说:"徒弟们,你们辛苦干了这些年,今天吃了我的饺子都会长生不老的,以后就成仙了。"这时小徒弟才追悔莫及,鲁班又对小徒说:"你的福分未到,再修行千年吧。"于是让小徒喝了一碗汤,又对小徒说:"等千年后,有七个姓齐的遇到七个骑驴的,此塔必倒,到那时你就能得道成仙了,这碗汤能让你活上一千岁。"说完后,带着九十九个徒弟向仙境去了,只留下小徒弟一人。

后来,这个河妖妄想逃脱千年的惩罚,使尽全身的解数,只使得舍利宝塔裂开一道大缝。为了卫河两岸人们的安宁,也为了考验人们心里有没有舍利宝塔,观音菩萨便化装成工匠来到临清城里,沿大街小巷到处呼喊"锔盆啦,锔碗啦,锔大缸啦!"但,人们拿出大大小小的锅碗瓢盆让她锔,她总是摇摇头并连声说"太小啦!太小啦!"后来有人在济美酱园里抬出一个腌咸菜用的裂了的大缸来,她竟然还嫌小。结果有一个人赌气地说:"舍利宝塔那个裂缝大,你能锔吗?"工匠说:"能啊,你说塔在哪?"人们说话间,工匠却不见了。第二天们到了塔前一看,都惊呆了。舍利宝塔的裂缝不见了,只留下一个扁担大的锔子痕迹,舍利宝塔完好如初,并从此香火日盛。从那以后,河妖便被死死地压在塔底的井中,再也没有祸害百姓。卫运河年年和顺,流水不断,而且不再泛滥或者干涸,临清靠着卫运河也因此发展成当时全国著名的重要商业都会。2014年7月,临清舍利塔的传说被列为聊城市第四批市级非物质文化遗产名录。

二、临清启秀楼传说

临清启秀楼建于原砖城南门外运河北岸启秀津上(现古楼桥北百米处)。楼有两层,高百余尺,为歇山式卷棚顶,飞檐挑角。下有四门,可通车马,北向大街,南门进城,南靠运河。步石级而下可乘舟楫远航。据地方志记载,此楼建于明代景泰元年(1450),与建砖城同一时期。嘉靖七年(1528),由兵备副使聂珙重修。乾隆三十九年(1774),毁于战火。咸丰十一年(1861),临清知州陈宽再次重修。1966年,因受邢台地震影响,楼体倾斜断裂,于次年夏拆毁,物料统归东方红剧院作建筑材料。1981 年,业余文物爱好者殷黎明在剧院门口发现明代临清知州蔡三复重建启秀楼碑刻一通,上刻"启秀津"三字,现嵌于公园大厅基壁之上供游人鉴赏。

图 9-1 临清启秀楼旧照

关于启秀楼,当地曾流传着一段故事。很久以前,鼓楼紧靠着运河码头,白天这里往返京杭的舟船络绎不断,街上车马川流,热闹非凡。但一到夜间人迹少之时,鼓楼卜常常传出轰轰隆隆的响声,直到鸡啼破晓,响声方逝。有一年,一个传教的洋牧师从江南来到这里,听说此事,便往下来想探个究竟,每到黑夜便偷偷摸摸地在鼓楼下,敲敲这儿、戳戳那儿,最后断定下面确有宝物。为了寻找开启宝物的钥匙,洋牧师天天在鼓楼大街转悠,东寻西找。这天见到一个卖豆腐的小贩,洋牧师的两眼盯住了他用的秤不走了。这杆秤的秤杆枣红、秤星雪亮,尤其那龙嘴吐须的提系更与众不同。洋牧师迫不及待,没话找话地凑上前和他搭讪起来:"我沿着运河往来南北,着实领悟了你们中国文明风采。如果先生允许,我想用重金换你这杆秤作个纪念。"说着把一个闪闪发光的宝石戒指递了过来。

卖豆腐的小贩叫宝柱,家住永青大街,是个老实巴交的生意人。他想一杆整天在卤水里抨拉的秤能值几个钱,怎么能要人家那么贵重的戒指呢? 说啥也不同意。洋牧师苦苦哀求,宝柱见他诚心诚意,只好答应。不过这秤还是媳妇过门时带的一件陪嫁呢,将此易人,同她打个招呼才好,便约定明天这个时候同洋牧师再碰头。宝柱回家跟媳妇一说,媳妇挺纳闷,觉得蹊跷,琢磨了一会,给宝柱想了一个应酬的办法,摸摸洋牧师的实底。

第二天,宝柱如约来到古楼大街,洋牧师已等在那里,但一年豆腐挑子上却换了杆新秤,笑脸立刻变了样。宝柱故作道歉解释说:"唉! 这才是忙中出错哩,昨天回家不小心,把那杆秤让小孩弄断了。"洋牧师一听,心如刀绞,双手在胸前十字架上一捂吼道："上帝！一切全完了！"接着又埋怨起宝柱来："你呀，真是没有福气，那是杆宝秤，能把古楼吊起来，取出底下的很多宝物！"宝柱见洋牧师讲了实话，脸上露出一丝笑意。洋牧师见宝柱发笑，知道秤没毁，再三哀求，让宝柱到他家中，宝柱媳妇给洋牧师提出弄到宝物平分的要求，万般无奈，洋牧师只好点头应诺。

半夜时分，他们二人来到启秀楼下，洋牧师左手托秤，右手左右摩试了一阵子，挥臂把秤抛上夜空，这时就听轰隆一阵雷响，在一片烟雾之中，鼓楼真的被秤钩吊起。鼓楼底座下出现个几丈的大坑，坑里一头闪闪发光的金牛正晃着金犄角、跷着金尾巴拉着金磨转呢，飞转的金磨扇缝里噼里啪啦一个劲直往外蹦金豆子。洋牧师一见金牛、金磨，让宝柱拿好秤砣，自己连滚带爬下了大坑。宝柱把筛箩递了过去，洋牧师看也没看，自己从腰里抽出好几条口袋，趴在金豆子堆上装起来。洋牧师装了一袋又一袋，装好一袋往牛背上搭一袋。等他把口袋——装满搭完，解开缰绳，理也不理宝柱，就想牵着金牛溜走。宝柱见洋牧师这么不守信用，举起手中的秤砣，狠狠地朝洋牧师砸去。秤砣一挨地不当紧，只听"轰隆"一声，鼓楼立时脱了秤钩，从半空中砸了下来，落在了原来的地方。把洋牧师压在了启秀楼下。从此，启秀楼下再也没听到"轰轰隆隆"的响声，但是启秀楼下洋牧师偷宝未成反而葬身的故事却流传下来。

三、临清金牛巷的传说

在临清会通河的二闸口西侧有一条胡同叫"金牛巷"，南北走向，因巷口有一座鎏铜铁牛而得名。它南连故衣巷，北通钞关街。关于其名字的由来，当地流传着一段故事。

据说，当年朝廷为了解决会通河临清闸事宜，派了一位姓陈的大人来临清督办。陈大人来到临清，就住在汶河边的启秀楼上。他为了解决船闸、河道问题，每天往来于运河之间，进行实地勘测，走访老船工。通过调查研究，得出的结论是，河道走向窄直，两河水位落差大，临清闸必须改道重建，但究竟如何改哪？为此，陈大人请来了不少地方官员和老船家，吃住在启秀楼，集思广益。大家研究了多日，但始终都拿不出解决新闸走向问题的好办法，陈大人因此愁的是吃不香、睡不安。

一天夜里，陈大人躺在床上为新河道走向问题冥思苦想，难于入睡。迷迷糊糊见一个仙人，携他手来到楼下河边，对陈大人说："你来此修河闸，福泽天下，让此物助你一臂之力吧。"陈大人一看仙人递给他的是一根系着一头黄牛的缰绳，陈大人刚抓住缰绳，黄牛就拖着他猛地一下窜入运河。陈大人一惊醒来，发现楼内只有僚房亮着烛光，其他并无异样。已无睡意的陈大人，来到楼外走廊，凭楼观河，思忖着刚才的梦意。突然，他发现一发光之物，从启秀津顺河往西游动。陈大人颇为奇怪，下楼来寻看。只见在上湾河道里有一只发着金光的牛，在河里游荡。陈大人快走几步,正待凑近细看,只见金光一闪,牛猛的窜上了河滩,并扭头冲着陈大人叫了数声后,掉头往西南的芦苇荒滩跑去。

陈大人心想,眼前发生的怪事,是不是与夜梦仙人有关,刚才所现黄牛是不是梦里神仙递给我的那只。他回到启秀楼招集众人,讲了他做的梦和今晚发生的怪事。大家一致认为,这是神人在暗示我们修河道的方法,而刚才的那只牛,也一定是神仙赐予的神牛。建闸心切的陈大人,当即率领众人,按刚才牛跑去的方向去探个究竟。走进荒滩不远,大家就遇见了黄牛,它满身汗津,喷着粗气,自南向北,来往奔跑。陈大人等继续往南,有了惊奇地发现,黄牛用蹄子在荒滩上,踏出了一趟小水沟,水沟的水也渐深。这条小水沟从上湾往南二三里,一直到了卫河堤岸。

陈大人终于明白了黄牛的意思,这分明是在指引我们新闸河的走向。陈大人感激地率众人对牛揖拜,言道:"谢谢神牛指引,谢谢神牛相助,再烦请神牛,指点新闸的位置。"话音刚落,只见黄牛"哞"的一声,停止了奔跑,昂头向东,卧了不远处的小水沟西边。待众人近前一看,那黄牛已变成了金牛,金牛身上尚留有汗珠痕迹。第二天,众人寻金牛趟出的水沟,经过测量,结果是会通河与卫河交汇处的水位平齐,走向利于蓄水,是非常理想的新闸河线路。在神牛的助佑下,临清新闸河顺利完工,京杭大运河漕运又呈现出了昔日的繁盛景象。现在临清还流行着这么一句俗语:"新闸河是牛趟出来的,大西河是猪拱出来的。"

四、聊城堠堌冢的传说

堠堌冢位于聊城东昌府区斗虎镇堠堌村西 300 米,现存封土南北长 110 米,东西宽 98 米、高 20～30 米,占地面积达 10780 平方米。堠堌冢距今已有近两千年的历史,现为聊城市文物保护单位。

《现代汉语大词典》对"堠"的解释是"古代瞭望敌方情况的土堡","堌"指"堤",多用于地名,"冢"则是坟墓的意思。关于"堠堌冢"一名的由来,在当地流传着多种说法。其中一说为,春秋战国时期,现在的堠堌一带被封为堠堌国。堠堌国的君王看上了现在的堠堌冢这块风水宝地,就借在此修筑瞭望台的机会,在台下同时为自己和家人建了一座陵墓,"堠堌冢"因此而得名。另一说称,堠堌冢乃春秋战国时期一个侯王女儿的墓,当时称为"侯姑冢",后来时间一长,讹传为"堠堌冢"。千百年来,围绕这个神秘的土丘,当地流传了许多传奇故事。有的是说大禹治水时,在堠堌冢上用大印镇住过一条青龙;有的说这是皇家陵寝;有的说是汉武帝修建的军事设施。众说不一,却皆有趣味,其中流传最广的传说叫"虚粮冢"。

据说春秋时期,诸侯混战,晋、齐是当时的两大国,聊城一带处于两国交界处。晋国仗国势强盛,想打败齐国,称霸诸侯,于是发兵偷袭齐国,并包围了齐国的西部城池。晋国兵将猛打猛攻,齐国军民英勇抗敌,相持多日,不分胜负,双方伤亡巨大。时齐国城内,粮草殆尽,补给困难。晋国便转变策略,在齐国城外安营扎寨,围困城池,坐待良机。这时齐国的一个谋士识破了敌军阴谋,号召城内军民,连夜突击,送砖运土,很快在城内堆起了一个大土堆。士兵装扮作运粮队伍,在土堆上面覆盖了一层粮食,并挂出醒目的"米粮堆"红字牌子,四周写上"防火防盗"。并修书一封,写下十年战表,给晋军送去。晋国将军派探子前去侦察,见齐国有这么大堆粮食,即使城池被围困十年,也不愁军民无粮。于是晋国无心恋战,立即撤兵。晋国撤兵后,齐国军民安居乐业。后来,齐国的这位谋士英年早逝。为了让人们记住这位谋士的智慧,齐国的君王下令把谋士葬在虚粮堆上,并把这虚粮堆正式命名为"虚粮冢"。2006 年,堠堌冢的传说被列入聊城市第一批非物质文化遗产名录。

五、聊城凤凰山的传说

聊城凤凰山的传说发源于东阿县大桥镇凌山村,主要流传于黄河沿岸的东阿、阳谷、聊城、临清、茌平以及济南市的平阴等地。据凌山村王氏家谱记载,明洪武二十五年(1392),他们从青州府益都县杆石桥迁到此地。王氏家族人烟兴盛,人才辈出,清康熙年间,王氏家族中的王云先,首先搜集整理有关凤凰山的传说,并把故事传承给王凤、王麟,而后一代又一代地传了下来。

据传说,凤凰山上住着一对凤凰。它们晚上休息,白天就飞到原东阿黄屯乡南的米山上去吃米。有一天,凤凰看到聊城这一带是一望无际的梧桐树林,树林中间的一块开阔地上,还有一座好几丈高的大土台子。站在台上可以眺望方圆百十里远(该土台子就是凤凰台),并且当时的聊城是南北大运河的大码头,船来船往,商贾云集,十分繁华。于是,凤凰就统率着这林中百鸟,在聊城住了下来,过着幸福的生活。可是有一年秋天,一连下了七七四十九天大雨,黄河决口,大水对着梧桐林横冲直撞而来。围着这个梧桐林冲撞了九九八十一天,不知被黄河卷走了多少土,树林的周围都是水,深不可测。就在这水里居住着一条不知什么时候来的大蛇,不光在水里兴风作浪,还经常吞食这片梧桐林中的飞鸟。凡从水上过往的飞禽,都无一幸免。这一方黎民百姓也被它伤害了不少,四方商贾路经此处时,都吓得绕道而行。凤凰为了保护林中百鸟,便与大蛇争斗起来。雄凤凰与大蛇斗了三天三夜,因敌不过大蛇,被活活累死了。雌凤凰由于腹中有蛋,怕绝了后代,无法为丈夫报仇,便暂时离开,回到凌山。鸟王一走,百鸟俱散,梧桐树被水泡烂,从此这儿就成了一片汪洋,大蛇也就在此地安了家。

有一年,管辖这里的地方官见湖波荡漾,周围林茂花繁,景色优美,便想在湖边建城。但工匠们感到工程艰难,均不敢承建。这时,从东阿凌山来了两个人,一个叫王东,一个叫王昌,这两个人就是被大蛇赶走的那对凤凰所生的儿子。他们自告奋勇,经过激战,将大蛇赶走,并开始建城。王东、王昌建城,凤凰率百鸟送来木石用料,不长时间,一座雄伟的湖边新城便建成了。人们为了纪念凤凰建城的功绩,便将该城命名为"凤凰城"。但大蛇后又试图摧毁新城,王东、王昌再战大蛇,大蛇逃往东海,后为堵住大蛇所扒出的水道,两人英勇献身,用身体堵住了水道。为纪念王东、王昌两兄弟,人们又将凤凰城称为"东昌城"。2009 年,凤凰山的传说被列入山东省第二批非物质文化遗产名录。

六、聊城铁塔的传说

铁塔是东昌府的"三大宝"之一,它以峻崇浑朴,庄严巍峨的身姿,屹立在聊城古运河边的原护国隆兴寺内,与光岳楼相辉映。它的修复为鲁西的这座文化古城增添了不少光彩。这座距今千年,高逾十米的铁塔是怎样铸造起来的呢? 有这样一个传说:当初在铁塔铸到第六层时,却无论如何没法再铸了。原因是:炉子太小,架子太高,溶化了的铁水到不了上边就凉了。可往上还有七层要建,这可怎么办呢? 寺里的方丈悟性禅师急得团团转,工匠们更是个个心焦火燎,一筹莫展。正在这时,不知从哪里来了一个小打炉的白胡子老人,他围着铁塔,这边看看,那边瞧瞧,有时摇摇头笑笑,有时又嘟嘟囔囔。有人问他:"你买卖不做,老是盯在这里干啥?"他扭扭脸说道:"我也是干铁活的,同行看看还不行?"方丈看出这老人仪表不凡,便邀他到寺里喝茶。这老头也不客气,进屋蹲在了正座上。方丈给老人敬过茶,说道:"老师傅,这修塔的难处你也看到了,你能不能给出个主意,想个办法?"老人笑着说道:"我这土囤脖子了,还中用?"话语一落,转眼不见了影儿。方丈惊异一阵,恍然大悟道:"哎呀,我可真糊涂,这不是上仙来此点示造塔之术么!"按照白胡子老人指点的办法,铁塔的上层建造采取用土逐层囤积、在上面化铁浇铸的办法,十三层塔体很快便建成了。有人说,那白胡子老头是天上的太上老君下凡,可谁也无法进行考证。

七、聊城"神仙度狗铺"的传说

清乾隆《东昌府志》卷一《疆域志》"聊城县境图"中标注有"神仙度狗铺"村名,这个村就是现今位于聊城城西聊堂路中段的道口铺村。关于其地名的由来,当地长期流传着一个感人的传说。

明代中叶,那一带还没有像样的村庄,人们大多是早期从山西洪洞迁来的散户,十多户人家簇居,靠着黄河冲积出来的土地,开荒种植,男耕女织,倒也算是安居乐业。这个小村上有个郭成,家有父母妻女,年近四十,种着十多亩地,勤勉耕种,早春及冬闲时节,则贩卖布匹,赶集上店,赚个零花钱,日子说不上富裕,倒也舒适。

这年的冬天，郭成跨着自己的小毛驴，带着家里养的一条黑狗到东昌府去批发布匹。办完货后，店掌柜安排店里打包叫便车送回，然后留下郭成喝酒。郭成吃罢饭执意要走，掌柜的只好送行。这时太阳已西沉，天色渐黑。好在离城只有二十里路，又是熟道，不会很晚到家。他骑上驴，与掌柜告别，出城而去。殊不知郭成这次真的喝过了量，就感觉满肚子酒水晃来晃去，昏昏欲睡。走出西堤几里路，正巧一个斜坡，郭成从小毛驴上一头栽了下来。恰巧滚落到一丛乱草窝里，也没摔着，枕着软绵绵的枯草酣睡起来。

这时，夜幕已张，荒郊野外，已无人迹。那头小毛驴倒是认得路，它啃了几口草，径自颠颠地跑回家去。黑狗见主人醉卧草丛，便汪汪喊叫，但主人毫无知觉。它便趴在主人身边，谨慎守护。郭成醉倒草窝昏睡不久，远处就有野火蔓延过来。那条黑狗很警觉，它听到枯枝燃烧的声音，立即站起，汪汪狂叫，无奈主人纹丝不动。黑狗转来转去，忽然飞奔跃入几丈远的一个小水坑里，把全身浸湿，迅速奔回，在它主人周围的草地上翻腾打滚，然后又跃入水坑，浸湿再跑回，把主人身旁的草一小片一小片打湿。如此往复，坚持了四五十趟，终于达到目的。火烧到这里，被水渍灭，没有烧到郭成。郭成醒后，在小水沟旁看到僵卧在那里的黑狗，方如梦初醒。他跪在黑狗身旁，放声痛哭。他把黑狗用棺成殓，埋到自家院中，立"义犬冢"碑。第二天是集日，郭成家紧靠大路，一大早此事就传开了，村里及赶集的人都来观看，男男女女，老老少少，络绎不绝，都为这义犬感动不已。

正在人声喧嚷之际，忽然一位道士翩然而至，要见郭成。郭成在堂屋里仍在悲痛，以为来的是云游募化的出家之人，便吩咐给点米面零钱"布施"其走好了。哪知那道人不接这些东西，缓步来到郭成面前，打一问讯，朗声说道："义犬救主，实属罕见。贫道可怜这狗忠主殉身，特来度化。"说罢，拉郭成来到外面，在狗冢上轻轻一扫。顷刻之间，那黑狗竟出现在眼前，四肢伸动，摇尾跳跃。黑狗活了！人们都啧啧连声，轰动不已。郭成甚是高兴，忙叫家人预备酒菜，款待道长。道长说："贫道不便叨扰，就此别过。"黑狗围着郭成转了三圈，然后随道长飘然而去。为了使后人记住这义犬，郭成决定把"义犬冢"保留下来。从此，这个小村就被称为"神仙度狗铺"，简称"度狗铺"。到了清初，才改为"道口铺"。2009 年，"神仙度狗铺"的传说被列入聊城市第二批非物质文化遗产名录。

八、聊城羊使君街的传说

聊城山陕会馆北面有一石板路，东起古运河西岸，西至米市街，长 220 米，宽 5米，名"羊使君街"，俗称"羊子巷"，为市民居住区。在聊城，羊使君街和米市街曾是连接运河大码头和城内的主要道路，是货物集散的主要通道，在新中国成立前这里也是聊城最繁华富庶的街道之一。

图 9-2　聊城羊使君街

　　据记载,后晋开运二年(945),当时的聊城称博州,治所在今聊城东南 15 里的许营乡大石槽村西,俗称其曰"旧州坡"或"旧州洼"。据传说,当时州衙门外,有一对高有九尺的石狮,雕琢得威猛神骏,十分精致。双狮分踞州衙大门左右,风吹雨淋历年已久,青黝黝的石头凹陷处,有茸茸绿苔密生。当地的人们对这一对石狮非常熟悉。恰在那一年,州城内外流传着一句童谣,"狮子红眼陷旧州"。一时人心惶惑,莫测吉凶。洞晓事理的人,以为这是无稽之谈,奉劝人们休要杞人忧天,自相惊扰。不料想,在州衙左近,有个善于捣乱的屠夫,他有一天杀了猪,趁黑夜无人,悄悄地把猪血涂到那两只石狮子的双目上。次日,人们见到了石头狮子居然赤睛暴突,血红可怕,于是轰动了全城的男女老少,都跑来观看。

　　当时的州官姓羊,史书上没有记载他叫何名,那个时代,凡是一邑之长,多泛称"使君"。这位羊使君听得外面喧嚷纷闹,又接连得到属员报告情况。他认为是愚民迷信瞎哄,或有奸人故意造谣惑众,便亲自到州衙门外察看,只见万头攒动,人群拥塞。有的妇女也好事,抱着孩子跑来观看,挤的哭喊声嘶,被围在人窝中,兀自难动。羊使君见状,大为震怒,他望了下两只石狮子,果然两眼猩红如血,似乎凛然可惧。这时,羊使君沉思默察之后,立即下令,着差役取来清水,把石狮眼睛上的红污,彻底洗净,随即驱散闲人。并出告示晓谕群众,不要轻信谣言,自相惊扰。布告贴出后,城乡人民稍微安帖,那句谣言也没人敢再说了。

　　不料想就在那一年的秋季,黄河溃决,汹涌洪水从东南而至,浪头激湍势不可挡,羊使君突临非常之变,迅速采取紧急措施,一方面集齐群众尽力防堵,抵御洪水的漫溢,同时敲锣晓谕全城妇孺立即迁移,逃避水灾。羊使君为了抵御洪水,抢救人民的生命,他日以继夜地督率全城兵役,文武僚属,竭力与洪水战斗。无奈大水泛滥,无边无沿,眼看着城垣塌陷,千万户庐舍漂没,老百姓哭叫连天,惨不忍睹。羊使君呆立崖头,不禁掩面痛哭。他高呼苍天:"黎民何罪,遭此浩劫,我身为地方官,情愿一死殉难,恳求老天免这方人民灾难。"说罢,羊使君纵身跳水而死。也许是其赤子之心感动上苍,洪水缓缓退去,百姓最终得救。人们在今羊使君街东段路南的土堆前找到其尸首,并葬于土堆北,俗称"羊君岡堆"。后来,聊城县治西迁至孝武渡西,人们在羊使君墓前修建羊子祠堂和两层阁楼。羊子祠堂倒塌后,将其牌位移至阁楼上层。此阁矗立于街心,行人在其下穿行而过,从此当地人称这条贯穿羊子阁的东西长街为"羊使君街"。

九、聊城王汝训的传说

王汝训(1551—1610),字古师,号泓阳,聊城市东昌府区沙镇镇王楼村人。明隆庆五年(1571)中进士,授河北元城县(今河北大名)知县;万历初,历刑部主事、兵部主事、光禄少卿等职。王汝训升任光禄少卿后,发现吏部给事中陈与郊依仗权势,行奸受贿,横行乡里,即上书历数其罪,力除贪官污吏。万历二十二年(1594),调任左佥都御史;不久,升任右副都御史,浙江巡抚。当时退居乌程县的老尚书董份、祭酒范应期恣意横行,民怨鼎沸,王汝训令知县严加审处。后因恶人先告状,谏官从中作梗,万历皇帝偏听偏信,王汝训被革职为民。王汝训家居15年,编纂《东昌府志》二十卷。万历三十七年(1609),被重新启用为南京刑部右侍郎,继任工部右侍郎。在工部任职年余,清除积弊,严格按条律支付工程费,节约经费数万两。王汝训性清介,疾恶好贤,仕宦四十年,直道敢言,为官廉洁。万历三十八年(1610)五月卒于官,年六十,赠工部尚书,谥"恭介"。

在王汝训的家乡流传着很多关于他的故事,如庙台应试、智索休书、严惩轿夫、戏赢宰相、王泓阳救"黑龙"等。2009年,王汝训的故事被列入聊城市第二批市级非物质文化遗产名录。

十、东阿曹植的传说

曹植,三国时期曹魏诗人、文学家,建安文学的代表人物,于公元229年迁徙到东阿,封东阿王,后葬在了鱼山脚下。关于曹植鱼山闻梵、曹植与杂技、曹植与渔姑的传说一直都不绝于耳。曹植的传说主要发源于东阿县鱼山镇鱼山村,流传于整个东阿县以及聊城市所辖的其他县市,尤其是在鱼山镇驻地附近的鱼山村、周井村、大姜村、梨园村以及与鱼山村隔河相对平阴县的东阿镇等地都广为流传。另外,与东阿县毗邻的济南市、泰安市的一些地区也都有所传播,现如今更是被越来越多的人所熟知。

黄初四年(223),曹植的封地自鄄城迁至雍丘(今河南杞县)。太和三年(229),又自雍丘迁至东阿,在此曹植度过了生命中的最后一段时光。曹植虽为王侯,实则囚徒,过着一种"同于囹圄"的凄惨生活。他成天郁郁寡欢,闷闷不乐,只有借酒浇愁,一醉方休。酒醒之后,曹植仍是百无聊赖,无所事事,内心非常空虚,游山玩水成为生活的另一主要内容。他经常独自踱步至水边,作赋吟诗,以思恋故去的恋人。他经常登上鱼山之巅,举目远眺。但见河水萦绕,群山连绵,郁郁葱葱,生机勃勃,好一块风水宝地,"喟然有终焉之心,遂营为墓"(《三国志·魏书·曹植传》)。一日,在游鱼山行至一洞中休息时,忽闻空中传来清扬哀婉的梵音,这种音乐非一般人所能领悟,只有像曹植这样深谙佛法并具有深厚音乐造诣的知音才会深有体会。曹植静静地聆听了好久好久,蓦然之间,一股创作的冲动涌上心头。于是,曹植"摹其音节,写为梵呗,并撰文制音,传为后式",是为"鱼山梵呗"。自此之后,中国人有了自己的佛教音乐,从西域、印度传来的梵音开始用汉语咏唱,曹植也因此被视为中国佛教音乐的始祖。

曹植与渔姑的传说更是让人心动。据说,曹植来到东阿后,因心情压抑,饮酒无度,染上重疾。一自称"渔姑"的姑娘为之看病,并用一把草药让曹植康复。姑娘转身即逝,后来,曹植在鱼山发现有"渔姑庙",庙内的塑像与为曹植看病的姑娘竟然一模一样。为报答渔姑的救命之恩,曹植重修庙宇。并在附近的羊茂台搭建几间草房,在那里读书吟诗。据说,现在每当夜深人静时,仍能在羊茂台听到琅琅读书声和梵呗之音。

曹植不仅有着"独占八斗"的诗才,有着参透佛乐的悟性,同时他还是一位矫健潇洒的杂技艺术家,亦被称为中国杂技艺术的创始人。不光史书中有记载,东阿更流传着他和杂技的故事。

一天,曹植在东阿的一个小镇上看到一位红衣少女在表演跳丸跳剑。五彩术球和银光闪闪的宝剑轮番抛向空中,少女在剑和球下面闪跃腾挪,球和剑越抛越快……这时曹植纵身跃入场中,拔剑同那少女对跳起来。那球和剑变成了神梭一高一低在她与曹植之间来回飞旋。跳得正起劲,一个仆从模样的汉子发号施令:"且住!刘大官人有请,叫姑娘宴前助兴!"红衣少女立刻被吓得小脸蜡黄。原来这刘大官人是本地豪强,见红衣少女色艺双绝,就想占为己有。曹植义愤填膺,对那个仆从说:"回去禀告你家官人,就说东阿王曹子建在此,叫他另找别人吧。"恶奴便灰溜溜地走了。曹植一向喜欢杂技马术,见自己的封地有如此水平高超的艺人更是欢喜。于是,他多次组织杂技艺人进行会演,当时汇集了东阿一带所有的杂技精英,除了众艺人登台献艺以外,曹植也登场表演了走马斗狗、跳丸跳剑等节目,赢得百姓赞扬。曹植对中国杂技艺术的发展起到了不可忽视的推动作用。1951年在曹植墓出土的一枚花石球,据有关人士考证,就是曹植生前"跳丸"的道具。新中国成立前后,东阿杂技享誉九州,曹植当之无愧成为东阿的"杂技鼻祖"。

太和六年(232)冬,一代文学泰斗、一朵艺术奇葩在忧郁悲愤中结束了自己短暂而辉煌的生命,时年仅41岁。次年,其子曹志遵从父亲遗训,将其尸骸迁至东阿鱼山西麓,营墓薄葬。从此,鱼山成为曹植长眠千年的地方。当地群众一直把曹植作为"神"来敬畏,很多群众每到节日,都到曹植墓祭祀。在他们的眼里,"曹子建"就是他们的保护神,以至于在1951年文物部门对曹植墓发掘时,遇到群众的阻挠。2014年,东阿曹植传说被列入聊城市第四批非物质文化遗产名录。

十一、阳谷县紫石街的传说

阳谷县紫石街以宋代文化为背景,水浒文化为主体,东首有气势磅礴的古牌坊,西街口两旁有两座精美的观光亭,步行街两侧全部为仿宋建筑,街面铺设3厘米厚的紫色石头,街中设有水浒人物雕塑、古色古香的坐椅以及水浒故事有关的特色货亭,将浓厚的文化氛围和现代文化紧密结合。紫石街是集休闲、购物、娱乐、餐饮、宾馆、旅游观光为一体的综合性商业步行街,也是中国迄今为止最长的一条仿宋商业步行街,堪称全国之最、中华一绝。著名的历史文化古迹"孔子庙"、知名的景阳冈酒厂坐落于此街,武松斗西门庆之著名的狮子楼也在紫石街附近。

紫石街源于一个美丽的传说。相传,北宋庆历年间,阳谷有一个孙姓知县欲筹资重修衙前商街,老百姓积极响应,争相出资出力,不到一个月,工程竣工。当晚,一块紫石从天而降。人们议论纷纷:天降紫石,寓意"紫气东来",预示着阳谷必将兴盛昌达。于是把这条商业街叫作"紫石街"。后来,施耐庵将之写入《水浒传》中,从此紫石街名扬天下。2014年,阳谷县紫石街的传说被列入聊城市第四批非物质文化遗产名录。

十二、阳谷县博济桥的传说

阳谷县城中心广场东南角,有一座建于明万历二十五年(1597)的老石桥,名叫"博济桥",是过去北通东昌、南达寿张、东去张秋的必经之路。因桥南西数第二块栏板上雕有一幅"石牛拉石车"的画面,当地的老百姓于是称它为"石牛拉石车"桥。"石牛拉石车"石刻正式名称为"石牛流芳",这里面还有一个感人至深的故事。

明朝万历年间,阳谷有一县丞叫笪一顺,居官清廉,上任时是驾着一头母牛来的,后来母牛生了一牛犊,离任回乡时,笪公坚持要把牛犊留下,说是牛犊吃阳谷的草料长大,应该留给阳谷,仍然让老牛拉着车走了。画面上,笪一顺驾一老牛自去,仆人牵牛犊欲回,笪公、仆人、母牛、牛犊均回首相望,恋情依依。当地民众把此故事刻到石桥上,流传至今。2014年,阳谷博济桥的传说被列入聊城市第四批非物质文化遗产名录。

图 9-3　阳谷县博济桥

十三、阳谷县迷魂阵的传说

阳谷县城北 6 千米处有两个村庄都叫"迷魂阵",南边的叫"大迷魂阵",北边的叫"小迷魂阵",相传是孙膑智斗庞涓的古战场。孙膑,生卒年不详,战国时期齐国著名的军事家。相传孙膑与庞涓同拜鬼谷子学习兵法,后庞涓为魏惠王将军,忌妒孙膑的才能,骗他到魏国,处以膑刑。后孙膑秘密回到齐国,被齐威王任命为军师。齐魏相争时,孙膑在今阳谷境内摆出了迷魂阵,困住了庞涓的大军,还故意在阵的西南方开了个小口,放走庞涓。庞涓逃出后,以为自己脱险了,没想到却进到孙膑的另一个迷魂阵里。最后,在马陵道口,庞涓兵败自杀,孙膑从此名扬天下。后来,人们就在这个地方按孙膑布兵的格局修建房屋,迷魂阵村由此诞生。

迷魂阵村建筑格局奇特,全村路径斜曲,由东西并列的两大块分成前后两街,中间折一个大弯,整个呈牛梭子形。房屋则随街道走向而建,斜度不一,定向各异,一条街的两旁都称堂屋(北屋)的,却正好差 90 度,犹如迷宫一般。现在的迷魂阵村仍保留着原貌,外人进去分不清东西南北,进村后在弯弯的胡同里行走,不久便迷失方向,找不到出路,有的走来走去,又回到原路。当地流传着一首民谣:"进了迷魂阵,状元也难认,东西南北中,到处是胡同,好像把磨推,老路转到黑。"战乱时期,兵匪闻其名不敢入村,后人感德建起了孙膑阁("文革"时期被毁)和孙膑庙,现只剩下 1927 年的一块"万民感灵"碑。2009 年,阳谷县迷魂阵的传说被列入聊城市第二批非物质文化遗产名录。

十四、阳谷县王灵官的传说

阳谷县寿张镇有一座灵官庙,在漫长的历史变迁中,该庙几经修废,现在庙宇已经变得很小,但关于灵官庙的故事却在阳谷以及周边地区流传下来。灵官庙创建于何时,至今也是众说纷纭。按照民间比较多的说法,灵官庙最早建于明朝时期,但具体时间不详。此外,在《王灵官的故事》一书中讲,根据《寿张县志》记载,灵官庙在寿张县南大街,俗传此地为灵官故宅,清同治四年(1865),邑绅高杰祥等筹建。

虽然初建年代已经无从考证,但灵官庙的故事一直都在阳谷一带民间流传着。传说王灵官曾经拜萨守坚为师学习符法,在明代比较"走红"。永乐皇帝朱棣对"灵官"法十分崇拜,相传他得到一个世传的灵官藤像,平时放在寝宫,早晚行礼,十分恭敬。有一次他出征漠北,还让军士抬上灵官藤像,作为军中保护神。在清朝光绪年间,黄河在开州大辛庄决口,洪水从西南滚滚而来,直奔寿张县城,寿张的人们在知县曹光栋的带领下,在县城周围围了一圈土埝,但不到半日,土埝就快被洪水冲垮了。紧急之下,曹知县想起了"万人敬仰"的王灵官庙,于是他紧急召集民众去灵官庙前求助,洪水果然没有再上涨,寿张城保住了。后来,曹知县带领全县的文武官员把一个写有"保国护民"的金匾挂在了王灵官大殿上。

如今,灵官庙仅存的建筑就是当地人引以为豪的灵官殿。灵官殿分为两部分,一部分是大门,另一部分是大殿。大门为仿古建筑,是后来重修的,上面用繁体字刻着"灵官殿"三个大字。大殿是遗留下来的古代建筑,两侧挂着"保金堤一带百姓,佑鲁豫边界生灵"的对联,大殿内正中央是手持金鞭、红面、口开、露獠牙、满髯高翘的王灵官塑像,塑像两侧是两名小神,墙两侧是一些做工精美的图画,整个殿堂庄严肃穆。据寿张镇的李贵祥和满守国讲,每到逢年过节之时,这里就会热闹非凡,舞狮、唢呐等民间艺术就会自发的汇集于此,每年农历的三月十七日,来大殿参观拜谒的人更是源源不断,队伍有时长达一里多。灵官庙有过几次重修活动,史料多有记载,一次是清朝光绪年间由知县曹光栋重修;另一次是在民国时期(1942年左右),寿张全县遇到大旱之年,由当时的县长李兴明率众在灵官庙前祈雨,许是巧合,也许是众人的诚意感动了上苍,三天后果然下了一场大雨,后来这名李县长就组织人手重修了一次灵官庙。2009年,阳谷县王灵官的传说被列入聊城市第二批非物质文化遗产名录。

十五、张秋镇黑龙潭的传说

阳谷县张秋镇东北金堤堤脚下,有一处烟波浩渺的水潭,自古以来被人们称之为"黑龙潭"。水潭四周翠柳环抱,芦苇遍地如林,大有柳宗元《小石潭记》的意境。据资料载,该潭系河堤屡次决口冲击而成,"其深叵测,明澈如镜,波光柳色",成为张秋的"龙潭镜波"景点。

关于黑龙潭,流传着一个古老的传说。相传数百年前张秋镇东北城角的北海村内,有一户姓李的人家,夫妻偕和,朴实勤劳,而且乐于施舍比自己家更穷的人,大伙都称赞他夫妻有一副菩萨心肠。夫妻俩有一件不称心的事就是无法传宗接代。李夫人四十多岁了,男童女婴竟没生下一个。香也没少烧了,头也没少磕,就是不顶事,老两口没少为这事发愁。

这天,李公到城东的潭坑旁边耕地,想到膝下无子,就心烦意乱地停下手中的农活长吁短叹。这时,一位老者路过这里,看到李公忧愁的样子,便问道:"何事如此烦恼?"李公定睛一看,一位花白胡须、仙风道骨的老人来到身前,就把自己的烦恼告诉了老人。那老者听罢,手捋胡须微微笑道:"这点事不必发愁,你夫妻为人善良,将来必有贵子降临。一会空中掉下一条鱼来,蒸熟让你妻子吃了便可遂了心愿。"说罢,一转身便不见了踪影。李公感到蹊跷,心中正在纳闷,只见从东南飘来一片云彩,那云彩来到李公的头上空,突然"喀嚓"一声惊雷,从空中掉下一个金光闪闪的东西来。李公仔细一看,在旁边的草丛里有一条大鲤鱼。他抱起大鱼,高兴地回家去了。回到家中,李公急忙动手把鱼做给妻子吃,又把鱼骨做成汤让妻子喝下。几个月后,妻子果然怀孕了,夫妻俩欢喜不尽。数月后,李夫人分娩。不料,李夫人生下来的却像是一条黑蛇。李公听说后急忙来到产房,只见一条小黑蛇盘在炕上,室内却是香气飘荡。李公惊呆了一阵才回过神来,喊了一声"妖孽",便抓过一张铁锨铲了过去,那黑蛇的尾巴被铲掉,上身遂化作一条蛟龙腾空飞出茅屋。蛟龙飞至空中,朝四下观望,但见三江四海、五湖八溇都有人掌管。当目光掠过张秋镇东南,忽见下方有一潭坑,水深幽清,草木旺盛,精致别样,心中大喜,便降到了潭内。后来,人们常见一条黑色蛟龙自潭中飞升降落,便将此潭取名为"黑龙潭"。

李家夫妇由于思子悲切成疾,几年后相继去世。当众人忙着操办丧事时,只见在东南飘来一片云彩,然后在李家院中下起一阵小雨,雨中还带有一些鲫鱼。人们认得那鲫鱼是村东南水潭中有名的"龙潭鲫鱼"。人们忽然想到,那条在潭中的黑龙就是李家的"孩子"——"秃尾巴老李",那些随雨而来的鲫鱼是"秃尾巴老李"给父母的祭品。以后,每到李氏夫妇的忌日,人们就会在暴风雨中看到一条秃尾巴的蛟龙在上空中盘旋。人们知道,那是李家生的那条小黑龙来给自己的生身父母来上坟。据说,大清康熙年间一场大雨过后,有人在李家坟前还拾到过金酒瓶子、银酒壶。

当年,张秋镇还有一些沙滩,百姓虽然常年劳作,但是仍然不得温饱。黑龙潭中的黑龙见百姓困苦不堪,便大发慈悲之心,每于春秋干旱时发大水入运河,供给人们引水灌溉,使得年年五谷丰登,安居乐业,生活也来越好。当地有个财主"白眼狼"见碱滩变良田,便贿赂官府,将田地霸占据为自己所有。潭中的黑龙见自己的一片善心反让穷人更加受罪,连地都成了"白眼狼"的,于是非常怨恨,便常在夜间发出恐怖的叫声。百姓念其当年发水灌溉之恩,纷纷持供品到岸边祷告。有一天,"白眼狼"也到潭边看热闹。忽见潭中波涛翻滚,天空阴云四合,金光闪处,一条黑龙跃出水面,伸爪提住"白眼狼"腾空而去。人们仰视天上,只见点点污血落下,从此便不见了"白眼狼"的踪影。

黑龙为民除霸后,便一路风雨雷霆下了东北。原来,东北的白龙江龙王——小白龙在北方兴风作浪,祸害百姓,黑龙听了很是气愤,便借机在除掉"白眼狼"后来到北方,在山东人的帮助下,战胜了小白龙,占据了一条大江,人称"黑龙江"。"秃尾巴老李"镇守黑龙江后,尽心尽力,兢兢业业,把个水族和整条江治理得有条有理。按季节兴风布雨,帮助人们的农事耕作。他自己也生活得也很惬意,但它并没忘记生身的生身父母和善良的乡亲,一到大旱之时,它就从东北挟风带雨而来,为家乡解除旱情。如有山东人在江中捕鱼行船,黑龙便格外加以保护,至今江中各种船只起航时,还习惯先问一声有没有山东人,而船中水手或乘客即便都不是山东人,也争相回答说"有"。每此,水面便风平浪静,稳稳当当,一帆风顺,平安无事。黑龙为了表示他对家乡人的思念和敬重,凡载有山东人的过往船只,到了江心,他就送上一条大鲤鱼。那跳上船板的大鲤鱼,客人谁也不吃,船家双手捧起,向着乘客喊道:"'秃尾巴老李'给山东老乡送礼了!"然后再放回江里,这民俗直到民国时还保持着呢。如今,阳谷一带的人民一直怀念在怀念"秃尾巴老李",世世代代传诵着黑龙的故事。

十六、阳谷任疯子的传说

任疯子,名山小,字喜悲,号清灵道士,祖籍范县。他是明代成化、弘治年间的一个道士,后在张秋运河东岸戊己山显惠庙尸解,传为飞升为仙,因善称"蜕仙",民间称为"任大仙"。关于任疯子的传说故事很多,如任疯子惩治泼水戏耍其大嫂的瓷器店老板、走南旺为其挖河服役的大哥送枣糕、任疯子烧腿做饭、任疯子草绳拉塔、任疯子赠枣栗救在山西做官的宋都堂(宋舜)、由西藏救回拿妖捉邪的马大夫等,这些故事一直在山东、河南两省交界地区流传。任疯子在张秋镇修道期间能够扶危济困、主持正义,成为正义力量的化身。他的故事流传数百年,深得当地民众的喜爱。

在阳谷县的张秋镇,任疯子是妇孺皆知的人物,流传着很多关于他类似济公式的故事。近年来,附近村民筹资新建了任疯子庙,以示纪念。任疯子墓位于张秋镇运河东岸。现存墓直径 2.5 米,高 1 米。墓前有石碑一块,高 2 米、宽 0.8 米、厚 0.3 米,正面阴刻行书"明蜕仙任疯子墓",背面阴刻 500 字的"蜕仙任疯子小传",详细介绍了任疯子的家世及业绩。此碑 2000 年 7 月被公布为聊城市第二批市级保护单位。2009 年,阳谷县任疯子的传说被列入聊城市第二批非物质文化遗产名录。

第十章　传统医药和民俗

传统医药属于传统民间知识体系中的一个重要组成部分,是与古代社会文化密切相连的医学实践,是宝贵的非物质文化遗产。"传统医药是人类在长期实践和探索中以理论、信仰和经验为基础,以不同文化为背景,无论可否解释,逐步形成的保健和疾病预防、诊断、改善、治疗的知识、技能和实践的总称。"①在第一批国家级非物质文化遗产名录中的"传统医药"项目中,包括了中医生命与疾病的认知方法、中医诊法、中药炮制技术、中医传统制剂方法、针灸、中医正骨疗法等九个项目。第二批国家级非物质文化遗产名录中的"传统医药"的项目中,包括了中医养生、传统中医药文化等八个项目,它们都是中国传统医学药学中的杰出代表。② 传统医药和医学技能亦是聊城运河非物质文化遗产的重要组成部分,在历史的积淀和民众的长期实践下,涌现出东阿阿胶、临清健脑补肾丸等众多具有代表性的产品和成果,至今还在医药生产和医疗实践中发挥着重要作用。

"大运河在便利交通运输的同时,也孕育了运河两岸特有的民情风俗。人们依河而居,以水为生,一代又一代地在运河上劳作、生息,形成了运河沿岸特殊的生产、生活、婚庆、节庆习俗。"③运河民俗是运河区域内部不同地域文化相互碰撞、交流和融合的结果,更具有南北文化融汇、撞击与相互滋养的特色,也更能体现运河文化的独特魅力和本质特征。运河的流经带动了聊城沿运地区社会经济的发展,也孕育了当地丰富多彩的民俗风情文化。尽管聊城段运河航运已中断 100 多年,但由运河引发的民风民俗依然在人们的生产、生活中延续和发展。

一、临清健脑补肾丸

健脑补肾丸系根据临清著名中医孙锡伍五代家传秘方制作的药品,成方于清朝道光年间,距今已有近 200 年的历史。经科学研究证明,健脑补肾丸具有显著的镇静作用,并可增强记忆力,改善脑功能,具有抗疲劳、抗衰老、提高免疫力、降低血黏度、改善血液流通等功能。

孙锡伍是民主进步人士,20 世纪 40 年代末,曾经为许多患失眠症的老干部进行诊治。1949 年秋,临清县人民药社成立,当时的县委领导亲自邀请他入社工作,

---

① 李良品、彭福荣、余继平《重庆民族地区非物质文化遗产研究》,重庆:重庆出版社,2012 年,第 217 页。

② 杨妮《中国旅游文化》,西安:西安交通大学出版社,2011 年,第 204 页。

③ 何永年、吴玉山《淮安运河两岸的民俗风情》,《江苏地方志》2013 年第 5 期。

请他出方为一些健忘失眠、肾虚体弱的老干部治病。孙锡伍献出健身丸秘方，并正式将其定名为"健脑补肾丸"，由临清县人民药社小批量生产。1950 年，人民药社将该丸剂处方呈报县政府。经政府批准，河北省卫生厅备案，正式生产该药。1954年，药社机构改为县人民医院，该产品停止生产。临清中药厂建立以后，1959 年，依据县卫生局 13 号文批准恢复生产。1965 年，中药厂为提高健脑补肾丸的疗效，降低成本，对处方又做了一次科学调整，形成了现在的健脑补肾丸的处方。①

健脑补肾丸采用人参、鹿茸、狗肾、杜仲、肉桂、白术、山药等健脾补肾，温壮命门，可治疗肾虚症状。以茯苓、酸枣仁、当归、白芍、远志、龙骨、牡蛎等补气养血，安神益智，健脑补肾，治疗健忘失眠、多梦易醒、心悸气短等脑功能病症。以砂仁、豆蔻等理气和中、化湿醒脾。因体弱身虚者易感外邪，故配以金银花、连翘、桂枝、牛蒡子、蝉蜕等，既可抑主药之温燥，又防外邪内侵。金牛草、甘草清热解毒，调和药性。生产工艺包括选料、水洗、干燥、配料、粉碎、制丸、筛选、分装等 23 道工序，每道工序都有严格的操作规范。其选料讲究，采用地道药材，质量上乘，疗效显著。②

健脑补肾丸是按照祖国医学理论"肾主骨生髓通于脑""脑由肾精所养，肾赖脑助其用"而研制的纯中药制剂，其有效机理是通过调节"肾气"的偏盛偏衰，而收到改善脑功能、性功能、血流变，调节机体免疫力的效用，具有补而不滞、温而不燥、标本兼顾的特点。具有健脑补肾，益气健脾，安神定志的功能，可用于治疗健忘失眠、头晕目眩、耳鸣心悸、腰膝酸软、神经衰弱等病症。作为纯中药制剂，该产品组方合理，配比科学，药理作用清楚，疗效明显，产品安全有效，多次荣获山东省医药管理局、国家食品药品监督管理局、国家中医药管理局优质产品奖。③ 2009 年，临清健脑补肾丸制作技艺被列入聊城市第二批非物质文化遗产名录。2018 年 12 月，入选山东省第一批传统工艺振兴目录。

二、东阿阿胶

阿胶为名贵中药，与人参、鹿茸并称"中药三宝"，因发源于古东阿而得名。中国现存最早的药物学专著《神农本草经》将其列为"上品"，《本草纲目》称之为"圣药"，其药用历史已有 2500 余年。

据记载，东阿镇于北宋开宝二年（969）开始出现阿胶作坊。至明代中后期，曾经达到"妇孺皆通熬胶"的鼎盛时期。至清代，南北多家中医慕名而来，诊病兼营阿胶。当时，规模较大的制胶作坊有邓氏树德堂、涂氏怀德堂、于氏天德堂、王氏景春堂、陈氏东岳衡药店等 10 余家。^① 其中独树一帜的是称为"九天贡胶"的"邓树德堂阿胶老店"。邓家阿胶已传数代。据说,邓氏高祖是研究药物学的专家。曾祖邓发曾于清朝咸丰年间,亲向咸丰皇帝和慈禧太后进过贡,受过皇封,咸丰皇帝亲赐"黄马褂"和"手折子"作为奖励,"九天贡胶"由此而得名。后邓发之子邓元麟继续经营"邓树德堂阿胶老店"。清同治十年(1871),派四品钦差来老店监制"九天贡胶"。涂氏"怀德堂"阿胶始于清道光八年(1828),其创始人涂我梗祖籍江西南昌,世代业医,因慕阿胶之盛名,合家迁徙而来,实地研制阿胶。盛时,有特大胶锅 10口,技工杂工 20 余人。东阿老城阿胶主要销往上海、无锡、湖南、福建、云南及海外。1937 年七七事变后,东阿县城沦陷,各药店纷纷倒闭。自此,"九天贡胶"也便销声匿迹了。^②

新中国成立后,随着东阿县城的迁移,东阿古老的阿胶业又在现在的东阿县城——铜城生根开花。1952 年,东阿县药材公司把熬胶工人请到一起办起了东阿县阿胶厂(即现在的山东东阿阿胶厂)。阿胶生产有了较快的发展,产量在 1 万千克以上。1975 年以来,山东东阿阿胶厂大搞技术革新改造,研制成功蒸球化皮机等 26 台设备,先后对原料处理、熬胶、切胶、擦胶等工序进行了技术改造,机械化和文明生产程度有所提高。用先进的加压化皮工艺和蒸气熬胶新工艺,取代了常压化皮,直火熬胶的落后工艺,提高工效 30 倍,降低煤耗 41%,出胶率显著提高。1984 年,该厂将空调技术成功地应用于阿胶生产上,在鲜胶冷凝、切胶、晾胶、包装等工序安装上空调设备,首次在全国实现了阿胶常年生产。随着阿胶生产技术的发展,东阿阿胶产量不断扩大,1987 年达到 36.5 万千克,1988 年达 55 万千克,1989 年 70 多万千克,占全国阿胶总量的 60%。山东东阿阿胶厂已成为全国产量最大,质量最好,工艺设备最先进的阿胶生产企业。1986 年起,该厂陆续将生产、质量、供应、销售、财会等管理环节采用电子计算机辅助管理,1988 年在全国率先实施了电子计算机联网工程。

东阿阿胶多次荣获国际国内褒奖。1914 年在山东省全省物品展览会上获得褒奖证书和最优等褒奖金牌;1915 年,在巴拿马举行的国际商品展览会上,获国际奖状和金牌;1933 年在实业部国货陈列馆 3 周年纪念会上获二等奖;1980、1985、1990 年连续三次荣获国家质量金奖;1991 年,荣获长城国际金奖;2009 年,东阿阿胶荣获首届山东省省长质量奖;2013 年,荣获中国质量奖提名奖;2015 年,在医药行业内近 15 年唯一荣获全国质量奖和杰出质量人奖;2015 年,东阿阿胶荣获米兰世博会"百年世博品牌企业"称号;2016 年 11 月 8 日,中央电视台 2017 年"国家品牌计划"签约仪式在北京举行,东阿阿胶成功入选"2017 年国家品牌计划 TOP 合

① 李宗伟《山东省省级非物质文化遗产名录图典》(第 1 卷),济南:山东友谊出版社,2012 年,第 454 页。
② 山东省政协文史资料委员会《山东文史资料选辑》(第 32 辑),济南:山东人民出版社,1992.年,第 183 页。

作伙伴";2017年,东阿阿胶荣获"2017年度中国制造业上市公司价值创造标杆";2017年10月26日,在菲律宾举行的第42届国际质量管理小组大会(ICQCC)上,东阿阿胶荣获国际QC金奖;2018年,以"传承创新、文化引领、产业驱动、科学发展"为主题的首届中医(药)文化大会在深圳举办,东阿阿胶荣获"中国十大中医药民族品牌企业"称号;2018年3月23日,第三届中国品牌药店工商峰会在重庆开幕,东阿阿胶因在中医药行业内品牌建设及品牌价值引领的表现,荣获"品牌引领奖";2018年5月9日,"2018中国品牌价值百强榜"发布,东阿阿胶排名第60位;2019年12月23日,东阿阿胶入选"中国农产品百强标志性品牌"。

图 10-1　东阿阿胶

阿胶具有补血、止血、增强身体免疫力作用,有耐缺氧、耐寒冷、耐疲劳、抗辐射、抗肌痿、抗休克、滋阴补肾、强筋健骨、利尿消肿等功能,是良好的滋补佳品。东阿阿胶制作技艺蕴含着博大精深的中医药文化,它的诞生、传承和发展见证了中华民族的智慧和时代的发展,对研究中国社会发展史、人类文明史,尤其是中医药发展史有不可替代的作用,具有重要的历史、文化和科学价值。[1] 2006年,东阿阿胶中医药文化被列入聊城市第一批市级非物质文化遗产保护名录。2018年12月,东阿阿胶制作技艺入选山东省第一批传统工艺振兴目录。

三、阳谷孟氏手针疗法

孟氏手针起源于18世纪早期,由孟传道首创,并作为祖传技艺代代相传。孟氏手针疗法是将手掌八卦位置和阴阳经络相结合,用于治疗全身疾病的一种针灸疗法,它与传统的针灸疗法完全不同,是在手掌上针刺。用"四通八达"的治疗机理来疏通经络、调和肺腑,以达到平衡阴阳、治疗疾病的目的。孟氏手针是一种非常

---

① 李宗伟《山东省省级非物质文化遗产名录图典》(第1卷),济南:山东友谊出版社,2012年,第455页。

温和的针法,操作手法柔和,不追求强烈针感,因此治疗时痛苦甚微,易于被患者所接受。

孟氏手针的适应证很广,可以说凡是适应于大多数针灸的病人都能适应于本针法的治疗,尤以急性运动性损伤和急性痛症见效最快。如感冒咳嗽、急慢性支气管炎、急慢性胃肠炎、急慢性胆囊炎、咽喉炎,以及妇科疾病、男女泌尿生殖系统疾病、中风偏瘫、颈肩腰腿痛等,都能取得较为满意的即时疗效,亦能取得比较好的远期效果。由于孟氏手针针具纤细,操作手法快速柔和,治疗时痛苦甚微,是较具安全性的针法,故基本能适合于任何病人。除了骨折、休克、内外大出血、内脏破裂、弥漫性腹膜炎、大面积烧烫伤、顽固性皮肤病及各种绝症外,几乎没有禁忌证可言。

孟氏手针第五代传承人孟宪君。他在努力继承先人经验的同时,结合自己应用孟氏手针 40 余年的实践经验,对孟氏手针进行了改进、充实、发扬和提高,使孟氏手针更加完善,成为一种公认的新的针灸疗法。2016 年,孟氏手针疗法被列入聊城市第五批非物质文化遗产名录。

四、临清的庙会和社火

庙会,亦称"庙市",唐代已有,临清庙会一般在寺庙所在地举办,利用神祇、社火、神戏招徕顾客,是工商业者开展城乡贸易、进行物资交流的一种手段。民国《临清县志》记载:"临清庙会不一而足,如城隍庙则正月、腊月及五月二十八日均有会,五龙宫则三月三有会,歇马厅则四月初有接驾会,碧霞宫则九月初有会。乡间之会黎博店在二月中旬,小杨庄在三月下旬,各会当中以西南关之四月会最大,邻近县于庙会前后均来赶趁,名曰'进香火',全市商业社会繁华所关甚巨。"①临清庙会一般根据农时季节选定会期。除农历六、七、八这三月无庙会举办外,其他各月均有。大宁寺庙会正月初一就开始,一直到正月十六日方止。大宁寺庙会规模盛大,每天赶会的人有二三万人次。庙会上经营的商品,一半是手工业产品(主要是玩具),饮食小吃占 30%,其余的全是杂货、农产等。平时在店铺内销售不多,拿到会上就被抢购一空。②

四月会从农历三月三十开始,会期连绵整个四月。行宫庙、娘娘庙、碧霞宫、慈航院、七神庙等庙会各抬 10 余八抬大轿,各庙 10 余起社火跟随,敲锣打鼓,放铳放炮,到临清城外泰山娘娘歇马之所歇马厅迎接泰山娘娘。然后各庙分别抬着木胎神像游街串巷,此谓"泰山娘娘出巡视察",彼完此出,接连不断,皆各带社火,游行

---

① 张自清修,王贵笙纂(民国)《临清县志·礼俗志五·游艺》,中国地方志集成·山东府县志辑第 95 册,南京:凤凰出版社,2004 年,第 186 页。

② 全国政协文史和学习委员会、政协山东省临清市委员会《运河名城·临清》,北京:中国文史出版社,2010 年,第 244 页。

三天三夜,招徕附近几十县的善男信女,打着朝山进香的小旗,涌进市区,到各庙烧香还愿,游览临清的名胜古迹,每日多达 20 万人。他们往往租赁民房居住数天。庙会期间,临清的土特产品、手工业产品销量剧增。竹业生产一年的竹篮、筐子等四月全部销售一空。线业、鞋业、衣帽、食品、酱菜等行业当天卖货所得铜币当天数不完。各行业在四月庙会上的经营纯收入,足够全家一年的生活费用。① 2011 年,临清歇马亭庙会被列入聊城市第三批非物质文化遗产名录。

图 10-2　临清歇马亭庙会

临清社火起源早,据民国《临清县志》记载:"社火之名,始于元代,临郡所有不下百余起。……如彩船则结帛为之,驾者饰女装,戴彩笠,渔人引之,合唱采莲曲;高跷则足蹑木跷,高数尺,腮抹粉墨,謂弋阳腔;若竹马始于汉,羯鼓始于唐,渔家乐始于六朝,其来源尤古;其余龙灯、狮保、花鼓、秧歌等名目,繁多不胜指数。每值庙会,则游行街衢,更番献技,亦临清之特殊情形也。"②临清社火活动内容丰富,传统娱世项目较多,有云龙会、狮子会、跑旱船、高跷、扛箱、抬杠官、五鬼闹判等,内容精彩,气氛热烈。时至今日,民间娱乐艺术团队仍不减当年,每至年节、庙会,狮舞、龙灯、旱船、羯鼓、高跷、秧歌、花鼓一起演出,各展风姿。近年来,临清市政府鼓励民间文化活动的开展,定期举办元宵灯会、国庆烟火晚会、消夏夜市等活动,使这些民间娱乐项目重获新生。③

① 全国政协文史和学习委员会、政协山东省临清市委员会《运河名城·临清》,北京:中国文史出版社,2010年,第244~245页。
② 张自清修,王贵笙纂(民国)《临清县志·礼俗志五·游艺》,中国地方志集成·山东府县志辑第95册,南京:凤凰出版社,2004年,第186页。
③ 宋久成《千年古县概览》,北京:社会科学文献出版社,2013年,第313页。

五、聊城山陕会馆庙会

聊城山陕会馆,俗名"关帝庙",始建于清乾隆八年(1743),是由山西、陕西商人集资建立。清代初期,晋商以吃苦耐劳、诚信经营誉满天下。"独在异乡为异客,每逢佳节倍思亲。"在外经商的人非常的艰辛。由于会馆是同乡聚会之所,在假日远离故土的同乡们聚集一堂,加强感情,相互帮助。为了加强这种联络,他们还把关公作为共同崇拜祭祀的神灵。

聊城山陕会馆庙会一般在农历正月的初一到十五举行,十分热闹。庙会时,关帝大殿要挂上写着"协天大帝"的方形黄旗。平时,人们有了病灾,常请关帝"降魔除妖";人们有了纷争,也常来关帝庙前辨别是非曲直。有的拜把子,还要来关帝庙换金兰谱,请关帝做盟证。此外,商人视其为保护神,农历五月十三日求雨者祀拜关帝,也把他视为雨神,这大概与道家所说的关帝的前身为雷首山泽的老龙有关。习惯成自然,人们逐渐地尊崇关帝也变成了惯俗。旧时,为纪念关公单刀赴会和诞辰,每年的农历五月十三日和六月二十四日,这里都要唱三天大戏。

聊城山陕会馆庙会规模盛大,内容十分丰富,四乡百姓云集,商贾小贩汇聚,人山人海,熙熙攘攘,热闹非凡,届时,演关公戏的、展出关公纪念品的、舞龙灯的、划彩船的、吹喇叭抬轿子的,在关帝庙内外闹得热火朝天。通过举办庙会既宣传了晋商的经营理念,同时也拉近了与当地市民的距离,有利于商品的销售。

20世纪90年代以来,山陕会馆庙会的性质发生了显著变化,主要是结合群众节日旅游休闲等需要,举办多种形式的民俗文化活动。山陕会馆内外有剧团演出,同时举办多种形式的民俗表演、工艺品展销等活动,人们可以品茶听戏,击鼓撞钟,感受传统文化的魅力。2006年,聊城山陕会馆庙会被列入聊城市第一批市级非物质文化遗产名录。

六、东阿位山撒河灯

位山村位于东阿县的西南部,紧邻黄河。撒河灯,顾名思义就是在河中撒放河灯,任其漂流。据《东阿县志》《解氏族谱》《山东黄河志》记载,撒河灯习俗源于清咸丰十年(1860),后延续至今。由于时代的变迁,河灯的制作在结构形状上由粗糙简单到精致多样,不断改进和发展。灯纸的颜色选择种类更多,更绚丽多彩,使其更具有较强的艺术性和观赏性。

位山撒河灯习俗来源于古老的民间祭祀活动,目的在于祭祀河神,求得河神保佑,驱逐灾难,安居乐业。清咸丰五年(1855),黄河夺大清河,由位山村西南至东北蜿蜒而流,注入渤海。黄河改道以来,黄河水把两岸人民隔开。为加强两岸人民的交流,村民们自制小木船摆渡两岸,互通有无。在历史上,由于黄河泛滥,航运中船只时有发生翻船、沉船的事故,给人们的生命财产造成了重大损失。人们为了祈求平安,纷纷敬拜河神。撒河灯活动是当时船上商人和船工的一种祈求平安的方式,这种习惯被当地居民效仿并逐渐流传普及开来,慢慢就演变成今天兼具欣赏性、喜庆性、娱乐性于一体,参与性较强的一种庆典活动。目前这一活动主要分布于东阿县境内黄河沿岸地区,流传于阳谷、泰安、河南等地。

新中国成立后,人们的精神面貌焕然一新,党和政府加强了对黄河的治理,黄河堤坝不断加高加固,昔日的危险堤段得到了根治,水上的交通工具也由过去的小木船换成了大帆船,摆渡运输的危险一步步离人们而去。随着文化的发展,人们的封建迷信思想也逐步消除,但位山人撒河灯的习俗并没有因此而终止。勤劳朴实的位山村民并没有忘记他们要在这条大河上求生存、求发展,所以撒河灯的习俗也发展壮大起来,不但河灯的数量多了,而且撒河灯的人也逐渐多了起来,他们通过这种习俗活动来表达对母亲河的热爱,以及对美好幸福生活的赞美之情,撒河灯的习俗也因此由敬河神变成了一种平安吉祥的喜庆活动。2009 年,东阿位山撒河灯被列入聊城市第二批非物质文化遗产名录。

第十一章　聊城运河文化遗产的保护与开发

聊城是受运河文化影响较早的地区,隋代开凿的永济渠流经今临清市境内。元代对古运河进行了较大改造,特别是开凿了纵贯聊城腹地的会通河,确定了大运河聊城段的基本走向。此后,明、清两代又对会通河进行了多次疏浚和改造,使会通河成为南粮北运以及南北经济文化交流的重要通道。聊城也得益于漕运的兴盛,成为运河九大商埠之一,被誉为"漕挽之咽喉,天都之肘腋""江北一都会",经济繁荣、文化昌盛达400年之久。运河不仅在聊城境内留下了众多特色鲜明的物质文化遗产,也留下了众多内涵丰富的非物质文化遗产。本章在对聊城运河文化遗产概况、现状和问题进行梳理和分析的同时,重在探讨运河文化遗产保护和开发的对策和措施。

一、聊城运河文化遗产概况

京杭大运河聊城段包括卫运河临清段和会通河聊城段两部分,全长110千米。其中卫运河临清段始凿于隋,流经今临清市,主河道全长12.5千米;会通河聊城段始凿于元至元二十六年(1289),流经今阳谷县、东昌府区、临清市境内,全长97.5千米。

图 11-1　聊城市区的古运河

2014 年 6 月,中国大运河成功申遗。在《世界遗产名录》中,中国大运河遗产共包括 27 段河道,58 个遗产点,85 个遗产要素,其中山东省境内共有 8 段河道、15 个遗产点、23 个遗产要素。聊城作为山东运河流经的重要城市,有会通河临清段元运河、小运河、会通河阳谷段三段河道入选,在山东沿运城市中,位列第一。在山东沿运城市中,聊城段运河长度是最长的,占了总长度的近 1/3。聊城有临清运河钞关、阳谷荆门上闸、荆门下闸、阿城上闸、阿城下闸 5 个遗产点入选《世界遗产名录》,在山东沿运城市中仅次于济宁,位列第二位。除此之外,聊城境内还有大量的水利工程、古建筑、民间工艺品、音乐与舞蹈、饮食文化等,它们属运河重要物质与非物质文化遗产,很多都是因运河而产生,或伴随运河而成长,属区域社会重要的标志性建筑物或标识,有着丰富的运河文化内涵。总的来说,聊城运河文化遗产主要分为运河水利工程文化遗产、运河城镇遗产、运河相关遗存和非物质文化遗产四大部分。

1. 运河水利工程遗产

由于京杭运河聊城段所经过的地区南北落差较大,且无水源补给,为了"以节蓄泻",确保运河畅通,元明清时相继在这一段河道上兴建了众多船闸,因此聊城段运河也被称为"闸河"。大运河聊城段沿线现存闸、码头和桥梁等各类航运工程设施共计 24 处,包括荆门上闸、荆门下闸、阿城上闸、阿城下闸、七级上闸、七级下闸、周家店船闸、李海务闸、永通闸(辛闸)、梁乡闸、土桥闸、戴湾闸、砖闸(二闸)、会通闸(会通桥)、临清闸(问津桥)、陶城铺闸、水门桥码头、七级码头、运河大码头、运河小码头、三元阁码头、水门桥、迎春桥和月径桥等。

聊城境内不同历史时期开凿的古运河河道以及建造的船闸、堤坝、码头、桥梁等遗迹极其丰富,展示了我国古代水利、航运工程技术的杰出成就,为研究运河水利工程史、管理史等提供了丰富的资料,是聊城作为"运河古都"的重要历史见证。

2. 运河城镇遗产

聊城是受运河文化影响比较早的地区,运河的贯通为聊城带来了数百年的经济和文化的繁荣。明清之际的聊城(东昌府府治)被誉为"漕挽之咽喉,天都之肘腋""江北一都会",为当时运河九大商埠之一。"南有苏杭,北有临张",是古人对京杭大运河沿岸四处著名商埠的描述,"临张",即为聊城的临清市和阳谷县张秋镇。明清两代,张秋镇得京杭运河水运之利,工商各业得到较快发展。其全盛之时,城有九门九关厢,七十二条街,八十二条胡同。其繁荣景象,阳谷、寿张等县城都难以相提并论。① 民国《临清县志》记载漕运兴盛时临清的繁荣景象:"每届漕运时期,帆樯如林,百货山积,经数百年之取精用宏,商业勃兴而不可遏。当其盛时,北至塔

---

① 高建军《山东运河民俗》,济南:济南出版社,2006 年,第 103 页。

湾,南至头闸,绵亘数十里,市肆栉比,有肩摩毂击之势。"①时至今日,这些城镇中仍然分布有众多的古遗址、古街巷和古建筑,如临清运河钞关、阳谷盐运司、聊城山陕会馆等,具有丰富的历史文化内涵。

《大运河遗产山东聊城段保护规划》中所列的运河城镇有三处:聊城古城区、临清老城区、七级运河古街区,除此之外,还有张秋、阿城等众多运河城镇。除了上述的几处运河城镇,大运河还造就了周店、博平、梁水镇、魏湾、戴湾、北馆陶等一个个商贸重镇,只是运河物质文化遗产留存相对较少。这些古城镇、古街巷和古建筑是研究明清建筑艺术、漕运历史、运河城市发展史、明清城市的经济文化,尤其是市井文化、封建社会经济关系、社会形态等的重要实物资料。

3. 运河相关遗存

聊城段运河沿岸还分布着许多能够见证大运河历史发展进程、与运河经济和文化发展相关的各类遗存。

(1)古代运河设施和管理机构遗存:阿城盐运分司、魏湾钞关分关和临清运河钞关。其中临清运河钞关是明清两代中央政府设于运河督理漕运税收的直属机构,是目前国内仅存的一处运河钞关,成为研究古代运河钞关的实证孤本。

(2)古遗址:河隈张庄明清砖窑遗址位于临清市戴湾乡河隈张庄村东侧,遗址面积约 30 万平方米,现存残窑 10 余处。临清贡砖烧制兴于明初,自明永乐间(1403—1424)起,每年向京城输送皇家建筑用砖百万块左右,成为明清两代京城建筑主要供砖基地。明清中央政府在临清曾专设工部营缮分司督理贡砖烧制。清末,官窑停烧。该窑址是研究古代宫殿建筑、运河漕运、临清手工业和城市发展史的重要运河文化遗存。

(3)古建筑:与大运河聊城段遗产相关的古建筑有 7 处,包括阳谷县张秋镇的山陕会馆,聊城市山陕会馆、光岳楼,临清市的鳌头矶、清真寺、清真东寺、舍利塔等,这些建筑体现了大运河南北融合的特点。

(4)运河生态与景观遗产:大运河聊城段生态与景观环境龙山,位于临清卫河南支东岸。明代永乐十五年(1417),在开挖临清运河南支时,堆土成山,并在高约数丈、长约二里左右的山上,植树造林,移花接木,既解决了运河开挖土方倾倒问题,又制造出人文景观,体现了我国先民在水利工程、园林设计方面高超的创造力。

4. 聊城运河非物质文化遗产

京杭大运河穿聊城腹地而过,漕运的兴盛与发达,带动了运河两岸的经济繁荣,给本土传统文化带来了快速发展的重要机遇,外来文化的不断涌入,引进、改良了部分手工技艺、工艺艺术、饮食文化等,孕育了新的、带有浓厚运河文化特色的非

---

① 张自清修,张树梅、王贵笙纂(民国)《临清县志·经济志·商业》,中国地方志集成·山东府县志辑第 95 册,南京:凤凰出版社,2004,第 139 页。

物质文化遗产资源。运河非物质文化遗产既带有本土属性,又有鲜明的运河文化色彩,主要包括传统技艺、工艺美术、民间曲艺、音乐舞蹈、传统医药、民风民俗等。

二、聊城运河文化遗产保护与开发现状

(一)保护和开发情况

近年来,聊城市委、市政府高度重视运河文化资源的保护利用,尤其是配合运河申遗工程,开展了大量卓有成效的工作,运河遗产保护利用水平得到很大提升。具体来说,主要体现在以下几个方面:

1. 以运河申遗为契机,提升遗产保护水平

自启动大运河申遗工程以来,聊城市积极筹措资金,修缮遗产点,整治遗产环境。先后对运河沿线的部分重要文物建筑,如聊城山陕会馆、阳谷阿城盐运司、临清运河钞关、鳌头矶、清真寺、舍利塔等进行了修缮。同时,对部分运河河段如聊城城区段、临清城区段进行疏浚和整治,对河道上的大码头、小码头、临清会通闸、临清闸、砖闸、阳谷荆门上闸、荆门下闸、阿城上闸、阿城下闸等水利工程设施进行了保护、修缮。同时,克服时间紧、任务重、资金短缺等诸多困难,加快实施河道垃圾清理、河面清污、清淤疏浚、修整河堤护坡以及运河钞关周边环境治理等一系列环境整治工作。大运河申遗成功后,聊城市也丝毫没有放松对遗产点段的保护整治。周店船闸清理测绘、考古调查工作已结束;临清砖闸、月径桥、辛闸、梁乡闸修缮工程也已完工;临清运河钞关二期工程、阳谷运河陶城铺闸、水门桥、运河石桥等水工设施维修工程正在稳步开展。通过上述工程的开展实施,聊城运河文化遗产保存状况得到大幅度提升。

2. 加大运河遗产保护监管力度

一是将运河遗产纳入文保单位体系。聊城市大运河遗产点绝大多数都被公布为文保单位,由文物部门负责遗产保护管理工作。其中,列入全国重点文物保护单位的有5处,列入省级文物保护单位的有4处,列入市县级文物保护单位的有8处,列入国家级历史文化名城的有1处,列入省级历史文化名城的有1处,其余6处为未定级文物点。在文保单位体系内,文物部门积极争取上级文物保护资金,实施了一批文物保护工程,使众多的运河遗迹得以保护和延续。

二是编制保护规划,指导运河遗产保护利用工作。早在2009年,聊城市就委托中国文化遗产研究院编制完成了《大运河遗产山东聊城段保护规划》,并于2010年8月由市政府批准正式公布实施。该规划对聊城运河遗产进行了梳理,为遗产的保护利用提出了指导性意见。

三是依据法规加大运河遗产保护和监督力度。2013年7月8日,山东省人民政府第九次常务会议审议通过《山东省大运河遗产山东段保护管理办法》。为贯彻

落实《办法》要求,9月18日,聊城市政府办公室印发了《加强大运河聊城段遗产保护管理工作的通知》,要求各县(市、区)人民政府、市属开发区管委会、市政府有关部门要严格执行《山东省大运河遗产山东段保护管理办法》规定,进一步加强大运河聊城段遗产保护管理工作,切实保护好大运河各类水工遗存、历史遗存和相关附属设施。

四是运河文物收集和展示取得良好效果。聊城市于2004年开工建设了面积达15000平方米的中国运河文化博物馆。该馆是国内第一座以运河文化为主题的大型专题性博物馆,集文物收藏、保护、研究、陈列、宣传教育等功能于一体。博物馆对外开放后,吸引了大量的观众参观学习,对运河的认知和申遗的宣传起到了良好的效果。

(二)存在的问题和不足

1. 遗产保护工作仍有待加强

部分未列入申遗名单的遗产点段如东昌府月河、戴湾月河、陶城铺运河等河道保存状况不佳,多处已淤埋或被占用,其真实性、完整性均遭到不同程度的破坏。少数水工设施如李海务闸、水门桥码头、三元阁码头、迎春桥、魏湾钞关分关等遗址已无法搞清确切位置,需要进行实地调查,编制保护方案,及时采取保护措施。部分运河城镇历史风貌保存状态较差,历史风貌遭到破坏,张秋、阿城、七级、周店古镇格局已不复存在,只散存一些运河水工设施、古建筑及遗址;部分郊野河道环境卫生状况、水质维持难度大,其后续保护工作面临压力。①

2. 对运河文化研究不够,宣传力度不足

聊城虽号称"江北水城·运河古都",但很多宣传都是浮于表面,难以普及并向社会推广,运河文化没有深入到群众的内心。文化宣传是一种长远的系统工程,要让运河文化深入人心,需要通过文化沙龙、文化舞台、文化剧场、文化读物、文化教育等方式,使不同职业、不同阶层的人都能感受到运河文化的丰富与博大,进而产生热爱运河、保护运河的责任心,产生城市的自豪感。"在很多城镇与乡村,运河河道已经干涸,变成了平地与废水沟,部分文化遗产的面貌遭到了局部或全部改变。这种情况的出现,与宣传、保护的力度不够有很大的关系。"②

3. 非物质文化遗产保护传承存在隐忧

大多数非遗项目传承人年事已高,且从业人员工资收入低、社会认可度不高,导致年轻人不愿意从事非遗艺术项目的学习,不少项目面临缺乏传承人的窘境。一些传统技艺、戏曲曲艺、民间故事、民风民俗等遗产,大多只在乡村基层流传,受到当代新生活方式和审美趣味的冲击,随时都有消亡的危险。一些运河传统产品

---

① 吴海涛《京杭大运河(聊城段)文化带工作浅析》,《水资源开发与管理》2019年第1期。

② 郑民德《聊城运河文化遗产的保护》,《中国名城》2018年第10期。

如东昌运河毛笔、东昌府木版年画等,知名度不高,销路不广,附加值较低,经济效益不明显,导致流传了几百年的传统工艺即将销声匿迹。①

4. 开发力度不够,文旅融合程度较低

聊城相关部门对运河旅游资源的开发价值和发展潜力认识不够,没有将其提升到旅游发展应有的战略高度,因此也没有付诸更高层面的开发措施,导致聊城运河遗产旅游产品结构单一,没有形成产品体系。另外,由于对运河文化遗产的重视不足,旅游配套设施也不够健全,设施功能尚不完善,并且因为聊城的经济还不够发达,难以引进高素质的人才,致使旅游从业人员素质和旅游服务水平没有达到一定的高度,古运河旅游开发规划保护不到位,导致运河沿岸古迹遭到损坏,运河自然生态环境破坏严重,古运河正在失去往日的光彩。②

聊城旅游产品与运河关联度不高,缺乏对运河文化深层次内涵的挖掘,没有讲好运河故事与做好运河文章。文化是旅游产业的软实力,一定要将旅游产品与运河文化密切结合,将运河故事、运河传说、运河成语、运河谚语、运河习俗融入产品之中,使产品带着文化内核与文化感染力,这样才能吸引游客购买,才能大规模地进行推广与宣传,对于旅游产品市场的繁荣起到应有的作用。③

三、聊城运河文化遗产保护和开发举措

1. 加大宣传力度,增强保护意识

要充分认识运河文化遗产保护的重大意义,聘请专家、学者围绕大运河历史文化开办专题讲座,进一步提高群众对运河遗产保护工作的认识;充分利用报刊、电视、网络等媒体抓好宣传工作,提高公众的认知程度,为运河申遗工作营造出良好的社会氛围。目前在很多城镇和乡村,因为运河河道已经干涸,部分文化遗产的面貌遭到了局部或全部改变,这其中一个很大原因是,一些当地群众认为运河已经成了无用之河,完全没有保护的必要。所以,要通过制定和执行相关法律法规,来约束或制裁破坏运河文化遗产的行为。要将运河文化遗产的保护与利用深入人心,动员全社会民众积极参与,增强他们热爱运河、保护运河的责任感与使命感。④

2. 积极开展运河资源调查,完善保护机制

"聊城的运河文化遗产既包括河道、建筑、水工设施等物质性遗产,同时也涵盖饮食、舞蹈、音乐、民间工艺品等非物质文化遗产,各类遗产都有其自身的特点,应

---

① 吴海涛《京杭大运河(聊城段)文化带工作浅析》,《水资源开发与管理》2019 年第 1 期。
② 王新蕾《运河城市(聊城市)遗产旅游产品体系的构建及其旅游开发》,《乐山师范学院学报》2011 年第 1 期。
③ 王新蕾《运河城市(聊城市)遗产旅游产品体系的构建及其旅游开发》,《乐山师范学院学报》2011 年第 1 期。
④ 郑民德《聊城运河文化遗产的保护》,《中国名城》2018 年第 10 期。

区别对待,采取不同的保护措施。"①要充分挖掘运河文化资源,包括漕运文化、城镇商业文化、仓储文化、钞关文化、河道文化等物质与非物质文化,使这些文化资源的潜力得以充分体现,形成完善、系统、丰富的运河文化资源库,从而为保护规划的编制及其他各项工作的开展打下了坚实的基础。要本着保护、传承、利用的总原则,对河道、城镇、码头、闸坝等重要文物及周边区域进行保护和修缮。要注重文化传承,按照修旧如旧的原则,搞好历史遗迹的挖掘、修复、整合。各级各部门要严格落实《大运河遗产山东省聊城段保护规划》,加快实施大运河遗产保护、展示和环境整治工程。要区分轻重缓急,集中力量完成重要遗产点段的保护措施、展示利用措施、考古研究及其周边环境整治,维护和展现大运河遗产的历史风貌,尽量保留遗产本体的历史信息和文化特色。

要积极借鉴国际遗产保护先进理念,不断收集资料,进一步完善监测平台和档案管理工作,设立专门的大运河遗产档案中心,保障遗产构成元素的完整性和真实性。应划定遗产保护区,建立遗产展示平台,同时充分利用技术手段,做好基础性数据获取工作,搭建数字化管理、监测平台,并建立监测预警体系,提高处理突发事件的能力。进一步加大巡视和执法力度,定期或不定期对大运河遗产保护规划划定的保护范围和建设控制地带进行巡查,对违反有关规定的行为要及时加以纠正,视情节轻重给予处罚。成立县、乡、村三级保护组织,加强对大运河的保护管理及周边环境的整治,严厉打击破坏遗产和文物信息的行为。要着力做好会通河临清段、临清中洲古城等运河文化生态保护区的保护,高标准推进运河环境整治工作。要注重自然、突出生态、加强保护,努力打造文化带、生态带、景观带、休闲区,带动运河沿线乃至全市经济社会发展。

3. 挖掘文化内涵,打造特色旅游品牌

旅游品牌形象是旅游品牌的基础,它与旅游品牌实力一起构成旅游品牌的"基石"。仅有雄厚的实力而没有良好的形象就无法创造旅游品牌,反之亦然。一般说来,旅游品牌实力是基础,决定和影响着旅游品牌形象,正面的旅游品牌形象能促进旅游品牌实力的加强。"对京杭运河聊城段旅游产业带旅游形象的塑造一旦从物质层面上升到了精神和文化的高度,就实现了从资源营销向文化营销的转变,蜕变为一种高层次的无与伦比的品牌,成为聊城市优秀文化高度凝练的结晶。"②

"运河沿岸各省市都很重视运河文化的保护开发,聊城市运河开发要想在激烈的竞争中脱颖而出,须立足聊城市实际,彰显聊城特色,形成文化旅游新优势。"③

---

① 郑民德《聊城运河文化遗产的保护》,《中国名城》2018年第10期。
② 张翠芳《京杭运河聊城段城市旅游竞争力评价及提升对策研究》,聊城大学硕士学位论文,2019年,第47页。
③ 王新蕾《运河城市(聊城市)遗产旅游产品体系的构建及其旅游开发》,《乐山师范学院学报》2011年第1期。

要以文化为统领,努力打造聊城、临清两座运河古城以及七级、阿城、张秋等运河古镇,再现聊城运河繁荣景象。在旅游开发中,要突出旅游产品的文化性,把握好聊城的文化特色,充分挖掘历史文化内涵,以运河文化理念为基调,依据聊城运河的文化、历史、现存风貌将其文化积淀与旅游开发相结合,在具体的旅游开发建设中体现特色文化。①

"倘若只有好的旅游产品,却没有成功地把产品营销出去,使其变为旅游商品,那么这所有的开发工程只能被归入为市民服务的市政工程。"②因此,如何使开发出来的产品成为炙手可热的旅游商品才是旅游产品发展的关键所在。要充分利用聊城的地理区位优势,彰显自身文化特色,通过网络、电视、报纸等多种宣传手段,对聊城运河文化旅游大力进行推介和宣传,努力提升其在国内外的知名度和影响力。要加大资金投入,树立精品意识,强化旅游资源整合和旅游服务协作,重点培育相关旅游产品、旅游企业和旅游服务,不断推出富有创意、参与度高、市场欢迎的系列旅游产品,将运河文化旅游打造成聊城最闪亮的名片。

4. 规划精品线路,推进重点项目建设

旅游线路是指在一定地域空间,旅游经营者针对旅游客源市场的需求,凭借交通路线和交通工具,遵循一定原则,将若干旅游地的旅游吸引物、旅游设施和旅游服务等合理地贯穿起来,专为旅游者开展旅游活动而设计的游览路线。旅游线路的规划对旅游目的地和旅游企业的发展和经营有着十分重要的意义。旅游线路是旅游供给和旅游需求联结的纽带,是实现旅游者旅游欲望的重要手段。旅游线路设计得好坏,直接决定旅游资源的经济和社会效益能否得到充分而有效的发挥。

聊城要按照古运河的流经路线,在现有的"两城七镇"(两城:聊城东昌古城、临清中洲古城;七镇:魏湾镇、戴湾镇、梁水镇、李海务镇、七级镇、张秋镇、阿城镇)的基础上,以点带面、分段负责,形成"两城七镇百村一体",打造核心旅游品牌。③要以"鲁风运河"品牌为依托,强化区域间旅游资源整合和旅游服务协作,策划开展世界遗产经典旅游、运河城镇记忆旅游、名人探访之旅、宗教文化旅游、阿胶养生之旅、美丽乡村生态旅游、红色文化追忆旅游等一批富有创意、参与度高、市场欢迎的系列旅游产品。要扎实推进东昌湖旅游景区提升改造项目、临清中洲古城、景阳冈旅游景区综合提升工程、张秋古镇旅游综合开发项目等重点项目建设,做好临清鳌头矶、运河钞关等重大修缮保护项目建设,开发建设张秋运河文化小镇、阿城养生小镇、七级古风怀旧小镇、李海务运河度假小镇、梁水葫芦文创小镇、魏湾有机生活小镇和戴湾贡砖创意小镇等运河特色小镇,最终将京杭运河聊城段打造成为具有

---

① 王新蕾《运河城市(聊城市)遗产旅游产品体系的构建及其旅游开发》,《乐山师范学院学报》2011年第1期。

② 李建君《聊城运河旅游资源开发研究》,扬州大学硕士学位论文,2012年,第40页。

③ 吴海涛《京杭大运河(聊城段)文化带工作浅析》,《水资源开发与管理》2019年第1期。

世界影响力的文化遗产保护利用亮点工程,将聊城建设成为山东省文化产业和旅游产业融合发展示范区。

5. 完善基础设施,提升服务水平

聊城市要以《聊城市城市综合交通体系规划(2017—2030年)》《聊城市城区水上客运(公交、旅游)航道专项规划》和《聊城市城市公共交通规划(2017—2030年)》等规划文件为依托,围绕重要自然和人文景观资源,改造提升现有旅游道路,配套建设自行车道、旅游步道等交通设施。"要以运河为纽带,以东昌湖、徒骇河和县市河湖为主要节点,聚点成线、连线成面,形成河湖相连、水系相通的水生态系统,构筑起水上交通游览线路,建设全域水城。"①积极推进大运河沿线码头与公路、铁路等衔接,打造融交通、文化、体验、游憩于一体的复合文化旅游廊道。此外,聊城还要在提升旅游服务质量上下功夫,定期开展专业培训,努力提高旅游从业者的服务水平,保障旅游服务、商品质量。

6. 推动产业融合,打造运河文化旅游产业带

充分利用京杭运河、马颊河、位临运河、西新河等水域生态资源,以京杭运河、马颊河两大河流为主线,沿河打造旅游强镇、特色村,串联沿岸各景点,形成两大旅游风景带,进一步提高乡村旅游点的吸引力。策划系列文化主题活动,设计具有地方特色的各类旅游产品,促进旅游与农业、林业、水利、文化、体育、工业等产业的深度融合,重点打造江北欢乐小镇、梁水文创小镇、周店漕运小镇等一批文化旅游示范区,培育一批有竞争力的文旅企业。实施"旅游十"工程,重点推动运河旅游文化产业带建设,加快打造全域水城,有效推动旅游业转型升级。

聊城以"江北水城·运河古都"而著称,大运河见证了聊城的辉煌历史,彰显了聊城的深厚文化底蕴,是聊城历史记忆和聊城文化传承的最为重要的载体。聊城要把握大运河成功申遗、大运河文化带建设、大运河国家文化公园建设等重大战略机遇,深入发掘运河遗产文化内涵,全方位展示聊城大运河文化遗产的历史、科学和文化价值。在保护和传承运河文化遗产的同时,将其与旅游发展有机结合起来,真正将大运河聊城段打造成为"文化的河、流动的河、美丽的河、繁荣的河"。

---

① 吴海涛《京杭大运河(聊城段)文化带工作浅析》,《水资源开发与管理》2019年第1期。

第十二章　张秋运河古镇遗产保护
与旅游开发研究

张秋古镇位于阳谷县城东 20 千米,南与河南省台前县接壤,北与阿城镇毗邻。"张秋"之名最早见于唐五代时期,宋代称"景德镇",明代一度改名为"安平镇",清代复称"张秋",沿用至今。明清两代,由于得大运河和大清河水运之便,工商各业发展较快,当时有"南有苏杭,北有临(清)张(秋)"之说。鼎盛时期的张秋古镇"市肆皆楼房栉比,无不金碧辉煌。肩摩毂击,丰盈富利,有'小苏州'之称"①。清中叶以后,由于黄河改道、运河淤塞及战乱,张秋古镇渐渐失去往日繁华。本章在梳理和分析张秋镇运河文化遗产概况及现状的同时,重在探讨其遗产保护和旅游开发举措。

一、张秋镇运河文化遗产概况

张秋镇位于聊城市阳谷县东南部,是京杭大运河上的历史名镇。元明清时的张秋,因处于寿张、东阿、阳谷三县界首和会通河中段的特殊地理位置,成为三县人流、物流集聚中心和著名小商品集散中心。同时,张秋镇又是大运河与金堤河、黄河的交汇处,集龙山文化、运河文化、黄河文化、运河繁荣带来的商业文化、景阳冈水浒英雄文化、诚信文化、农耕文化等多种文化体系于一体,文化底蕴深厚,旅游资源丰富。

张秋镇境内现有国家级文物保护单位 4 处,省级文物保护单位 3 处,市县级文物保护单位 11 处。按照其内容和属性,可将其分为运河河道及附属设施、运河相关历史遗存和运河非物质文化遗产三大类。

表 12-1　张秋镇运河文化遗产一览表

类别	遗产名称	备注
运河河道及附属设施	张秋古运河	全国重点文物保护单位
	运河码头	—
	荆门上闸、下闸	全国重点文物保护单位
	运河石桥	聊城市文物保护单位

---

① 高建军《山东运河民俗》,济南:济南出版社,2006 年,第 104 页。

（续表）

类别	遗产名称	备注
运河相关历史遗存	张秋镇关帝庙	山东省文物保护单位
	景阳冈风景区	全国重点文物保护单位
	张秋城隍庙	聊城市文物保护单位
	陈家大院	聊城市文物保护单位
	戊己山	—
	黑龙潭	—
	任仙祠	聊城市文物保护单位
	挂剑台及五体十三碑	聊城市文物保护单位
	张令璜墓	聊城市文物保护单位
	张秋清真寺	阳谷县文物保护单位
运河非物质文化遗产	张秋木版年画	国家级非物质文化遗产
	景阳冈陈酿酒传统酿造技艺	市级非物质文化遗产
	阳谷顶灯台	市级非物质文化遗产
	张秋炖鱼	县级非物质文化遗产
	张秋壮馍	县级非物质文化遗产

　　张秋运河文化的内容极其广泛,举凡商业文化、城镇文化、漕运文化、市井文化、宗教文化、民俗文化等无不包罗在内。运河的流经使得张秋运河文化呈现出多样性、兼容性的特点,从而出现了一种既不同于本土文化,又不同于其他地区文化的特殊的文化环境。商品经济的繁荣营造出独具风格的商业文化;流动人口的激增和市民队伍的扩大,孕育产生了市井文化;船只往返,官绅络绎带来了不同地域的风土人情,交汇而成兼容并包的运河风情和民俗文化。这些深厚的文化积淀为张秋运河古镇的开发和建设提供了得天独厚的条件,成为其开展运河文化旅游的重要资源。

二、张秋运河文化遗产现状及问题

　　张秋古运河从整体上基本延续了历史风貌,水工设施保存完好。再加上历史悠久,文物古迹丰富,具有开发旅游的优势条件。近年来,各级政府部门围绕张秋镇文化遗产的保护和传承做了大量工作,但仍存在一些问题不足,主要体现在以下几个方面。

1. 宣传力度不够，保护意识薄弱

张秋镇历史悠久，文物古迹众多，文化底蕴深厚。但因缺乏宣传推介，除了在聊城市内小有名气外，外界对其历史和文化几乎一无所知。一提到"张秋"，往往以为指的是济南的"章丘"。由于缺乏对张秋运河文化的了解和认识，再加上旅游吸引力和接待能力的不足，来张秋镇旅游的游客往往在参观完景阳冈风景区之后就选择离开，很少在镇内停留。当地民众对运河文化遗产的价值缺乏深刻认识，遗产保护意识薄弱，导致损坏文化遗产的行为时有发生。这种情况的出现，与宣传、保护力度不够有很大的关系。

2. 运河河道污染严重，生态环境问题较为突出

自启动大运河申遗工作以来，各级政府部门投入大量人力、物力和财力对张秋古运河河道进行了整治，使得运河水体环境得到了较大改善。但因张秋段运河缺少补给水源，现已成为死水，自身净化能力大大减弱。大量生产生活垃圾未经处理，就直接倾倒进运河，致使运河水质严重污染。加之长期受病虫害和酸雨危害，沿河动植物深受影响，生态环境遭到严重破坏。

3. 古镇历史风貌保存较差，传统建筑格局变动较大

古镇内古建筑遗迹众多，但现在只有几处历史遗迹得以保留。虽然镇上颁布了保护现有文物古迹的条例，但几乎所有文物古迹现状均保存较差，情况颇为堪忧。居民房屋、蔬菜大棚等建筑物侵占运河河岸，严重影响运河周边景观风貌。运河沿线的部分建筑物外立面色彩、材质与当地建筑不协调，严重影响运河沿线历史风貌。另外，因资金不足，维护管理不善，重视程度不够，在遗产区、缓冲区地带起土和占压运河土地，新建、改建、扩建构筑物等破坏行为时有发生。

三、保护和传承举措

针对张秋镇文化遗产保护现状及存在问题，结合保护与展示目标，笔者认为应采取以下几个措施。

1. 加强宣传推介，增强保护意识

进一步提高全社会的关注程度、参与意识、世界文化遗产保护意识，调动全社会的力量整体推动运河各项保护与展示的进程。深挖运河民俗文化价值，使其在继承基础上，彰显创新性和时代感，焕发新的活力。召开不同规模的国际国内运河文化遗产研讨会、学术讨论会，举办风情书画展，开展国际运河文化旅游节、中国运河产品博览会等。另外，阿城阿胶曾于1915年获巴拿马万国博览会头等奖，张秋镇天增帽店制作的毡帽于1914年获全国博览会头等奖，可借机把阿城阿胶、张秋木版年画、阳谷白酒等文化产品推向更广阔的市场。

2. 加大环境整治力度，保护运河生态环境

为保持文化遗产价值的延续性、真实性、完整性，必须加大对运河环境的治理力度。加强对运河水体环境和河道本体的监测，严格控制污水排放，严禁向运河倾倒生产生活垃圾及固体废弃物。同时，对沿河整体景观进行规划，尽快拆除色彩、架构与运河风貌不和谐的建筑物等。加强运河周边的绿化，严禁在遗产区、保护区私拉乱建，逐步改善运河及周边环境，促进区域经济的持续、和谐、良性、协调和稳固发展。

3. 完善管理体制，创新工作机制

成立专门的运河管理机构，招聘专业的技术管理人员，明确相关责任，做到权责统一，加强监督和考核。建立一整套可行性的管理体制，做好统一部署与安排，确保政策执行到位。拓宽资金来源渠道，积极争取政府、社会团体、企业、组织、个人等对世界文化遗产保护与展示的资金支持。建立健全法律法规，制定应急预案，建立并完善遗产监测和预警体系，发现问题及时有效地进行妥善处理。

4. 区别对待，分类保护

张秋运河文化遗产既包括河道、建筑、水工设施等物质文华遗产，同时也涵盖饮食、民间工艺、民俗等非物质文化遗产，各类遗产都具有各自的特点。要区别对待，采取不同的保护措施。山陕会馆、清真寺、城隍庙、陈家大院是反映张秋古镇商业历史和大运河经济文化廊道功能的重要见证，由于张秋古镇格局基本无存，目前要加强对这些现有历史文化遗迹及其周边环境的保护和修复。各历史文化遗迹可结合社区建设和文化设施建设，进行适当的功能安排。运河上的古桥、古闸要加强保护，古闸脱落于水中的石块应加以复位。镇中古运河可作为镇区休闲公园景加以开发，但要注意与周围历史环境相协调。

四、旅游开发的策略及建议

近年来，阳谷县张秋镇把大力发展文化旅游产业作为转方式调结构的优先方向和促进消费升级的关键所在，不断开拓新认识和新思路，展现新动力和新作为，努力把文化旅游产业打造成动力产业、民生产业和幸福产业。提出"一系四区"建设图景，即运河水系和景阳冈旅游风景区、农业生态观光区、古镇风貌区和金堤河风景休闲区。但由于缺少资金等原因，很多规划依然存在于文本层面，尚未得到具体实施。针对这一情况，要牢牢把握国家小城镇建设、乡村社会开发与治理、山东西部隆起带建设、国家大运河文化带建设、大运河国家文化公园等重大机遇，充分发挥张秋镇黄河、运河、金堤河三河交汇的地理优势和国家重视黄河、运河开发的有利背景，依托张秋镇丰富的运河文化资源，认真筛选，精心设计，最大限度地体现张秋镇旅游资源的特色和优势。充分挖掘历史文化内涵，以运河文化理念为基调，深刻把握张秋运河的文化、历史和现存风貌，实现文化积淀与旅游开发的有机结

合,真正将张秋镇打造成为名副其实的江北运河古镇。

1. 加大宣传推介,完善配套设施

历史上,张秋为运河沿岸商贸名镇,也是治黄保运的关键地区。可以推出"河政枢纽,运河古镇"或"黄运交汇,漕运重镇""游古运河,赏张秋镇"等宣传口号,提高张秋古镇的知名度和影响力。通过出版关于张秋镇的书籍,开发"运河古镇张秋"微信号,开讲"运河与张秋"大课堂等,加大宣传推介力度。在古镇中心建设运河文化广场,给予民众休憩、了解运河、热爱运河、保护运河的平台。广场周围筹建运河图书馆、运河电影院、运河大讲堂等设施,以促进运河文化的传播。建设一批小型博物馆,如古镇漕运博物馆、古镇民间艺术博物馆、古镇历史博物馆等,搜集散落民间的文物,予以合理安置。在镇内设立观光游览车,科学规划旅游线路,为游客参观、游览提供便利。同时,修建星级酒店、主题公园、特色餐厅、大型超市、体育馆、KTV等餐饮、娱乐、休闲服务等设施,以满足游客吃、住、游、娱、购等多方面的需要。要以社会主义核心价值观为指导,提升群众的文明素质和生态保护意识;结合城乡环卫一体化、农村改厕工程,提高镇区环卫管理水平;贯彻落实绿色发展理念,重点做好路域环境提升工程;完善镇区道路、路灯、绿化带等基础性的配套设施,全力打造"最美乡村游、魅力农家乐"休闲观光和乡村旅游品牌。

2. 以市场为导向,整合旅游资源

张秋镇是京杭运河上的名镇,运河文化的遗存相当丰富,具有很强的旅游吸引力。这里距国家AAA级景区景阳冈仅2千米,交通便利。随着旅游业的发展,来张秋体验古运河文化的游客不断增加,古运河文化旅游区具有广阔的市场前景。张秋镇虽然文物古迹众多,但由于分布过于分散,缺乏系统的保护和开发。要以市场为导向,实现古村落、古建筑、古遗址同步展示,以文物遗迹、旅游景点、国土资源、酒店、文化公司等部门的相关职能为基础,成立文化遗产旅游资源综合开发公司,使其成为集餐饮、娱乐、投融资、开发为一体的多元化的市场主体,选准盈利点,全面推向市场。

3. 依据文献资料,适当恢复古镇建筑格局

张秋古镇全盛时,面积庞大。运河穿城而过,将其分为东、西二城,并有城墙环绕,城墙外还有护城河。元代开会通河穿镇而过,并在镇内设立都水分监衙门。张秋镇城几经修建,颇具规模。至清代镇城有九门,南门、西南门、水南门、东南门、东门、北门(运河北)、北门(运河西)、西门、东北门。城门外均为关厢街,旧有"九门九关厢"之说。镇内有72条街82胡同,街道多以经营货物命名。镇内还有寺、庙、观、祠数十处,并有戊己山、挂剑台、任风子墓等名胜古迹。现今主要街道东西大街已拓宽至30米,两侧建筑为粗陋的仿古建筑,临街店铺全部为缺少文化特色的高层楼房。南北大街宽25米,为仿古步行商贸饮食一条街。只有北清真寺、山陕会馆附近街巷还保持了传统的格局和尺度。

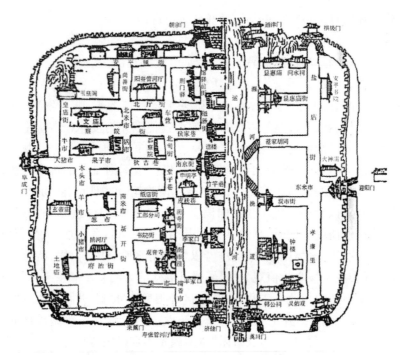

图 12-1　明清时期张秋镇布局图

　　打造张秋运河古镇,必须在现有城镇格局进行改造提升的前提下,适当恢复或重建相关历史遗迹。要按照康熙《张秋志》中的张秋镇城市布局图,划出专门区域,重建张秋镇古城墙和水门,并适当恢复北河工部分司衙门、捕务管河厅、戊己山、仓颉墓、挂剑台、阳谷管河主簿厅、寿张县管河主簿厅、张秋镇水次仓、张秋文庙、观音寺、荆门寺、佛光寺、金龙四大王庙、关王庙、巡检司街、显惠庙街、清香市、北米市、花市、南京店街、浅铺、盐河桥、潘家桥、敕赐安平镇牌坊、敕赐感应神祠坊、兵部尚

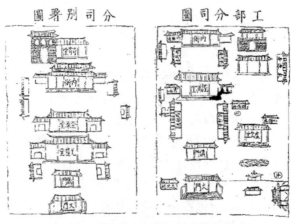

图 12-2　明代张秋北河工部分司布局图

书坊、太子宾客坊、万年国脉坊、荆门闸官署等建筑遗迹。在修复城隍庙、显惠庙、挂剑台等历史遗迹的同时，在运河两岸建设商业古街和手工作坊，突出运河古镇的文化风貌，再现古运河码头的繁荣景象。

4. 树立品牌意识，打造特色旅游

明清时期，运河的流经使得张秋镇成为商贸繁盛之地，并对其社会和文化发展产生了深刻影响。应继续发挥运河这一文化品牌对张秋镇经济和社会文化的带动作用，增强运河文化创新的品牌影响力。结合历史背景，创新营销策划方式，全方位、立体化宣传张秋古运河及相关文化遗产，将历史故事、历史人物融合在运河文化产品中展示与销售。充分利用微博、微信等新型方式，开发属于自己的网站和客户端，营造浓厚的保护与展示运河的氛围，充分展示张秋古镇运河文化遗产的魅力。要突出水韵特色，以运河为主线，通过丰富沿岸游览内容、开发特色文化产品等方式，着力把张秋打造成为运河文化小镇。要优化水资源配置，科学调配水源，通过水系连接景阳冈旅游区、张秋古镇风貌区和金堤河风景带，打造特色水上旅游线路。要将水浒文化与运河文化有机结合，在对景阳冈风景区进行改造升级的同时，建设水浒文化园、运河风情园等特色文化景观。

5. 传承历史记忆，原生态展示非遗文化

张秋古镇历史悠久，非物质文化遗产资源丰富。传统技艺方面，主要有木版年画、张秋炖鱼、景阳冈酒酿造、张秋壮馍等；民间舞蹈方面，有阳谷顶灯台、张秋抬阁等；民间美术方面，有剪纸、蓝印花布等；民间文学方面，有显惠庙传说、任疯子传说、黑龙潭的传说、戊己山的传说、挂剑台的传说等；民俗文化方面，有任大仙庙会等。要组织专家深入挖掘运河美食、运河艺术、运河歌谣，运河故事与传说等非物质文化遗产，整理出版研究成果，使张秋古镇的文化底蕴得到更深刻、更全面的展示。在古镇内修建文化广场等场所，作为民间舞蹈、民间工艺类非物质文化遗产的展示、传承空间。将非物质文化遗产展演、展览、展销活动同各种传统重要节庆相结合，使其成为展示张秋运河文化的重要窗口。在非遗资源的开发过程中，要注意保护非物质文化遗产的真实性和完整性，切忌盲目开发、过度开发，尽量减少行政干预，力求原汁原味地展示张秋非遗文化。

第十三章　民间文学的保护与传承：
以聊城凤凰山传说为例

民间文学类非物质文化遗产泛指历史上产生并以活态形式原汁原味流传于民间社会的口头文学作品。由于这类作品主要以口耳相传的方式传承于民间社会，故又称"口头文学""口碑文学"或"劳动人民口头创作"。它包括：散文体民间文学，如神话、传说、故事、寓言、笑话等；韵文体民间文学，如歌谣、谚语等。民间文学是人类记录自身历史、认识自身历史的重要途径，是民间社会展示自身文学才能的重要手段，具有非常重要的历史认识价值、文学价值和社会价值。[①]

聊城凤凰山传说发源于东阿县大桥镇凌山村，数百年间代代相传，主要流传于东阿、阳谷、聊城、茌平以及平阴等地，有着丰富的内涵和价值。2009 年，聊城凤凰山传说入选山东省第二批省级非物质文化遗产名录。随着经济社会的发展，"凤凰山传说"面临日渐消亡的危机。针对这一情况，我们应提高重视程度，增强保护意识，加大研究和保护力度，促进民间文学类非遗得到更好的传承和发展。本章以聊城凤凰山传说为例，在论述其发展历史及传承价值的同时，重在探讨其保护和传承举措。

一、聊城凤凰山传说概述

民间传说是指民众口头创作和传播的描述特定历史人物或历史事件、解释某种地方风物或习俗的传奇故事。[②] 民间传说是民间文学的重要组成部分，是劳动人民集体智慧的结晶，具有丰富的内涵和价值。民间传说寄托着民众的情感和愿望，蕴含着大量的乡土文化以及民族精神，是民间文化最好的继承和传播载体。聊城凤凰山传说发源于东阿县大桥镇凌山村，数百年间代代相传，主要流传于东阿、阳谷、聊城、茌平以及平阴等地。2009 年，聊城凤凰山传说被列为山东省第二批省级非物质文化遗产，也是聊城目前唯一一项名列省级非遗的民间文学类非物质文化遗产。对其开展相关研究，无疑具有重要的学术价值和现实意义。

聊城凤凰山传说起源于聊城市东阿县大桥镇凌山村。凌山村地处鲁西大地的黄河岸边，因位于凌山而得名。凌山主峰高大，山顶有一处大庙。此山伸向西北方

---

① 苑利、顾军《非物质文化遗产保护前沿话题》，非物质文化遗产保护理论与方法丛书，北京：文化艺术出版社，2017 年，第 21 页。

② 杨秀《民间文学》，贵阳：贵州人民出版社，2017 年，第 6 页。

向200米处有座小山，伸向东北方向300米处也有座小山，就像两个翅膀，大山像个身子，庙像个头，三位一体，形成一只完整的凤凰形象，所以凌山又叫"凤凰山"。① 据凌山村王氏家谱记载，明朝洪武二十五年（1392），他们从青州府益都县杆石桥迁到此地。王氏家族人烟兴盛，人才辈出，清康熙年间，王氏家族中的王云先，首先搜集整理有关凤凰山的传说，并把故事传承给王凤、王麟，而后一代代传了下来。

传说凤凰山上，住着一对凤凰。它们晚上休息，白天飞到米山去吃米。有一天，凤凰看到聊城这一带是一望无际的梧桐林，林中间的一块开阔地上，有一座几丈高的大土台子。站在台上可以眺望方圆百十里远（该土台子就是原凤凰台），并且当时的聊城是南北大运河的大码头，船来船往，商贾云集，十分繁华，于是就统率着林中百鸟，在聊城住了下来，生活得十分快乐。有一年秋天，一连下了七七四十九天大雨，黄河决口，大水对着梧桐林横冲直撞而来。围着这个梧桐林冲撞了九九八十一天，不知卷走了多少土，树林的周围都是水，深不可测。就在这水里居住着一条不知什么时候来的大蛇，粗如瓦缸，长达数丈，不光在水里兴风作浪，而且经常吞食梧桐林中的飞鸟。凡过往水上的飞禽，无一幸免。这一方黎民百姓也被它伤害了不少，只要是行走方便的人都设法迁居他乡。四方商贾路经此处时，都吓得绕道而行。凤凰为了保护林中百鸟，便与大蛇争斗起来。雄凤凰与大蛇斗了三天三夜，因敌不过大蛇，被活活累死了。雌凤凰由于腹中有蛋，怕绝了后代，无法为丈夫报仇，便暂时离开了这里。鸟王一走，百鸟俱散，梧桐树被水泡烂，从此这儿成了一片汪洋，大蛇就在此地安了家。

有一年，管辖这里的地方官见湖波荡漾，周围林茂花繁，景色优美，便想在湖边建城。但工匠们感到工程艰难，均不敢承建。这时，来了两个人，一个叫王东，一个叫王昌，他们自告奋勇，愿意承担，经过奋勇激战，将大蛇赶走。原来这两个人就是被大蛇赶走的那对凤凰所生的儿子。王东、王昌建城，凤凰率百鸟送来木石用料，不长时间，一座雄伟的湖城便建成了。人们为了纪念凤凰建城的功绩，便将该城改名为"凤凰城"。因为该城又是王东、王昌兄弟所建，又叫"东昌城"。这一带的百姓又逐渐返回故里，过上了安居乐业的日子。他们为了让后代不忘凤凰为民除害的功劳，自发组织在原凤凰台上建起了一座凤凰楼。自此，凤凰山的美丽传说便一代代流传至今。②

二、聊城凤凰山传说的传承价值

民间传说是丰富我国文学史料的现成材料，在社会生活中发挥的作用不容忽

---

① 学生悦读文库编写组《地名故事》，南昌：江西教育出版社，2014年，第182页。

② 郭先芳《黄河的神话传说和民间故事》，郑州：黄河水利出版社，2015年，第252～253页。

视,它不仅可以给我们美的享受,还可以教化社会成员,从而对社会和谐稳定发展起到积极的作用。

民间传说具有较强的实用功能。作为民众生活文化重要组成部分的民间传说,不仅以它特有的方式保存民众的历史,而且在大力发展旅游事业的今天,民间传说仍然能够发挥作用。民间传说一般以本地人文景观,名人遗迹,陵墓洞穴作为"传说核",这些优势是当地开展旅游事业的主要资源。围绕"传说核"构建的故事能够使静态的客观实在物流动起来,使已逝去的人物活跃起来,因此增强了客观实在物的生动性,丰富性。民间传说能够使民众由眼前的现实追寻到遥远的过去,使人们由自然美联想到社会美,从而增强到人们对生活的热爱和理解。①

凤凰是传说中的百鸟之王,雄为"凤",雌为"凰"。在我国人民的心目中,一直被视为美丽、吉祥、善良、宁静、有德,以及顺天道、尚人文、致太平、向光明的象征。凤凰山传说把凤凰这种吉祥鸟和地名的来历结合在一起,记录了城市的变迁与自然环境的变化,有着丰富的历史、地理、语言、经济、民族、社会等科学内涵。至今聊城众多地名以凤凰命名,如凤凰街道、凤凰台、凤凰工业园、凤凰度假区等。同时,传说中扬善惩恶的经典主题对民众也起着积极的教化作用。②

民间传说有利于人们深刻理解乡土文化和民族精神。具有浓郁地方特色的民间传说在叙述人物,刻画景物,解释风俗时,讲述者的语言常常是自豪而亲切的;尽管传说质朴纯真,充满着乡土气息,但是这些极富韵味的方言土语却将沉寂的山水描绘得灵光四射,使民众从传说的字里行间中自然升腾出热爱故园的乡土情结。③

数百年来,东阿县凌山村一带流传着众多有关凤凰山的故事和传说,主要有"朝阳洞传说""飞来松传说""穆家坑传说""驴拉金磨传说""蝙蝠精传说"等。当地政府和文化部门对其进行了收集和整理,一并集结在《凤凰山的传说》小册子中。虽然不同人心中有不同的凤凰山传说,但在每个说故事和听故事的人心中都有个美丽的、能令人感到幸福、驱散灾难的凤凰,表达了人们对美好、幸福生活的向往。

三、凤凰山传说的保护与传承策略

民间文学资源是劳动人民集体智慧的结晶,然而,随着城市化水平的提高以及现代生活方式的转变,民间文学这一传统文化资源正面临着消亡的危险。为了让民间文学这一传统文化资源得到良性发展,强化对民间文学的保护变得十分重要。而"凤凰山的传说"是聊城境内最具特色的民间传说之一,对其进行保护和传承将对聊城地区整个民间文学的发展起到积极的促进作用。具体来说,我们可以采取

---

① 傅璇琮主编,颜培金、丁宁编著《青少年应该知道的民间传说》,济南:泰山出版社,2012年,第44页。

② 李宗伟《山东省省级非物质文化遗产名录图典》(第2卷),济南:山东友谊出版社,2012年,第59页。

③ 傅璇琮主编,颜培金、丁宁编著《青少年应该知道的民间传说》,济南:泰山出版社,2012年,第44页。

以下措施。

1. 加大宣传力度,增强保护意识

笔者曾于 2019 年 11 月专门前往东阿凌山村进行考察,在口述访谈中,除了传承人和上了年纪的老人外,大多数村民对这一传说都缺乏认识和了解。当地有关部门在申遗过程中,曾对这一民间传说加以搜集、整理和保护。但在获批省级非遗后,却缺乏相应的保护和传承措施,对这一民间文化资源开发和利用更是无从谈起。为了让更多的人了解凤凰山传说,可以通过广播、电视、平面媒体、网络等传统和现代媒体对其进行广泛宣传,增强人们的保护意识。要加大对民间文学作品的保护力度,鼓励文艺工作者进行宣传和创作,并给予他们力所能及的支持。要定期组织相关文艺活动,把民间文学的保护与传承工作与基层群众文化活动有机地结合起来,充分调动大众保护民间文学的积极性和主动性。

2. 完善保护机制,加大保护力度

"民间文学的抢救和保护是一项长期的系统工程,传承人在保护中起着非常重要的作用,是民间艺术精髓保存和发展的必要条件。因此,民间文学的保护措施都必须以传承人为中心,注重提高他们的社会地位、文化自觉与文化自信。"[1]相关部门应该加大对传承人的保护和支持力度,将对传承人的关心与帮助落到实处,使其能够在自己力所能及的范围内发挥"非遗"项目的传承功能。当地相关部门应尽可能全面地对东阿及其周边地区的相关传说进行搜集和整理,建立完整的档案名录。定期组织传承人参加相关学术交流活动,促进民间文学得到更好的传承和发展。

3. 保护相关实物和景观

"传说圈"是指一则民间传说所流传的地区范围。从理论上说,民间传说的传播和构思总是以一定的客观实在物、时代、场所等为中心来传承、讲述的。[2] 根据"传说圈"理论,传说总是依附于一些特别的纪念物,包括庙宇、古建筑、树木、自然景观等而存在,保护好与传说相关的这些纪念物和景观,将为传说的存活提供最有说服力的证据。当地部门在搜集、整理资料的过程中,要对调查资料及相关实物作妥善的保存。在条件允许的情况下,可以在博物馆或村委会设置相关展厅进行陈列和展示,同时加强对相关文化遗址和景观的保护,使这一珍贵的文化遗产得以发扬光大。

4. 开展学校教育,做好文化传承

凤凰山传说有着丰富的文化内涵和价值,是当地宝贵的精神财富。学校作为文化传承和创造的重要场所,在传承民间文学方面具有得天独厚的优势。当地的文化主管部门可以与学校联合,开展中小学生第二课堂教育,把"凤凰山传说"这类民间文学作为当地学校第二课堂教育的一项重要内容。定期邀请民间文学传承人

---

[1] 李丽辉《法律维度下的科技》,北京:中国政法大学出版社,2015 年,第 271 页。

[2] 毕桪《民间文学教程》,北京:中央民族大学出版社,2009 年,第 114 页。

及文化工作者给同学们讲述相关民间文学作品,增强学生对民间文学与传统文化的认识,提高大众对民间文学的保护意识,使聊城当地的民间文学得到良性发展。

聊城凤凰山传说融合了该地区的文化底蕴,反映了当地民众特有的文化认知特性和文化创造实力,是聊城及其周边地区最具特色的民间文学资源。随着经济社会的发展以及生活方式的转变,凤凰山传说这类传统民间文学作品渐渐不为人知,对其整理和挖掘也存在着一定的不足。因此,当前我们应该提高重视程度,增强保护意识,加大保护力度,使民间文学类非物质文化遗产在当代社会得到更好的传承和发展。

第十四章　聊城饮食文化遗产保护与传承刍议

聊城位于黄河中下游地区，是国家级历史名城，文化源远流长，有着5000多年的悠久历史，是鲁西政治、经济、文化中心。在黄河、运河文化的交汇点上，多次发生文化的碰撞、融合与更生，逐渐形成了独特而又丰富的文化内涵。它既有齐文化崇商敬农的悠长，又有鲁文化尚仁重义的特点；既有燕赵文化慷慨无私的侠义，也糅杂了秦晋文化开放宽厚的气度。明清时期的聊城曾是运河沿岸九大商埠之一，南北物资交流密切，人文荟萃，饮食风味大受影响，趋成一派并极具特色。通过对运河区域饮食文化的研究，无论对于丰富运河文化内涵、深入挖掘区域文化资源，还是对于运河城镇旅游业发展、运河古镇开发都具有重要的意义与价值。本章以聊城饮食文化遗产为例，在探讨其遗产构成及价值的同时，对饮食文化遗产保护和传承的现状及问题进行分析，并在此基础上提出保护和传承举措。

一、聊城饮食文化遗产的构成及价值

明清时期的聊城为京杭运河沿岸九大商埠之一，帆船如织，货积如山，商贾云集，会馆林立，一派繁华景象。工商业的繁荣以及南北文化的融合形成了聊城绚丽多彩的饮食文化，以致当时出现了名肴荟萃，名厨辈出，名店纷纭的局面。在这其中，较有代表性的特色名吃主要有魏氏熏鸡、高唐老豆腐、老王寨驴肉、沙镇呱嗒、空心琉璃丸子等。

1. 聊城铁公鸡

"聊城铁公鸡"是中国语言大师老舍先生赠给魏氏熏鸡的誉称。魏氏熏鸡由魏永泰在1810年独创，至今已有200余年的历史。清嘉庆十五年（1810），由于运河漕运的兴盛，聊城一家小型扒鸡店为扩大销路增加收入，经过反复加工实验，制作出了易于存放适合远销的魏氏熏鸡。在魏永泰和魏兆松主营期间，魏氏熏鸡只限于冬季加工，全年销售，产销量较少，除供应本地市场外，少量远销京、津、苏、杭等地。1894年以后，由魏世忠和魏金鉴经营，魏世忠根据市场需要和聊城各界的要求，变冬季加工为常年加工，并竖起了"远香斋"的牌匾，从此使聊城铁公鸡名声大振，年产销量增加到数千只。现在聊城铁公鸡由第六代、七代传人经营，他们严格按照传统工艺制作，确保熏鸡特色不变，目前每年的销售量已达十几万只。[①]

---

① 李宗伟《山东省省级非物质文化遗产名录图典（第2卷）》，济南：山东友谊出版社，2012年，第388页。

魏氏熏鸡选料精良,制作精细,鸡选用外形丰满、肉多肥嫩、体重 2～3 斤、一年左右的无病活鸡,先加工成扒鸡,再在腹内装入丁香、八角、桂皮茴香等药物放在锯末(木屑)烟火上熏制而成。配料比例,视批量多少及季节变化而有所不同。锯末以沙柳、红松木最佳,并要掺入适量细土。在熏制中,要不断变动鸡的姿势,一般熏制 3～4 小时,肉呈栗色,手掐无弹性,涂上鸡油即成。经熏制的扒鸡,水分少、皮缩裂、肉外露、无弹性、药香浓郁,可存一年左右不变质。这种熏鸡,形美肉嫩骨酥,色鲜味美,入口余香,深长独特,四季皆宜食。既可下酒,又可佐茶。古往今来,过往聊城的商贾游客,无不争相购买,魏氏熏鸡堪称上等美肴和馈赠佳品。① 2006 年,聊城铁公鸡制作技艺被列入聊城市第一批市级非物质文化遗产名录。

2. 老王寨驴肉

高唐驴肉久负盛名,以尹集镇的老王寨驴肉为首,至今已有 300 多年的历史。当地人又称驴肉为"鬼子肉"。相传清朝康熙年间,文坛领袖王士禛来高唐省亲,其外甥朱缃(著名诗人,和蒲松龄相交最契)召集文人墨客设宴恭迎,并奉上老王寨驴肉让众人品尝。众人品尝后皆赞叹不已,称为人间肉类极品。② 老王寨驴肉曾装入密封篓中出口日本和东南亚各国,并作为贡品进献朝廷,也曾作为高唐土特产被选入过去出版的《山东乡土教材》。党的十一届三中全会以后,老王寨驴肉这一名吃得到了极大发展。老王寨村将其传统技艺传授给其他乡村,还建立了小冷库等现代化冷藏设备,由过去季节性生产(秋末、春初和冬季生产)变成常年生产。如今在高唐,无论是大型宴会还是家庭招待,驴肉都成为必备佳肴,近年年产销量最高达百万斤。③

老王寨驴肉加工精细,方法独特。先是用传统的方法宰驴:宰驴前先给驴饮含盐清水,饮后遛,遛后拴在一个固定点上,让驴绕圈跑,跑一阵停下便杀。这样,经过稀释血浆,加速循环,血放得干净。接着再用传统的方法煮肉:将肉分割成五至十斤重的大块,先在清水内净血,净血后放入凉汤(多年老汤)锅中,待烧开后加入少许火硝(可提色、清污),撇去浮沫等杂质,再放入装有大料、茴香、丁香、桂皮、陈皮、肉豆蔻、草果、白芷、砂仁、川芎、杜仲、干姜等 30 多种药料的纱布袋,改文火敞锅煮三四小时直至肉烂。最后,用传统的方法卧缸:先将肉捞出待晾,再在瓷缸内放些与煮肉时相同的药料,将锅内滚汤撇去浮油,冲入缸中(锅底之余渣不能入缸),与药料混合。待肉凉透后泡入缸内,卧缸时间越长越好。用此方法加工的驴肉呈酱紫色,清香鲜美,肉烂而不散,软而不松,香而不腻,具有活血、降压、滋补、益

① 中国商检报社聊城出版发行中心《大京九博览》,北京:中国城市出版社,1997 年,第 303 页。
② 《聊城,有水则灵》编委会《聊城,有水则灵》,济南:山东友谊出版社,2018 年,第 153 页。
③ 高唐县政协文史资料委员会《高唐文史资料》(第 20 辑)《传统非物质文化》,内部资料,2008 年,第 263 页。

身之作用。因此,男女老幼皆视为食中之美味。[1] 2009 年,老王寨驴肉制作技艺被列入聊城市第二批市级非物质文化遗产名录。

3. 沙镇呱嗒

呱嗒是聊城的传统名吃,创制于清代乾嘉年间,迄今已有 200 多年的历史,以沙镇呱嗒最为出名。呱嗒有肉馅、鸡蛋馅、肉蛋混合馅(又名"风搅雪")等多种。《中国名吃谱》一书对其制作方法有较详细的记述。

呱嗒是一种煎烙的馅类小食品。制作技术精巧,味道鲜美。在制作时,先用烫面和呆面,随季节变化,按不同比例调制。先将鸡蛋大小的面擀成长椭圆形的饼,摊上馅,卷成筒状,两端捏实,扎成矩形,后放入平底油锅煎制而成。制作鸡蛋呱嗒时,等呱嗒煎至半熟,将呱嗒从锅中拿起,一端开口,倒入打碎的鸡蛋,再放入平锅中,继续煎烙,直至全熟。形状像"呱嗒板",满挂金黄茧,外焦肉嫩,香酥可口,既有面,又有馅,食用方便,在聊城、莘县、阳谷一带颇受欢迎。2006 年,东昌府沙镇呱嗒制作工艺被列入聊城市第一批市级非物质文化遗产名录。

4. 高唐老豆腐

高唐老豆腐,又称"豆腐脑",制作精细,配料独特,别具风味,是高唐的传统食品。高唐老豆腐的特点是:豆腐洁白明亮,嫩而不松;卤清而不淡,油香而不腻;食之,豆香、油香、料香俱全;有辣味而不呛,有肉味而不腥,食后回味悠长。高唐老豆腐用精选的上等黄豆制作。将黄豆去皮,放入经阳光长时照晒的储存水(净化黄河水最好)中浸泡,待黄豆涨足后,用石磨磨成浆。经煞沫、过包(滤渣)后,入锅熬成豆汁,退温后装入桶或缸内,点入石膏,封口,20 分钟即成老豆腐。食用时,用平勺撇入碗内,加入卤和油等配料即可。[2] 其主要配料卤和油的制作也有独到之处,卤用优质酱油和精盐加水(饮用清水)入锅,加入花椒、八角、茴香、丁香、桂皮、姜等十余种佐料熬制,用优质棉籽油在文火上熬,边熬边除去油沫杂物。数小时之后,放入葱、甜酱、茴香等佐料,还为爱食辣味者备有优质辣椒油及红辣椒剁碎制成的油辣椒末。配料入碗时,放入少量味精。高唐县城内有老豆腐摊子多家,但以吴、栗、杜三家为优。每天早餐,人们都是排队食用。[3] 2006 年,高唐老豆腐制作工艺被列入聊城市第一批市级非物质文化遗产名录。

5. 空心琉璃丸子

空心琉璃丸子是东昌府的传统甜菜,因其腹空、外实而得名,其色、香、形俱佳,备受聊城人喜爱。其制作技术要求较高,主要在如何将丸子制成空心上。做一个 8 寸盘的空心琉璃丸子,可用面粉 2 两,白面糖 3 两,蛋黄 1 个,食油 2 斤(实耗油 2

---

① 高唐县政协文史资料委员会《高唐文史资料》(第 20 辑)《传统非物质文化》,内部资料,2008 年,第 263 页。

② 高唐县史志编纂委员会《高唐县志》,济南:齐鲁书社,1996 年,第 273 页。

③ 于海广《传统的回归与守护:无形文化遗产研究文集》,济南:山东大学出版社,2005 年,第 107 页。

两),味精少许。制作时,一要沸水烫面,搅成糊状,凉后掺入蛋黄搅匀;二要油炸空心,软火挺身,同时在丸子上插孔,中间糊状就会流出一部分,形成中空,严防火过放"炮";三是披挂琉璃,观糖识火,适时下丸,离火颠翻。成形的空心琉璃丸子,宛如一颗颗镶金裹玉的大珍珠,金黄透明,闪闪发光,玲珑圆润。吃起来酥脆香甜,入口生津,颇受人们欢迎,凡重大宴席,必有此菜,以示重视。① 2016 年,空心琉璃丸子制作技艺被列入聊城市第五批市级非物质文化遗产名录。

除以上几种代表性饮食文化遗产外,被列入聊城市非物质文化遗产名录的饮食文化遗产还有莘县燕店范家烧鸽(第一批)、临清甜酱瓜(第一批)、莘县房氏康园肉饼(第一批)、莘县古城镇鸳鸯饼(第一批)、阳谷吊炉小烧饼(第一批)、景阳冈陈酿酒传统酿造技艺(第二批)、东阿高集冯氏锅饼(第二批)、临清温面(第三批)、临清清真八大碗(第三批)、清平坠面(第三批)、茌平马蹄烧饼(第三批)、义安成高氏烹饪技艺(第四批)、清平糖藕手工技艺(第四批)、临清进京腐乳制作技艺(第四批)、珍馐园清真肉食(第四批)、杜郎口豆腐皮制作技艺(第四批)、手工空心挂面制作技艺(第四批)、伊尹养生宴(第四批)、堠堌熏鸡(第五批)、侯氏排骨大包(第五批)、茂盛斋高粱老醋(第五批)、孟尝君酒(第五批)、金水城小磨香油(第五批)、阳谷御膳龙骨(第五批)、侯氏秘制坛子肉(第五批)、聊城董家炸肉(第六批)、临清周记托板豆腐(第六批)、临清刘垓子白仁(第六批)、冠县马家包(第六批)、阳谷赵家羊肉汤(第六批)、阳谷李台烧鸡(第六批)等。

二、聊城饮食文化遗产现状及问题

聊城传统风味是鲁西风味的代表,既有显著的地方特色,又深受南北风味的影响。近年来,随着社会各界对文化遗产重视程度的加强,聊城饮食文化遗产的保护、传承和利用取得了显著成就,众多饮食文化遗产被列入非遗保护名录。但由于种种原因,聊城饮食文化遗产的保护、传承和利用仍存在一些问题和不足,主要体现在以下几个方面。

1. 宣传推广有待加强

聊城美食资源丰富,既有传统宴席菜肴,也有各种风味小吃和地方特产。但是由于宣传推广的不到位,影响了聊城美食的外向发展。再加上有些传统菜点的制作工艺繁杂,导致部分传统菜点有失传的迹象,也限制了聊城美食文化的传承和推广。虽然聊城厨师擅烹淡水湖鲜、善于制作酱卤肴肉等,但其名声仅局限于聊城本地。除魏氏熏鸡、沙镇呱嗒、高唐老豆腐等特产和小吃外,大部分外地人对聊城饮食文化并不了解,导致聊城饮食文化的知名度较低,认知标志不明显。

---

① 王宗涛、陈清义《今日聊城》,北京:北方科技出版社,1997 年,第 100 页。

2. 存在"重申报、轻保护"倾向

当前非物质文化遗产保护,尤其是手工技艺类非物质文化遗产,主要是保护传承人,因为制作技艺主要是靠掌握该项技艺的人来传承。如今,饮食类非物质文化遗产申报如火如荼,这是饮食文化得到重视的时代体现,值得欣慰。但是,也应看到其中的一些不利倾向,如重申报,轻保护;单纯追求经济效益,忽视其社会效益;单一地保护传承人,缺乏完整性保护等。如果这些问题不解决,饮食类非物质文化遗产保护将变调甚至导致破坏。

3. 开放与交流不够,开发程度较低

聊城虽多次承办过相关烹饪赛事或美食文化节,但是餐饮业的发展并不完善。作为鲁菜的重要组成部分,聊城美食秉承了鲁菜饮食的精髓,又独具地方特色,但是并没有形成足够影响力的拳头产品,旅游资源知名度不高,定位不清晰,餐饮与旅游的融合程度较低,旅游产业配套体系不完善,没有充分利用聊城"江北水城、运河古都"的招牌做大做强饮食文化产业。

三、聊城饮食文化遗产的传承和利用

受外来文化的冲击和现代生产、生活方式的影响,聊城饮食文化的生态环境正在发生剧变,如许多百年老店消失、饮食老字号难寻、传统饮食工艺及食俗的失传等现象很突出,加之保护工作存在的弊端,聊城在饮食技艺、习俗、礼仪等方面的许多珍贵文化资源面临着流失的危机。针对这种状况,聊城饮食文化遗产的传承和利用可以采取以下几种措施。

1. 加大宣传力度,增强保护意识

由于宣传及推广力度不够,聊城当地民众对饮食文化遗产的含义和保护意义并不了解。与其他非物质文化遗产相比,饮食文化遗产更注重以人为载体的知识与技能传承。通过加大对饮食文化遗产保护、开发、"申遗"、利用等价值意义和相关法律法规的舆论宣传,让广大民众了解饮食文化遗产的价值和保护的重要性,树立全民保护意识,形成全社会保护饮食文化遗产的良好环境和氛围,这是做好饮食文化遗产保护的根本保证。

2. 制订保护规划,健全保护机制

一是针对饮食文化遗产现状,建立政府主导、社会参与、职责明确、协调运转的保护工作机制;二是健全饮食文化遗产保护相关法规,将饮食文化遗产保护工作纳入行政调控和法律轨道;三是成立鉴定和评估饮食文化遗产的审查委员会和专家委员会,编制饮食文化遗产名录,分阶段制定饮食文化遗产保护与发展的长远规划;四是将饮食文化遗产保护纳入各级政府的职责和经济社会发展规划,予以专项资金支持。

3. 加大研究力度,以研究促保护

聊城非物质文化遗产代表性目录拥有诸多饮食文化遗产项目,且具有历史悠久、种类繁多、品质优良、知名度高、工艺独特、市场潜力大等特点。地域饮食文化须在保护传承、品牌意识、产业规模、营销力度等方面制定战略和强化措施,更为重要的是,应特别重视地域饮食与餐饮的文化挖掘,突出其地方特色和文化内涵,坚持开发与保护并重,实现地域饮食文化和旅游业的可持续良性发展。

为有效挖掘聊城饮食文化资源,可深入调研,广泛收集当地饮食文化的文化背景、历史渊源、民间传说、名品典故和私家菜品。同时,调查当地民众的日常食俗、节日食俗、祭祀食俗、待客食俗、特殊食俗等饮食生活习俗,以大力保护、传承和创新地域饮食类非物质文化遗产。要借鉴省内外先进经验,成立市、县两级饮食文化研究中心,建立开放竞争的运作机制,组织各类文化单位、科研机构、大专院校及专家学者对饮食文化遗产的重大理论和实践问题进行研究。同时,建设饮食文化遗产研究与应用基地,充分发挥学术研究的指导和推动作用,加快饮食文化遗产的普查调研、资源挖掘、文化剖析、申遗论证、对策研究、传播普及和成果应用开发工作,为饮食文化的传承与利用提供智力支撑。

4. 保护运河生态,树立可持续发展理念

饮食文化是在特定的自然环境和历史人文环境的相互作用下,人们围绕饮食所产生的一系列行为和规范,其形成与变迁是地理环境差异和历史变迁长期作用的结果。饮食文化的发展过程是一个可持续发展生态过程,要特别注意保护好非物质文化资源和非物质文化生态环境。尤其是饮食文化的制度文化层、行为文化层和心态文化层是珍贵的旅游资源,具有重要的经济价值。聊城为明清时期运河沿岸九大商埠之一,漕艘云集,商业发达,号称"江北一都会",南北文化在此汇集,从而为饮食业的发达提供了条件。清末黄河北徙,运河断流,聊城经济受到一定影响,但却为饮食文化的积淀、融合时期,不但种类繁多,丰富异常,而且适合不同阶层的人群,形成了诸多的老字号与知名品牌,成为体现聊城浓厚运河文化底蕴与反映普通市民生活的重要标志。[①] 保护、传承和利用聊城饮食文化遗产资源,无论对于城市运河旅游业开发、提高民众生活水平,还是对于深入挖掘地域文化内涵、丰富文化类型都具有重要的意义。饮食文化遗产保护得越好,其利用价值也就越大,旅游业和相关文化产业才会得到进一步发展。

5. 加强人才培养,壮大人才队伍

保护、传承和发展饮食文化遗产,加强人才培养是关键。一是在大专院校或中等职业学校增设有关餐饮方面的学科专业;二是在中小学各个学段开设有关饮食文化遗产保护与食品安全教育的课程;三要建立专门的饮食文化遗产保护工作组

---

① 郑民德、岳广燕《运河文化建设中的饮食文化研究——以清末山东聊城县为例》,《聊城大学学报(社会科学版)》2018 年第 6 期。

织机构和以大专院校、科研院所、社会团体的教授、专家组成的专业队伍；四是逐步形成比较完善的饮食文化遗产保护工作人才培训体系，加大培训力度，培训对象要包括从事保护工作的有关管理人员、专业人员和饮食文化遗产传承人等。

6. 突出地域特色，合理开发饮食文化资源

聊城在我国众多的历史文化名城中是一个文化个性十分鲜明的城市。聊城饮食文化源远流长，成为聊城历史文化的一个极其重要的组成内容。近年来，聊城大力发展旅游业，强力打造品牌旅游城市形象，加快强市名城建设步伐。如今，旅游业已成为聊城的第二大支柱产业，旅游业的繁荣带动了第三产业的发展，而其中饮食服务行业的经济收入也得到大幅提升。聊城所处地域和自身历史文化决定了聊城饮食文化的兼容性和开放性。聊城饮食文化极具地方特色和个性魅力，兼收南北风味精华又自成风格。要根据市场需求，积极开发各种形式的饮食文化旅游产品，打造特色饮食文化旅游品牌。通过发展特色饮食文化旅游带动经济社会发展，提升城市发展水平，达到经济、社会和文化共同发展、共同提高的目的。

聊城作为国家级历史文化名城，有着悠久的历史与辉煌的文明，其中京杭大运河对于城市的发展、繁荣起到过重要的推动作用。聊城饮食文化发达，其中很多与运河关系密切，如魏氏熏鸡、张秋炖鱼、沙镇呱嗒、临清济美酱菜等都产生于运河时代，并随着运河而销往全国各地。在运河旅游开发与古镇建设如火如荼的今天，通过对聊城饮食文化的保护、整理、宣传，无论是对于吸引外地游客，还是扩大城市的影响力，都具有十分重要的作用与价值。① 保护和弘扬饮食文化遗产，保护祖先留给的我们的精神财富，应当引起全社会的高度关注，这是历史赋予我们的责任。

---

① 郑民德、岳广燕《运河文化建设中的饮食文化研究——以清末山东聊城县为例》，《聊城大学学报（社会科学版）》2018年第6期。

第十五章　传统音乐的保护与传承：
以临清金氏古筝为例

古筝艺术是我国传统音乐文化的奇葩。她拥有悠久的历史,在近代演变、发展出不同的流派分支,从民间戏曲、曲艺、歌曲等各种艺术形式中逐渐独立,发展成别具一格的器乐文化,并以其鲜明的地域特色吸引着人们。随着现代化进程的不断推进,传统的古筝艺术日益远离了过去生长、发展的原始环境,从而受到冲击。同时,随着国内对传统文化的日益重视,古筝艺术也正在以"非物质文化遗产"这一身份再次走进大众视野。① 本章以临清金氏古筝为视角,在对其发展源流及传承现状进行分析的同时,重在探讨其保护、传承策略,以期为传统古筝艺术的传承和发展提供参考和借鉴。

一、临清金氏古筝概述

中国古筝音乐艺术有着悠久的历史传统,据史料典籍记载,在公元前 2 世纪的春秋战国时期,它作为声乐的伴奏乐器已在当时的秦地广为流传。2000 多年来,经过一代又一代的筝家创作加工和创造发展,这件古老的民间乐器的构造和型制不断得到完善,演奏法和乐器的表现力越来越丰富。尤其是近几十年来,古筝艺术更呈现出令人可喜的局面:多种多样的流派风格得到进一步发展;传统曲目及新创作品在群众中较为广泛地流传;老一代筝家为培养后继者呕心沥血;中青年古筝人才不断涌现;业余古筝爱好者越来越多;演奏形式也由独奏、为歌唱伴奏发展为重奏及合奏。这些都使古筝成为最受人们喜爱的民族音乐艺术之一。

临清市金郝庄镇自古就有着悠久的古筝演奏传统,系山东筝乐的发祥地之一。② 明万历年间,该地的古筝即以声纯韵正、古朴典雅而闻名,世称"金派"。清末民初为鼎盛时期,全村弹奏古筝者 10 余名。该地流传的筝曲多为《单八板》《双八板》及其变曲,民间传谱很多,较早传谱为同治十二年(1873)的手抄工尺谱。现已收集的金郝庄筝曲有《双板》《三环套日》《流水激石》《单板》《孤雁出群》《玉连环》《百鸟朝凤》《叹十声》《剪剪花》等 20 余首。乐曲结构多为"八板体",全曲由 8 个乐句组成,每句除第五句为十二板外,其他均为八板,共六十八板,民间俗称"六八

① 韩建勇《"非遗"时代传统古筝艺术的保护与传承》,《音乐传播》2016 年第 4 期。
② 《聊城,有水则灵》编委会《聊城,有水则灵》,济南:山东友谊出版社,2018 年,第 120～121 页。

板"。各句落音为:商(或宫)、徵、商、徵、宫、宫、宫、宫。①

在所有古筝演奏者中,以金灼南最为著名。金灼南(1882—1976),又名金葵生,号秋圃居士,出生于音乐世家。据有关资料和《清平县志》记载:其祖父金长安,生员,善筝,阖邑知名。父亲金克俭,贡生,弃儒由农而商,也好筝。② 家中藏有古筝、古琴、琵琶、三弦、二胡、箫等乐器。金受家庭熏陶,得长辈教诲,自幼习字弹筝,再加上学习刻苦、勤于钻研,书法、筝技日见成熟。金灼南18岁考取秀才,科举废除后,便在家乡设帐教授私塾。其后,由于好学心切,曾远离家乡,去江南数省访求多方教益,以提高筝技。民国初年在本县高等小学任教时,因他才学过人,能编善写,曾作为《清平县志》采访员。那时,他从家传筝谱到民间流传筝曲,均能掌握自如,技艺已达娴熟境地。金有一至亲,系清末进士,曾任朝臣。还乡后,食宿金家,并带回大量书籍,其中有部分音乐论著。如明代朱载堉《吕律精义》等,这些书籍对金助益颇大。他勤学苦读,博览群书,对筝学、律学等方面进行深入研究。由于在读书中善于思考,在筝艺上勇于创新,又先后精读了"减字谱""工尺谱""简谱",故能编曲创乐。在他编写的大量筝曲中,最著名的就是《渔舟唱晚》。③

1937年前,金灼南赴京与当时古乐界颇具盛名的娄树华在"道德学社"相识,并携琴在北京烂漫胡同磋商筝艺,后金用工尺谱开了《渔舟唱晚》的首段。后因七七事变,金返山东,原定灌制唱片也未实现。而后娄对此曲进行了改编。他不仅保留了金所编《渔舟唱晚》的基本音调,而且进一步发展了古筝上的"连续花指",使旋法更为新颖,结构简炼严谨。后又经曹正先生译订和演奏,使之广为流传,成为海内外古筝名曲。④

金灼南热爱教育事业,新中国成立后,与一退职铁路人员共筹本村小学。因他平易近人,有求必应,工作认真,治学严谨,故而受到学生和家长的敬重。目前,金郝庄仍有他书写的对联和字迹。20世纪50年代初,金灼南曾积极参加省所组织的文艺演出活动,并三次当选为临清县人民代表。1957年,受聘为由东省文史研究馆馆员。同年,与李华萱、刘玉轩、詹澂秋、张育瑾等人筹建了"琴学研究会",为继承、发展民族音乐事业做出了有益的贡献。1959年,被吸收为山东省政协委员。1958年,金灼南曾去南京艺术学院任教。1959年返回山东,在省艺术专科学校(现山东艺术学院)教授古筝,并兼任美术专业书法课程。他关心后辈、珍惜人才,对学生总是循循善诱,每讲一曲总要亲自演奏数遍,悉心传授。他从不保守,鼓励学生广学众家之长,开阔艺术视野,不囿于门户之见。1961年,著名古筝演奏家赵玉斋

① 聊城地区地方史志编纂委员会《聊城地区志》,济南:齐鲁书社,1997年,第762页。

② 张桂林《传统音乐》,济南:山东友谊出版社,2008年,第242页。

③ 临清市政协文史资料委员会《临清文史》(第6辑),内部资料,1992年,第158页。

④ 山东省文化厅史志办公室、聊城地区文化局史志办公室《山东省文化艺术志资料汇编》第12辑《聊城地区〈文化志〉资料专辑》,内部资料,1988年,第113页。

在济南演出时,被邀请到校传授《庆丰年》等曲目。

为使筝艺流传后世,金灼南系统地整理了大量筝曲。在任教期间编写了《古筝教材》。由他传谱的传统乐曲有《齐手开板》《流水激石》《禹王治水》《平河落雁》《三箭定江山》《穿花蜂》《蝶恋花》《莺梭织柳》《幽恩吟》等。改编的筝曲有《渔舟唱晚》《乘风破浪》《庆丰年》等。50年代末,年逾古稀的金先生应山东省政协组织去农村参观。目睹盛景、感慨万千,创作了《凿山引水灌桃园》一曲。曲中大胆运用了民族协律、双手弹奏的技法,为听者呈现了"群力凿山"的宏伟场面,展示了"桃园盛景"的美丽画卷及"喜庆丰收"的欢乐情景,从而歌颂了党的领导和群众的智慧。

金先生在60年代,曾将自己六十余年来对筝学研究的心得汇集成书,现保存下来的他亲笔撰写的《筝学探源》(未刊印)是很有价值的学术论著。全书共分:源流、构造、音响、音律、定弦、调式、协律、旋宫、指法等十八节,并附有筝曲16首。论著中对不少学术问题阐明了见解,这些观点至今仍有很高的价值。在书中还系统、全面地总结了传统弹筝技法,是后人学习弹筝的珍贵教材。他主张运指要"肉甲并用",演奏要求:"重而不燥、轻而不浮;急而不促、徐而不驰;疏而有味、断而似连,刚柔相济、清浊协调。"详尽地讲解了各种技法的运用和表现。如"捭""历""滚""拂""伏"及"点""纵""送""擢""打""如一"等。金先生在运用这些技法时,确实具有独到之处。其风格文雅、洒脱、朴实、细腻,着重于韵味和曲情,于筝坛独树一帜,故有人称之"山东金派"。他在"吕律""调式""协律""旋宫"等各章中讲述了大量的古人在这方面研究成果及个人见解,为我们研究民族传统音乐提供了宝贵的参考资料。2013年5月,金氏古筝入选山东省第三批非物质文化遗产项目。

二、传承及发展现状

金氏古筝已知最早的民间筝人金玉亭(约1862年出生)善于弹筝和制作古筝,第二代传承人金光烛(1842年出生)。第三代传承人金灼南、金以奎、金以埙,后传于郝雁秋,其中金灼南影响力最大。金灼南下传第四代传人李航海、李世箴等民间艺人和涂永梅、王刚强等第一批高校专业学生,这些学生后来成为江苏、浙江乃至全国具有影响力的古筝演奏家。

李克超,临清金氏古筝第五代传承人,现为临清市鲁西古筝研究会会长。李克超1976年出生于临清市金郝庄镇新南村,在他十岁左右,就受其大爷李世珍、徐泽生等人的熏陶,学习金氏古筝。1994年,李克超前往东营师从现任安徽师范大学音乐学院古筝教授李庆丰,学艺四年,为他今后的发展打下了扎实的基础。2002年之后,李克超在临清、夏津、清河等地开始开展古筝教学工作,累计培训学生1000多人次,其中50多人考入专业艺术院校,多次代表文化局参加全国古筝学术交流会(中国音乐家协会主办)、中国非遗博览会(中国文化部主办)、运河记忆非遗展演(天津市文化局主办)等国家级大型活动。大众日报,聊城日报,晚报,聊城电视台等官方媒体均做专题报道。2005 年,拜访古筝艺术专修院院长赵曼琴。2008 年,与金灼南在南京艺术学院的徒弟王刚强进行学术交流。2011 年,领衔成立临清市鲁西古筝学会。多年来,李克超痴迷于古筝艺术,醉心于以金灼南先生为代表的"金派"古筝艺术的研究和整理。分别于 2008 年、2013 年、2017 年 3 次参加中国古筝艺术学术交流会,发表《浅谈古筝教学中几个问题》《临清古筝与渔舟唱晚》《金氏古筝历史困惑还要行走多远》等三篇论文,引起业内专家关注。李克超目前是山东省民族管弦乐学会会员,连续 8 年被中国民族管弦乐学会评为优秀指导教师。

近年来,为保护、传承和推广金氏古筝,李克超做了大量工作。2017 年 2 月 10 日,在聊城水城明珠剧院演出经典曲目《渔舟唱晚》;3 月 8 日,在聊城老剧院演出;3 月 10 日,在聊城邮储银行演出;7 月 8 日,在临清宛园录制纪录片。2019 年 3 月 26 日至 4 月 16 日,在聊城市文化馆主讲非遗培训课程;3 月 25 日,参加临清市大型快闪录制《我和我的祖国》;4 月 16 日,参加人民大学老校友演出;6 月 9 日,参加聊城非遗日展演;9 月至 11 月,多次带李庆堂、李佳韵等学生参加遇见聊城古城区大型非遗实景展演;9 月 12 日,接待聊城大学音乐学院王海华教授及研究生团队来访;11 月,参加"魅力临清"首届非遗节;11 月 28 日,应聊城市幼儿师范学校之邀,开展"非遗进校园"课程。2020 年 1 月,带学生参加聊城非遗春晚和临清市春晚演出;4 月 13 日,接待聊城市文旅局领导,视察金郝庄文化站建设;5 月 24 日,参加临清市非遗培训班课程;6 月 8 日,带学生参与临清市文化馆非遗日大型直播展演;6 月 19 日,被聘为聊城幼儿师范学校古筝教师,并开展非遗课程;6 月 27 日,带学生在宛园参与聊城电视台"云游聊城"大型云直播非遗展演;7 月 13 日至 8 月 22 日,主讲临清市文化馆主办公益非遗课程;7 月 27 日,主讲临清市文旅局主办讲述"临清记忆之金氏古筝项目";8 月 22 日,在宛园举办金氏古筝专场演出 2 场。

金氏古筝主要以弹奏表演为主。第二代传承人金光烛和金以池、金以奎、金以埙、郝雁秋等人生前在金郝庄村西北清凉寺经常合奏音乐。第三代传承人金灼南在新南村中心十字路口西侧的文茂茶庄,和当地民间艺人李航海、李世箴等人一起合奏音乐。第四代传人李航海、李世箴由于恰逢"文化大革命"期间,只能在家里偷偷弹奏古筝。目前第五代传承人李克超在政府的帮扶下分别在金郝庄中心小学、夏津南城街等地开办传习场所,教学总面积 300 多平方米,有古筝 40 多台,可满足100 人的教学任务。

随着现代社会的快速发展,传统音乐受到越来越大的冲击,金氏古筝的保护和传承也面临很大的困难,主要体现在以下方面。

1. 宣传与传承力度不够

现阶段,传统音乐的宣传工作还没有做到位,远远没有现代流行音乐宣传渠道的多样性。宣传不到位,就不能让广大群众了解到传统音乐,因此现在的很多年轻人大都喜欢现代流行音乐,包括古筝在内的传统音乐,其发展受到极大阻碍。据李克超说,金灼南的后代只有一个人传承了金氏古筝,就是他的侄子徐泽生,他在2006年过世了。金家其他人对金氏古筝了解的就基本没有了,有些人甚至都不知道有金氏古筝。①

2. 多元文化的冲击

当前是信息数字化社会,人们可以通过很多方式获取各种信息,并且人们的娱乐方式也越来越多。随着经济的发展,城市化建设进程的加快,人们的生活水平越来越高,对音乐艺术的追求也不断增加,传统原始歌谣、音韵已经不能满足当前人们对音乐文化的追求,更多的人选择现代音乐,对民歌等传统音乐的选择越来越少。②"金氏古筝作为一项古代的古筝艺术,由于它的弹奏节奏慢,观赏性差,很多人对它根本提不起兴趣,有时候很多家长还阻止自己的孩子学习金氏古筝。另外,很多人学习古筝也是为了考学,而金氏古筝并不是考试项目,所以,真正愿意去学它的寥寥无几。"③

3. 非遗保护自身存在的问题

近年来,随着社会生活的提高,人们越来越重视精神文化的发展,但近年来,各地"申遗"活动呈现出哄抢态势,非遗的"物质化"功利性倾向严重。部分地方政府急于求成,对非遗行政干预过多,对文化遗产造成了保护性破坏,使其失去了本来的存在价值。非遗保护工作往往只将申报遗产名录作为非遗保护工作的主要目的,从而导致部分传承人权益得不到保障,传承非遗文化的热情不高。临清金氏古筝作为省级非遗项目,虽然有相应的资金支持,但杯水车薪。目前,其传承主要依靠李克超等民间艺人,很难将金氏古筝这项传统音乐艺术进行普及、推广。

三、保护和传承的途径

临清金氏古筝能受到重视,被省、市各级政府列入"非遗"名录,值得庆幸。然而,在申遗成功的背后,以怎样的方式进行保护、传承却是当前传统古筝文化的重中之重。具体来说,可采取以下措施。

1. 健全保护机制,加大政策扶持

在传统音乐的保护和传承中,政府的作为具有举足轻重的作用。各地政府及相关部门需要在传承人保护和"非遗"项目的保护、发展问题上发挥自身的积极引导作用。政府部门要牵头成立专门的保护委员会、"非遗传承小组"等,在《中华人

---

① 牟景起《省级非遗系列(一):穿越・临清金氏古筝》,大众网聊城,2013年6月1日。
② 苑慧敏《从中国非物质文化遗产看古代艺术的保护与传承——"非遗"视角下传统音乐的保护与传承》,《民间故事》2019年第12期。
③ 牟景起《省级非遗系列(一):穿越・临清金氏古筝》,大众网聊城,2013年6月1日。

民共和国非物质文化遗产法》等相关法规的引领下，做好传统古筝艺术的普查建档、记录整理、甄选申报和传承保护工作，尽可能避免优秀民间艺术的流失。政府相关部门要加大资金投入，为传承人真正"走出去"创造条件。政府应划拨专项资金，并提供演出和传承场所，通过各种举措扶持传承人的各项传承活动，让古筝艺术得到真正的保护和传承。

2. 加强宣传推介，推动互动交流

目前，虽然政府相关部门和传承人对金氏古筝进行了广泛的宣传，但从总体上讲，社会民众对其了解和认知还存在一定的不足。要积极利用报刊、广播、电视、网络等各种新闻媒体，广泛宣传、报道临清古筝的演出动态和保护工作成果。创建相关网站和微信公众号，加深观众对古筝艺术了解和认识。组织编撰出版与"非遗"古筝项目相关的专著和通俗读物，全面介绍各级名录项目的基本情况、生存现状以及代表性传承人的传承经历、艺术资历等。在条件允许的情况，建立临清古筝展示馆，通过文字图片展示、演奏器具、曲谱、表演场景制作、演出视频资料播放及参观者现场体验表演等形式，全面展示临清古筝的艺术价值。通过组织各类研修活动，促进传承人之间的交流，提升其素养，扩大传统古筝非遗项目的影响力、知名度。

3. 与学校相结合，努力培养接班人

金氏古筝是传统筝乐，由于现代社会生活节奏加快和审美取向的变化，现在的孩子不喜欢传统筝乐，所以出现非遗文化"呼声高、习者寡"的现象。让本土的传统艺术与学校教育挂钩，不仅能在一定程度上增强大众对非遗项目的认知，还有可能由此发现真正热爱民间艺术的人才，可谓一举两得。具体到临清金氏古筝而言，可以班级为单位，以传承人为核心，将非遗项目的保护和传承纳入中小学课堂教育。将古筝艺术写入当地乡土教材，让传承人现场讲解和教学，并定期开展活态展示和技艺培训，激发学生兴趣，增强其对古筝艺术的了解和认识。

4. 紧跟时代潮流，不断发展创新

艺术的生命在于变化，在于创新。近几十年来，古筝艺术之所以获得很大的发展，除了重视学习传统、继承传统外，与古筝新曲目的大量涌现也是分不开的。这些新作经过演出实践的考验，有的已成为音乐会的保留节目，有的作为教材被广为传授，有的编成专集或录制成唱片、录音带出版发行。它们不仅较广泛地表现了当代人民的生活和时代风貌，而且也丰富了演奏技法和推动了乐器制作的改革。"这些古筝新作与传统筝曲相比，既有联系又有超越，既有继承又有发展，显示了传统音乐艺术持久的生命力。"①

临清金氏古筝艺术自产生之后也在不断进行创新。古筝名曲《渔舟唱晚》流传至今，多次被后人所改编，来适应现代古筝演奏的特点，而改编之后的《渔舟唱晚》

---

① 中央音乐学院学报编辑部、华乐出版社编辑部《怎样提高古筝演奏水平》（第1册），北京：华乐出版社，2003年，第41页。

作曲署名也早已换成了别人。除此之外,经过多年的发展,古筝的制作工艺大加改良,虽然进步不小,但是和古代古筝所弹奏出来的感觉也是完全不一样的。① 近几十年古筝音乐创作及演奏技法的发展,为我们提供了两个方面的经验:一是保持和发展古筝音乐传统的独特因素,并不排斥融化吸收其他姊妹艺术及外国音乐的表现技巧、手法;二是为了表现新时代的生活风貌和适应新观众的审美需要,不断从现代生活中吸取营养,丰富古筝曲目,扩大和增强古筝的艺术表现力。用一些前辈艺术家的话来说,就是艺术创作要一手伸向传统,一手伸向生活。古筝艺术的继承与创新也离不开这个规律。② 临清金氏古筝要想真正得到保护和传承,也要根据社会形势的变化,不断对筝曲题材和演奏方法进行创新。

随着现代社会的快速发展,包括传统音乐在内的非物质文化遗产受到越来越大的冲击。作为传统音乐艺术的杰出代表,临清金氏古筝于 2013 年入选山东省非物质文化遗产保护名录,但其在保护和传承过程中仍存在资金不足、后继乏人等困难和问题。其他未能入选省级遗产名录的非遗项目,其境遇可想而知。非遗保护的最终目的是让非遗项目真正得到传承和发展,而不是一味地申报各类遗产名录。非遗保护具有复杂性、持续性等特点,是一项长期而艰巨的工作,不可能一蹴而就,很难在短期内就取得显著成效。政府相关部门和工作人员应静下心来,耐心、细致地做好各项工作,通过各种举措扶持传承人的各项传承活动,让非遗项目得到真正的保护和传承。古筝艺术传承人、爱好者也应通过自身努力,还原传统古筝艺术的历史地位、学术价值,在保护的前提下谈传承,在传承的前提下谈发展。要注意保护非遗项目的真实性和完整性,而不能迫于行政压力或经济利益,随意对其进行改造或变更。随着非遗保护工作的不断推进,相信包括临清金氏古筝在内的优秀传统音乐必将重新焕发生机和活力。

---

① 牟景起《省级非遗系列(一):穿越·临清金氏古筝》,大众网聊城,2013 年 6 月 1 日。
② 中央音乐学院学报编辑部、华乐出版社编辑部《怎样提高古筝演奏水平》(第 1 册),北京:华乐出版社,2003 年,第 42 页。

第十六章　传统戏曲的保护与传承：
以聊城八角鼓为例

聊城八角鼓流传于山东聊城地区。明代中叶以后，八角鼓开始流传于北京。清代中叶，北京八角鼓流传到聊城、临清一带，受到当地城乡居民的喜爱，改用当地方言语音演唱，并吸收了岭调、靠山调、马头调等民间小曲，以及河南鼓子曲的一些曲牌，逐渐衍变成具有独特风格和地方色彩的曲艺形式。当时，北京八角鼓流传到济宁、胶州地区，分别称为"济宁八角鼓""胶州八角鼓"，后来统称为"山东八角鼓"，而聊城八角鼓是其重要支派，流传最盛。聊城八角鼓是研究明清曲牌、曲谱及八角鼓唱词、唱腔的有力佐证，也是研究当时运河沿岸民间曲艺的珍贵资料，具有很高的音乐、史料、学术和艺术价值，是极其丰富而宝贵的非物质文化遗产。[1] 本章以聊城八角鼓为视角，在探讨其历史演变的同时，分析其传承现状及问题，并在此基础上提出保护、传承的措施和建议。

一、聊城八角鼓的历史流变

八角鼓，因鼓身有八个角而得名，又称"单鼓"。八角鼓的鼓框是木制的，代表当时清朝的"八旗"，鼓框用八块乌木、紫檀木、红木、花梨木和骨片拼接而成；一说是八旗首领各献一块最好的木料嵌拼而成。七面框边内各嵌两至三枚小铜钹，一面嵌钉柱缀鼓穗，寓意"五谷丰登"。

图 16-1　聊城八角鼓

---

① 杨和平《曲艺艺术赏析》，苏州：苏州大学出版社，2015 年，第 139 页。

八角鼓规格尺寸有异,常见者鼓面对角长 16.5～19 厘米,鼓框高 4.8～5.5 厘米,单面蒙以蟒皮、驴皮或马皮,以小鳞蟒皮为佳,四周边缘亦镶嵌骨片作为装饰。在鼓的七面边框木板中间,均开有海棠花瓣形的透孔,鼓身周围嵌铜钹,鼓形小巧玲珑。演奏时,用指弹击鼓面发出清脆的声音,摇震鼓身或手搓鼓面会发出悦耳的钹声。演奏时,将鼓面竖置,以左手拇指、食指、中指伸在鼓框内,无名指、小指托鼓,右手各指弹击鼓面而发音,音色清脆,优美动听。演奏技巧丰富,过去有"挝鼓十法""击鼓五法"之说,常用的有坐、弹、垫、轮、搓、磕、分弹、簸等。民间有口诀曰:"怀中抱月不许偏,四平八稳忌耸肩。摇鼓腕抖臂别动,打垫轮搓应合弦。"演唱中只用坐法,每拍一响,簸(摇)法常用于曲调的托腔部分,弹、垫、轮、搓、磕等技法用在岔曲和音乐的前奏、间奏部分。并可用左手拇指、食指弹击鼓皮的背面。尤其是弹击鼓面与摇震鼓身相结合发出的音响,更具特色。这种鼓是北方曲艺音乐单弦牌子曲的主要伴奏乐器。它的外观小巧玲珑,制作精细,除可作为乐器演奏外,还有着较高的艺术欣赏价值。

聊城八角鼓的发展大概经历了以下几个阶段。

(一)清代中叶至民国初年

八角鼓在清朝初年至中期,为宫廷及军旅中主要娱乐形式,后来逐渐传入民间。八角鼓究竟何时传到聊城,众说纷纭。目前主要有三种说法:第一种说法是,乾隆皇帝六下江南巡视,曾到过聊城,在圣驾随从中演唱八角鼓者甚多,他们在聊城逗留期间,将这一说唱艺术留在了聊城;另一种说法是,昔日聊城乃京杭大运河沿岸九大商埠之一,经济繁荣,教育昌盛,在京居官、经商者颇多,居官者少壮进士及第,暮年去官归籍,经商者有的在京一住数年,在社交活动中,除必要的礼尚往来或生意洽谈,也离不开文艺形式的媒介,对八角鼓耳濡目染,逐渐达到娴熟的程度,由他们或从人将这一演唱形式带回了故乡;第三种说法是,漕运畅通时,聊城为北上京津、南下苏杭之重镇,八角鼓由顺运河南下的流浪艺人传到了聊城。以上三种说法无法考证真伪,但均与运河有关,足以证明聊城八角鼓的产生与形成与运河有着密不可分的关系。[①]

最早传唱聊城八角鼓的是博平盲艺人褚连登,他擅长自弹自唱和巧变丝弦。后来习者渐多,流传日广。早期的八角鼓多是业余爱好者演唱。清代末年盛行以后,职业艺人渐多。除清唱段儿书外,又有褚连登的再传门人吴化侠、展永福开始将八角鼓唱段化妆演出,遂使聊城八角鼓具有了清唱段儿书与化妆彩唱两种演出形式。八角鼓艺人们将原有的曲牌、曲调进行改编创新的同时,吸收了河南鼓子词等其他曲艺音乐的曲调来丰富聊城八角鼓。唱词题材改变颇大,有传统历史剧《长

---

① 山东省文化厅史志办公室、聊城地区文化局史志办公室《山东省文化艺术志资料汇编》(第 25 辑),聊城地区《文化志》资料专辑,1992 年,第 142 页。

坂坡》《抱妆合》，喜剧《两亲家顶嘴》《小二姐做梦》，闹剧《男秃子闹房》《女秃子闹房》等反映乡土民情、儿女情长的世俗性的故事。

八角鼓的第二代传承人吴化侠祖居城里礼拜寺街，据传为清末秀才，家道中落，靠卖青菜为生。他熟读五经四书，善唱京剧，又通音律，酷爱八角鼓艺术。从师褚连登后，经多年钻研与探讨，演唱风格日臻成熟，造诣颇深。在继承传统的前提下对八角鼓的音乐，曲目等进行了大胆的创新。在原有三弦伴唱的基础上，增加了截板和小钹，扩大了伴奏阵容，加强了节奏感和音响效果。① 在演出曲目方面，吴化侠承袭师父口传的几个曲目，内容单一、曲目贫乏。为了改变这种状况，他创作和移植了一批新曲目，使演出内容趋于丰富多彩。清末民初聊城八角鼓演出的曲目有《钻坑洞》《打面缸》《老少换》《瞎子观灯》《王小赶脚净》《男秃子闹房》《亲家顶嘴》《错中错》《女起解》《刘伶醉酒》等，清唱大段有《祭塔》《小二姐做梦》《长坂坡》《二进宫》《劝孝歌》《妓女告状》《四时农家乐》等，清唱小段有《尼姑思凡》《小降香》《拷打红娘》《鸿雁捎书》《孟母送学》《开当铺》《大赐福》等共百余个曲目。②

民国初年，聊城城里演唱八角鼓的场所共有两处，一处在北门里李家粉房内，为主者许玉江等人；另一处便是礼拜寺街吴化侠的家里，为主者吴化侠、贾占玉等人，另有刘庚寅（诨号"黑睑"）、赵金荣、逯本荣（以上三人均为吴化侠之徒）等。他们经常聚集在一起演唱，若逢喜庆节日，到处来贴相请，他们便去外街或乡间献艺。1929 年，刘庚寅曾带八角鼓艺人数名到济南西市场演出，济南曲坛名流赞誉说："聊城八角鼓可与'鲜樱桃'的五音班相媲美。"③清末民初是聊城八角鼓的鼎盛时期。后由于军阀混战，灾荒连年，聊城又几经土匪洗劫，民众生活苦不堪言，吴化侠、贾占玉等老一辈八角鼓艺人又相继去世，至 1938 年日本帝国主义侵占聊城，八角鼓便在城里销声匿迹了。④

（二）20 世纪 30 年代至 70 年代

聊城八角鼓之所以能流传至今，离不开第三代传承人逯本荣先生对聊城八角鼓的发扬与传承。逯本荣，男，1860 年出生，1962 年去世，聊城市东昌府区刘营村人，八角鼓第三代传人。逯本荣少年时聪明敏捷，13 岁始跟随第二代八角鼓传人吴化侠系统学唱八角鼓，由于他悟性极高，加之十分用功，很快掌握八角鼓所有曲牌，并能自弹自唱。1953 年，由李士钊先生引见，中央音乐学院民族音乐研究所邀

① 山东省文化厅史志办公室、聊城地区文化局史志办公室《山东省文化艺术志资料汇编》（第 25 辑），聊城地区《文化志》资料专辑，1992 年，第 143 页。

② 山东省文化厅史志办公室、聊城地区文化局史志办公室《山东省文化艺术志资料汇编》（第 25 辑），聊城地区《文化志》资料专辑，1992 年，第 143 页。

③ 山东省文化厅史志办公室、聊城地区文化局史志办公室《山东省文化艺术志资料汇编》（第 25 辑），聊城地区《文化志》资料专辑，1992 年，第 144 页。

④ 山东省文化厅史志办公室、聊城地区文化局史志办公室《山东省文化艺术志资料汇编》（第 25 辑），聊城地区《文化志》资料专辑，1992 年，第 144 页。

请其到北京对聊城八角鼓的多个曲牌进行了录音整理。逯本荣先生为聊城八角鼓的发扬和传承做出突出贡献,成为演唱八角鼓的一代宗师。

1938 年冬,日军侵占聊城,人民生活动荡不安。褚连登、吴化侠等老艺人相继去世后,习唱八角鼓的人越来越少。逯本荣先生将经营的布匹生意结束,回家务农。30 年代末 40 年代初,逯本荣先生在家自立门户,以口传心授的方式先后授徒50 余人。他将自己掌握的弹、唱技艺,因材施教分别传授于不同的学徒,其中唱以逯焕斌、弹以逯焕英最为著名。但由于社会动荡,这种情况维系时间不长,聊城八角鼓停演。1945 年,逯本荣先生因其个人成分被定为地主,被迫逃到聊城东昌府区冯庄村的远方亲戚李汝香家。当时李汝香先生的夫人刚刚过世,为抚慰李汝香14 岁的儿子李以章的丧母之痛,受李汝香之托,逯本荣开始教李以章学唱八角鼓。虽未正式拜师,但已是除逯焕斌先生外唯一在世的老艺人。①

1947 年,聊城解放后,在新文艺工作者参与下,聊城八角鼓又渐渐地恢复起来。新中国成立后,党和政府对文化工作十分重视,聊城八角鼓获得了新生。早在新中国成立之初,便对八角鼓进行了抢救、挖掘、整理工作。1953 年 11 月,中央音乐学院民族音乐研究所特邀八角鼓艺人逯本荣等 4 人赴京献艺,将流传至今的八角鼓曲牌全部录制了音响资料。逯本荣的拿手曲目《长坂坡》《女起解》同时也录了音。1955 年至 1965 年期间,聊城八角鼓艺人创作出一批现代题材的曲目,参加中央、省、专区文艺会演多次,获得多项奖励,曾受到中华全国总工会、中央文化部、山东省文化局、山东省曲艺协会的表彰。② 1966 年"文革"开始后,聊城八角鼓惨遭厄运。因唱词中有一些污言秽语、打情骂俏的词语以及其他方面的原因,聊城八角鼓被禁演。"四人帮"粉碎后,聊城八角鼓才又开始演出,但多为宣传时事政治思想。至 90 年代,八角鼓濒临消亡,再也无法恢复以前的演出盛况。③

(三)20 世纪 80 年代至今

党的十一届三中全会以后,为抢救和保护民族文化遗产,上级文化主管部门责成聊城市文化局再次对八角鼓进行挖掘整理工作。聊城市文化馆音乐干部多次到刘营、墩台王实地采访,在两地八角鼓老艺人的协助下,将流传下来的八角鼓曲牌36 个全部录了音。后又根据音响资料整理出文字资料,还采辑八角鼓传统曲目 8个,其中《打面缸》等 4 个曲目,已经改编成新本。以上资料于 1981 年 4 月编辑成册收存。1979 年至 1982 年期间,聊城八角鼓代表队曾 4 次参加山东省及聊城地区

---

① 林琳《简述聊城八角鼓的历史流变及由其生存现状引发的思考》,《内蒙古师范大学学报(哲学社会科学版)》2007 年第 S1 期。

② 山东省文化厅史志办公室、聊城地区文化局史志办公室《山东省文化艺术志资料汇编》(第 25 辑),聊城地区《文化志》资料专辑,1992 年,第 144 页。

③ 林琳《简述聊城八角鼓的历史流变及由其生存现状引发的思考》,《内蒙古师范大学学报(哲学社会科学版)》2007 年第 S1 期。

举办的文艺会演并获得多项奖励。① 2006 年,聊城八角鼓被列入聊城市第一批市级非物质文化遗产名录;同年,又被列入山东省首批非物质文化遗产名录。2010年,商刚、王瑞海被命名为聊城东昌府区代表性传承人,并由东昌府区文广新局成立两处八角鼓传习所。聊城工业学校成立了八角鼓社团,请专业老师进行八角鼓传统曲目的教学,并向全校师生推广。②

近年来,为了把八角鼓发扬光大,聊城市经济开发区专门制订了保护计划,使八角鼓保护工作走向制度化、规范化。每年筹集一定的保护发展经费,对八角鼓的挖掘整理传承活动等全力支持。成立由办事处文化站和专家学者参加的非物质文化遗产保护机构,培养三弦、八角鼓等接班人,继续扩大曲艺团接班人数量。2012年,还专门请来北京的专家来指导。除了挖掘、整理传统曲目、创作新的曲目吸引观众外,开发区还有意把八角鼓引入市场机制,与旅游产业结合起来,形成产业链条,做大做强文化产业,使之成为聊城文化的知名品牌。为把东昌府八角鼓传承发展好,东昌府区文广新局组织人员整理八角鼓曲调、剧目,并组织人员向逯焕斌拜师学艺,把八角鼓这一曲艺传承发展下去。目前,曲调、剧目、唱词整理记录工作基本完成,逯焕斌录音整理工作也已完成大部分。

聊城八角鼓具有浓厚的地方特色,在 36 个曲牌中地方性强的曲牌占绝大多数。它吸收了少数单弦曲牌,演唱时,随唱段情节变化,旋律高低、节奏长短,不受原曲牌的制约,具有较大随意性,因而在演唱中时而浪涛急流,时而情意缠绵,深入浅出、扣人心弦。它的曲牌来源下列几个方面:第一,吸收当地或外地民歌,如阴阳句、诗篇、坡儿下、莲花落等;第二,从姊妹曲种(如河南鼓子词单弦)中吸收进来的曲牌,如石榴花、倒推船、娃娃腔、太平年、罗江怨、南锣等;第三,从戏曲中吸收部分曲牌,如柳子、乱弹等。有些曲牌经过加工提炼后重新编成新曲,如黄莺调、广东歌、京秧歌、十把弦等。经历代相传,不断改革、补充,使八角鼓音乐日益成熟。同时,经过多年来几代艺人和部分专业曲艺工作者(包括音乐工作者)不断加工,而逐渐形成今日较完善的民间曲艺形式。③

聊城八角鼓曲目丰富,清唱大段有《送穷神》《耗子告猫》《王二姐摔镜架》《长坂坡》《灞桥挑袍》等;清唱小段,近于北京的岔曲、腰截,多半是咏事咏物、抒情写景之作,有《黄菊开放》《秋景萧条》《尼姑思凡》《牡丹花开》《雁燕催舟》等。化妆演出节目也可清唱,多半是反映民间生活的作品,有《何先生教馆》《母女顶嘴》《老少换》《王小赶脚》《断桥》《王大娘探病》等,长篇书有《莱芜县》。新中国成立后,对聊城八角鼓进行了发掘整理。中央民族音乐研究所曾记录著名艺人逯本荣、史广义演唱

---

① 山东省文化厅史志办公室、聊城地区文化局史志办公室《山东省文化艺术志资料汇编》(第 25 辑),聊城地区《文化志》资料专辑,1992 年,第 145 页。

② 《聊城:有水则灵》编委会《聊城:有水则灵》,济南:山东友谊出版社,2018 年,第 125 页。

③ 辛力、安禄兴《山东地方曲艺音乐》,内部资料,1987 年,第 20 页。

的不少传统曲目和音乐唱腔。近年来,又挖掘、整理出了《井台会》《审椅子》《夺印》《老少乐》等传统剧目,且创作编排了《绣水城》《谁不说咱冯庄好》《敬老院里幸福多》等 20 多个新曲目。①

二、聊城八角鼓的传承现状

聊城八角鼓是富有浓郁地方特色的艺术瑰宝,它的基本特征是:唱腔多变,有"九腔十八调七十二哼哼"。八角鼓唱腔为曲牌联套体,以八角鼓击节,辅以三弦伴奏,场地适应性强,坐唱、表演、围桌唱均可,为群众喜演好唱,喜闻乐见,是一种能够及时反映社会生活的艺术形式。对聊城八角鼓的挖掘和保护具有以下价值:

(1)文化价值:聊城是全国的文化名城,聊城八角鼓则是凝聚着中国曲艺和聊城特色的文化名牌,是聊城优秀传统文化的杰出代表。

(2)社会价值:聊城八角鼓的挖掘和保护对丰富聊城的历史文化积淀,推动群众文化事业的发展,促进精神文明建设,提高人民的思想道德素质,都将产生极大的作用。

(3)艺术价值:聊城八角鼓是具有浓郁地方特色的艺术瑰宝,曲调优美,内容丰富,是对民众社会生活的生动反映,是一种艺术成就较高的民间演唱形式,具有极高的艺术价值。

聊城八角鼓经历了兴盛、低落以及现在的濒临绝迹的不同时期,在这个过程中凝聚了几代艺人的传承。具体的流传谱系如下。

表 16-1 聊城八角鼓流传谱系表②

代别	姓名	性别	出生年月	文化	传承方式	学艺时间	住址
第一代	褚连登	男	不详	不详	师徒传承	不详	博平
	李文明	男	不详	不详	师徒传承	不详	东昌府
	刘广成	男	不详	不详	师徒传承	不详	东昌府
第二代	吴化侠	男	不详	不详	师徒传承	不详	东昌府
	展永福	男	不详	不详	师徒传承	不详	东昌府
	贾占玉	男	不详	不详	师徒传承	不详	东昌府
	汪子鸿	男	不详	不详	师徒传承	不详	敦台王
	张春庚	男	不详	不详	师徒传承	不详	敦台王
	许玉江	男	不详	不详	师徒传承	不详	敦台王

---

① 杨和平《曲艺艺术赏析》,苏州:苏州大学出版社,2015 年,第 139 页。
② 张晓园《聊城八角鼓调查研究》,硕士学位论文,河北大学,2008 年,第 7~8 页。

代别	姓名	性别	出生年月	文化	传承方式	学艺时间	住址
第三代	逯本荣	男	1860年	不详	师徒传承	1873年	刘营
	史广义	男	不详	不详	师徒传承	不详	东昌府
	胡学清	男	不详	不详	师徒传承	不详	东昌府
	刘庚寅	男	不详	不详	师徒传承	不详	东昌府
	阎兆德	男	不详	不详	师徒传承	不详	东昌府
	赵金龙	男	不详	不详	师徒传承	不详	东昌府
第四代	逯焕斌	男	1935年	不详	家族传承	1946年	孔堂
	逯焕英	男	1928年	不详	家族传承	1940年	刘营
	李以章	男	1932年	不详	师徒传承	1945年	冯庄
	马占奎	男	不详	不详	师徒传承	不详	后菜市
	黄辛胜	男	不详	不详	师徒传承	不详	后菜市
	王维清	男	不详	不详	师徒传承	不详	土城
	麻世荣	男	不详	不详	师徒传承	不详	豆营
	代少林	男	不详	不详	师徒传承	不详	豆营

目前八角鼓第四代传承人逯焕斌和李以章还健在。逯焕斌1935年出生，是八角鼓一代宗师逯本荣的旁侄，也是逯本荣精英班的最后一批学员。他从1946年开始跟从第三代传承人逯本荣先生学唱八角鼓，聪明敏捷，悟性极高，加之十分用功，很快掌握了八角鼓的多种曲牌，且音质、韵味和表演都达到了很高的水平，因而深受师傅的喜爱。逯本荣先生对其要求非常严格，一句唱词要演唱数十遍甚至百遍才能通过。逯焕斌在师傅的言传身教下学会了30多首曲牌，几十首长短篇剧目。①

逯焕斌的演唱在艺术表现上极为丰富，内容有故事情节，在演唱中随故事情节的发展而变化万千，时而如高山流水，高瀑低泻，浪涛急流，时而又莺声燕语，情意缠绵。它用淳朴的聊城方言演唱和表白，深入浅出，扣人心弦，引人入胜。1956年，逯焕斌向中央歌舞团的朱崇喜和张印国传授八角鼓演唱艺术；1957年，在聊城地区招待所为朝鲜志愿军培训八角鼓唱腔演员；1957年，为聊城地区寿张县文化馆演唱整理曲目《长坂坡》；1957年，参加了山东省第一届曲艺会演；1958年，多次在聊城地区参加文艺会演；1959年，代表聊城地区参加山东省第一届歌舞会演；1960年，转为聊城县文化馆正式演出人员；1960年，为山东省前卫歌舞团录制八角鼓唱段，并代表聊城地区参加了山东省财贸会演，曲目《商业战线红旗飘》获得"优秀演员奖"；1963年，为聊城县委宣传部和武装部录制对台湾广播，演唱八角鼓曲

---

① 于秀慧《简述聊城八角鼓的传承现状》，《戏剧之家》2018年第34期。

目;1963 年,代表聊城地区参加山东省汇报演出,在珍珠泉演出《我是一个饲养员》,获"优秀演员奖";在南胶宾馆八一礼堂演出《四个老汉夸老伴》获文艺标兵奖;1966 年,与天津长征队联欢演出。聊城市文化馆为了保留住逯焕斌的演唱,曾在其年轻时为逯老特意将他所会演唱的曲牌和剧目全部以录音的形式录制了下来。遗憾的是,逯焕斌后面没有徒弟,也没有正式的传承人,只有他的音频资料成为后人学习的珍贵资料。①

李以章是 1932 年出生,聊城市经济技术开发区北城办事处冯庄村人。1946 年至 1948 年,李以章的父亲李汝香,邀请逯本荣到冯庄村教唱八角鼓。14 岁的李以章并没正式拜师学习,但从其父的学习过程中,学到不少曲牌,成为能唱传统曲牌的继承人。2009 年 6 月 8 日,被山东省文化厅认定为省级非物质文化遗产传承人。

冯庄是地处聊城经济开发区北部的一个村庄,因当年第三代传承人逯本荣在"文革"时期去冯庄避难,又因当地百姓极其喜欢聊城八角鼓,因此逯本荣教授冯庄热爱八角鼓的百姓进行演唱,也正是如此,才成就了后来的冯庄文艺宣传队。冯庄会演唱聊城八角鼓的人相对较多,但在曲牌的演唱上与传承人逯焕斌有异曲同工之处,冯庄的演唱更具有即兴性,原因是学演唱的人众多,师傅是以群教的方式进行教授,而逯焕斌与师傅是一对一,口口相传的方式教授,因此有所区别;另一原因是琴师的影响。在冯庄,聊城八角鼓的主要伴奏乐器是八角鼓和三弦,因三弦为主要旋律伴奏,琴师的即兴演奏也是导致演唱风格与逯焕斌不同的主要原因。由此得出,聊城八角鼓的另一个特征就是即兴性较强。② 2005 年,为保留这一非物质文化遗产,聊城经济技术开发区管委会开始挖掘整理八角鼓曲目,并筹集经费在冯庄成立艺术团,十几个村民成为固定演出人员。

近年来,聊城市相关部门为保护和传承八角鼓这一传统曲艺做了大量工作。2004 年,东昌府区第十届人代会和政协第十届委员会上,有关人大代表、政协委员均把保护聊城八角鼓作为重要提案内容,呼吁加强对聊城八角鼓的保护和传承。2005 年,市、区有关专家、学者、知名艺人对聊城八角鼓的现状、保护和发展规划等问题进行了深入、细致的研讨,并成立了北城办事处冯庄村八角鼓演唱队,多次提供演出场地和演出机会,给予大力支持。2004 年至 2005 年,区政府划拨款 2 万元,有关镇、办事处通过各种渠道向社会筹集资金 3 万元,用于聊城八角鼓的发掘、整理、保护和创作。2006 年上半年,又拨出专款 2 万余元用于聊城八角鼓的推介。2006 年,对八角鼓传人逯焕斌进行了翔实的采访和录音,收录了逯焕斌老人演唱的全部作品,掌握了翔实的第一手资料。为保护聊城八角鼓,东昌府区党委、政府专门制定了五年保护计划,并成立了由分管领导、部门负责同志和部分专家、学者参加的"非物质文化遗产保护委员会八角鼓专门委员会"。

---

① 于秀慧《简述聊城八角鼓的传承现状》,《戏剧之家》2018 年第 34 期。
② 于秀慧《简述聊城八角鼓的传承现状》,《戏剧之家》2018 年第 34 期。

为保护和传承聊城八角鼓这一传统民间艺术，东昌府区委、区政府做了大量抢救和发掘工作，但仍然存在着不少难以解决的问题。目前聊城东昌府区能演唱八角鼓的艺人有逯焕斌、李以章二人，且二人均年过八旬，除二人外，能够系统演唱八角鼓的艺人寥寥无几。虽然东昌府区现在有艺人传唱八角鼓，但是受场地、人员、经济等条件的约束，很难相沿成俗，这一宝贵的文化遗产面临着日渐衰落、即将失传的尴尬境地。这种情况的出现，具体来说，主要有以下两点原因。

1. 运河的衰落

众所周知，八角鼓的传播与运河关系密切。运河带来的便利交通为八角鼓在聊城的广泛传播提供了有利的条件，也为其与其他曲艺文化的交流提供了可能。聊城八角鼓有机会学习借鉴其他剧种的演唱特点及优势，更好地树立自己的风格。随着运河的衰落，聊城八角鼓的生存环境发生巨大变化。今天的聊城，交通与经济都不发达，聊城八角鼓很难与其他剧种产生面对面的共鸣与交流，进而导致这一说唱艺术的自我更新能力不断下滑，很难适应现在的社会节奏。[1]

2. 新生娱乐形式的冲击

历史上，去戏楼或茶馆听戏成为人们茶余饭后重要的娱乐活动。改革开放以来，随着城市化、市场化的高速发展，媒体高度发达，娱乐极其丰富，使人们的思想观念、生活方式和欣赏习惯发生了根本性的转变，许多新兴的娱乐项目占据了人们的生活。进入21世纪，互联网逐渐崛起、成熟与普及，其超时空、远距离、大容量、快节奏的传播特点，给人们的文化生活带来了极大便利。以电视和互联网为代表的强势媒体的发展，却给曲艺的传播带来了极大的挑战。这些新生的娱乐形式由于内容新颖，观赏性强，吸引了大部分观众，尤其是年轻人的目光，极大地挤压了聊城八角鼓的生存空间。随着观众娱乐需求和欣赏口味的改变，曲艺过去曾经具有的娱乐功能、教化功能逐渐被边缘化。在许多新兴文化面前，曲艺只能作为人们多种选择中的一种，且面临传承人和欣赏群体日益老化的问题。在许多新生娱乐形式的冲击下，聊城八角鼓被冷落的局面不可避免。[2] 当然，这种情况不仅仅发生在聊城八角鼓身上，其他传统曲艺同样面临这一问题。

三、聊城八角鼓的保护与传承策略

中国的传统曲艺不仅有着悠久的历史，丰富的内涵，有着极其广泛的群众基础，同时它还承载了一代代中国人的集体文化记忆。然而，伴随着经济、社会的快速发展，经济全球化和社会现代化以及多元文化格局的日趋形成，人们的社会生活发生了巨大的变化，传统曲艺的命运也随之由昔日的"万众瞩目""一枝独秀"逐渐

---

① 陆晨琛《对聊城八角鼓的历史衍变及现状的分析与思考》，《学理论》2012年第23期。
② 陆晨琛《对聊城八角鼓的历史衍变及现状的分析与思考》，《学理论》2012年第23期。

走向边缘化,有些曲种、曲目甚至几近消失。近年来,随着"非物质文化遗产"这一概念逐步深入人心,如何保护和发展传统曲艺艺术,如何更好地发挥其弘扬民族精神,丰富人民文化生活的积极作用,正成为迫在眉睫需要解决的课题之一。① 对于聊城八角鼓的保护和传承,具体来说,可以采取以下措施。

1. 利用现代媒体,加大宣传力度

现代传媒在对曲艺的宣传、普及和推广方面发挥了重要作用。无论广播、电视抑或网络(也包括平面媒体),正是借助于他们的传播渠道和传播范围,使得传统曲艺虽然不复有过去的轰动效应,但仍旧不曾远离公众的视野,并能时时唤起人们的文化记忆。因此,我们必须重视传媒的力量,充分利用好这有利的平台,使其在传统曲艺的保护与发展方面继续发挥积极作用。② 随着全社会对民族文化的日渐重视,传统文化的复苏正呈现出上升的趋势,传统曲艺的保护与发展也应当有效利用这一契机,努力拓展传播渠道,主动寻求更广泛的舆论支持。

当今强势媒体的登陆,迅速快捷、覆盖面广是它的最大特点,我们可以充分利用这一特点,利用当地的报纸、电视台等媒体开辟聊城八角鼓专栏、八角鼓老艺人的专访等,提高聊城八角鼓的知名度。另外,随着科技手段的发展,我们不能忽视当今的现代传媒。因此,在扩大广播、电台、电视台、音像出版物等传统传播媒介的同时,还要充分发挥网络传播优势,积极回应和适应这种高科技的手段。只有这样,才有可能吸引大批的年轻观众,使聊城八角鼓得到更多年轻人的青睐。③

2. 加大政策扶持,完善保护机制

"传统曲艺与许多民族民间传统文化形态一样,有着不可再生的特点。一旦消失,损失无法估量,也无法用简单的政治和经济尺度衡量。"④要想使聊城八角鼓得以生存下来,单靠几个学者、几个企业的力量是不够的,更需要政府以及相关部门的介入。当前现代流行音乐占领了大部分传媒市场,显然它符合了大众的文化欣赏心理,因此深受大众的喜爱,而像聊城八角鼓这种地方传统曲种很难脱颖而出。只有政府部门制订相关保护政策,并且得到社会的支持和关注才能艰难的生存。

首先,当地政府应制定相应的措施,并组织专家队伍监督执行,形成较为系统的管理体制。对于传统曲艺的保护和发展而言,艺人是最主要的财富,传承是最基本的弘扬。要加大对优秀老艺人的关心和扶助,为他们提供条件,让他们可以安心传授技艺,没有后顾之忧。同时,积极采用现代化的技术手段,努力运用录音、录像和文字记录整理等等方式与手段,及时地抢救性地记录和留存现有的重要传统曲

---

① 蒋慧明《传播与传承——略谈如何有效利用现代传媒促进传统曲艺的保护与发展》,《曲艺》2008 年第 4 期。

② 蒋慧明《传播与传承——略谈如何有效利用现代传媒促进传统曲艺的保护与发展》,《曲艺》2008 年第 4 期。

③ 于敏《聊城八角鼓传播研究》,硕士学位论文,中国传媒大学,2008 年,第 50～51 页。

④ 范曾等著《党员领导干部十九堂艺术修养课》,北京:华文出版社,2010 年,第 161 页。

目。发掘、征集、整理、编纂和出版散落民间的曲艺文献与文物,包括曲本、稿本、抄本、图片、谈艺录和其他具有历史文化价值的各种类别的曲艺实物。其次,当地文化部门在制定具体保护、传承规划的同时,要努力营造维系其生存、发展所需要的社会生态环境,创造良好的社会氛围。最后,宣传部门应采取定期进行宣传展览、组织学生去向民间老艺人学习、请老艺人进学校传授技法等方式,加大对聊城八角鼓的宣传力度,让更多的人去了解它、接受它。如可以考虑在博物馆中开辟相关展室,专门展览八角鼓的相关实物或图片;可以邀请相关专家举办创作专题讲座,以便创作出更多高质量的曲目。同时,可以组织不同规模的八角鼓曲艺大赛,锻炼和激励演出队伍,提高八角鼓演唱水平。高校科研人员也应该加强相关研究,以期引起相关部门和社会各界对八角鼓的重视。① 只有如此,聊城八角鼓才能广为人知,它的生命力才能得以延续。

3. 与运河旅游相结合,打造特色文化品牌

聊城八角鼓是优秀传统民族文化的重要组成部分,打造民族文化品牌效应,就是要最大限度地贴近基层民众,展现真实可信的人文风貌,在形式、内容上实现时代发展和科学创造。② 聊城八角鼓作为聊城民间曲艺的杰出代表,已成功获批为省级非物质文化遗产,这足以可见其存在的社会价值和艺术价值。我们应当强化品牌意识,将聊城八角鼓与运河文化旅游资源开发相结合,做成聊城运河文化的重要标志性品牌,这不仅是对聊城运河文化的一种提升,对聊城八角鼓的保护也将起到积极作用。③

总的来说,将八角鼓的保护与运河旅游相结合,打造特色文化品牌,具有以下作用:首先,引导聊城八角鼓参与运河文化旅游开发,可以带来一定的经济收入,从而解决艺人的生计问题;其次,提升了旅游的文化内涵,凸显了地域文化特色,从而促进当地旅游业的发展;再次,在给旅客提供艺术享受的同时,也为聊城八角鼓自身做了宣传。当然,在这种与旅游相结合的演出当中,聊城八角鼓要始终保持自己的"原汁原味",不能为迎合游客的需要而轻易改变自己,否则就失去了其真实性和完整性。④

4. 紧跟新形势,创作新曲目

保护与发展是当今曲艺事业的主题,保护是为了发展,发展也是为了保护,曲艺的传承保护是关系文化安全的重大问题,"原汁性"的存录是其基础和根本,保护一个曲种就要保持曲种质的规定性。在曲艺作为非物质文化遗产保护的过程中,法律保护、专家保护、传承人保护、博物馆保护、教育保护是其主要形式。但我们也

---

① 于敏《聊城八角鼓传播研究》,硕士学位论文,中国传媒大学,2008年,第49页。

② 张晓园《聊城八角鼓调查研究》,硕士学位论文,河北大学,2008年,第37页。

③ 张晓园《聊城八角鼓调查研究》,硕士学位论文,河北大学,2008年,第37页。

④ 张晓园《聊城八角鼓调查研究》,硕士学位论文,河北大学,2008年,第37~38页。

要注意,保护不只是把曲艺放进博物馆,我们要在文化生活中继续发挥曲艺的作用,使得古老的曲目有人演出,使得活跃的曲种有人学习,使得生活需要的新节目有人创作,从而使非物质文化遗产保护与经济、社会、文化建设相互结合、相互促进。①

随着社会的发展变革,生活节奏的加快,大众艺术欣赏水平的提高,使观众的欣赏品味发生了很大变化,原来那种传统的曲目不再适合现在人的审美需求。因此,要依据现代社会状况,坚持创作贴近现实生活、适应时代发展新题材的曲目。创编者要及时关注社会中的热点,善于抓住让观众在感情上容易产生共鸣的典型事迹,对其进行加工,创编成反映观众内心世界的新曲目。② 八角鼓传承人要及时更新思想观念,打破传统观念的束缚,努力对聊城八角鼓曲艺进行变革、创新,丰富和发展对聊城八角鼓曲艺传播的认识,辩证地对其进行继承和发展,使聊城八角鼓曲艺逐渐走出文化危机,形成一种多层次的文化格局。③ 现有的八角鼓传承人几乎都为男性,在保护和传承过程中,要突破传统理念,注重发挥女性角色的地位和作用,推进两性平等参与民间艺术的传承和发展。④

5. 建立传承基地,开展戏曲进校园活动

建立传承基地,是当下保护传统曲艺的一个重要举措。特别是在高校建立传承基地,让在世的戏曲传承人及传承团体亲自教授学生演唱,或让学生根据记录的谱例演唱,也是一种极为有效的传承方式。传统曲艺曲种走进高校课堂,一方面是为了让学生更能直观地去感受书本上的知识,能直接亲身学习演唱,达到理论与实践真正相结合;另一方面,在传承本土音乐的这条路上,使得传统技艺得以延续,不至于因此中断。⑤ 除了走进大学课堂外,也可以在当地小学教育中适当安排八角鼓表演,制定本土乡村教材,加强孩子对聊城八角鼓曲艺更多的了解。⑥

聊城八角鼓是聊城地区民间曲艺的杰出代表,与运河文化关系密切,是极其宝贵的非物质文化遗产。它的发展也如其他传统曲艺一样,经历了从辉煌到落寞的局面。随着老艺人年事已高、后继无人,保护聊城八角鼓已经迫在眉睫。传承、发展是延续传统的动力,是保持传统音乐生命力的重要方式。只有加大宣传力度,完善传承人保护机制,引导聊城八角鼓参与运河文化旅游开发,不断对传统曲艺加以创新,开展戏曲进校园活动,才能使这一宝贵的非物质文化遗产在新时代重新得以延续和发展。

---

① 黄群《民族传统曲艺的命运》,载中国文联港澳台办公室、中国文联理论研究室编《传播与融汇:全球化背景下中华艺术的发展与未来——第三届海峡两岸暨港澳地区艺术论坛论文集》,北京:中国电影出版社,2012年,第224页。
② 于敏《聊城八角鼓传播研究》,硕士学位论文,中国传媒大学,2008年,第49页。
③ 于敏《聊城八角鼓传播研究》,硕士学位论文,中国传媒大学,2008年,第48页。
④ 张兆林《聊城木版年画生产传承中的女性角色研究》,《民俗研究》2020年第4期。
⑤ 于秀慧《简述聊城八角鼓的传承现状》,《戏剧之家》2018年第34期。
⑥ 于敏《聊城八角鼓传播研究》,硕士学位论文,中国传媒大学,2008年,第51页。

第十七章 传统美术的保护与传承：
以聊城东昌葫芦雕刻为例

葫芦在我国是一种比较常见的植物，生长历史悠久，作为一种吉祥符号一直深受人们的喜爱。而葫芦雕刻就是在葫芦文化的基础上衍生而出的民间艺术，是民间艺术里的一朵奇葩。葫芦雕刻虽然南北皆有，但聊城东昌府区的东昌葫芦雕刻更负有盛名。东昌葫芦雕刻艺术有着千年的传承历史，它流行于宋代，兴盛于明清时期，新中国成立之后又经历了衰落到复苏的曲折过程，但依然保存着自己的地域个性和艺术风格。东昌葫芦雕刻造型独特、题材丰富，吉祥寓意浓厚，具有很高的文化价值、学术价值和社会价值。2006年，东昌葫芦雕刻被列入聊城市第一批非物质文化遗产名录。2008年，东昌葫芦雕刻技艺被列入第二批国家级非物质文化遗产名录。本章以聊城东昌葫芦雕刻为例，在探讨其发展历史和工艺特点的同时，分析其传承和发展现状，并在此基础上提出保护和传承的具体举措。

一、聊城东昌葫芦雕刻概述

聊城市东昌府区位于黄河下游的鲁西平原腹地，在历史上就以盛产质量上乘的葫芦而闻名。东昌葫芦雕刻流传区域以东昌府区堂邑镇为中心，辐射至周边的梁水镇、阎寺、柳林、桑阿镇、辛集乡等乡镇。①

图 17-1　东昌葫芦雕刻

① 冯骥才《中国非物质文化遗产百科全书·代表性项目卷》(下卷)，北京：中国文联出版社，2015年，第603页。

关于东昌葫芦雕刻的起源有很多传说,当地比较认同的主要有两种说法。一种是宋代王合尚首创说。据传,擅长绘画和雕刻的宫廷艺人王合尚,告老还乡回到现在的东昌府区。因当地盛产葫芦,于是王合尚就地取材,在葫芦上雕刻出精美的图案,用来养自己喜爱的蝈蝈,当地人纷纷仿效,东昌葫芦雕刻便逐渐流传开来。另一种说法则是张骞出使西域归来时,路过堂邑镇,将葫芦种子送给当地老百姓种植,有心人将生殖文化表现在葫芦上,当作陪嫁压箱底的物件。后来,当地人纷纷效仿,将戏文人物、民间传说等内容雕刻其上,葫芦雕刻技艺便由此流传开来。

据文献记载,东昌葫芦雕刻宋代已经很流行。明清时期,紧邻京杭大运河的东昌府是鲁西平原政治、经济、文化的枢纽,商贾云集,繁盛一时,当时的雕刻葫芦一度是运河沿岸农家生产的重要商品,随运河销往全国各地。直到20世纪三四十年代,东昌雕刻葫芦还曾远销全国各地。近年来,东昌葫芦雕刻得以慢慢复苏并有所发展,一些作品还流入新加坡、韩国、越南、加拿大、英国等国,成为传播东昌府民间传统文化的载体。

东昌葫芦雕刻用料考究,刻工纯熟,线条流畅,图案丰富,制作精良。其用料多以"大葫芦""亚腰葫芦"和"扁圆葫芦"为主。用料大体分三种:一是"上等葫芦",精选葫芦进行精工细刻,雕刻题材主要是人物、山水等;二是"中等葫芦",用料稍微逊色,多用来雕刻花鸟鱼虫飞禽走兽;三是"花葫芦",将要雕刻的葫芦染成红颜色后,用粗犷有力的刀法,刻各类植物纹样。进行雕刻的葫芦一定要陈年的,当年的新鲜葫芦因为外部干燥,内部潮湿未干透而不宜使用;在不太老的时候进行采摘,否则会有褶皱不利于线描雕刻;要选择光滑无斑或者符合自己构图需要的葫芦进行雕刻。

东昌葫芦雕刻加工方式独特,主要由制胚、雕刻、上色等三道工序。第一道工序是发酵煮葫芦,将成熟的葫芦采摘下来,放在大锅中煮,然后将其全部放在一起进行发酵,以去掉表层青皮,使葫芦变成黄颜色。第二道工序是在葫芦表面雕刻各种题材图案。第三道工序是上色。雕刻完成图案后,用锅底灰或麦秸灰与棉油或者豆油进行均匀搅拌(或者是加入颜料),抹在雕刻有图案的葫芦面上,最后用布将葫芦表面的余灰擦拭干净,存留在图案凹陷处的油灰会使雕刻图案更加清晰逼真,长时间不会褪色。①

东昌葫芦雕刻的题材内容非常丰富,以写实性的花鸟、鱼虫、走兽、人物、山水居多,其中人物雕刻的取材尤其丰富。② 有以四大名著中的故事情节构思入画的,如桃园三结义、金陵十二钗、三打白骨精、武松打虎等;有的从戏剧人物中进行挖掘,如穆桂英挂帅、三娘教子、墙头记、樊梨花征西、四郎探母等;有"八仙过海"等民间故事、神话传说等。林林总总,不计其数,富有浓郁的生活情趣,既能陶冶情操,

---

① 苟春艳《东昌葫芦雕刻艺术的传承与发展研究》,硕士学位论文,重庆大学,2012年,第12页。

② 李宗伟《山东省省级非物质文化遗产名录图典》(第1卷),济南:山东友谊出版社,2012年,第320页。

又具有珍藏价值。在构图上，具有粗犷淳朴的北方风格，注重汲取民间年画、工艺美术、剪纸中有益的表现手法，不断拓宽表现形式的空间。构图力求开合有度，繁简有序，做到繁而不乱，简而不空，亦繁亦简，因地制宜，变化无穷。东昌雕刻葫芦常用工具有定格圆规、斜口刀、直口刀、圆口刀、剪线刀、刻笔、透孔器等二三十种之多，其中有不少工具是艺人在长期的实践中根据实际需要自行创制的，虽没有名称，但实用价值很高。

在雕刻技法上，当地艺人也极有新意。别的地方加工葫芦，都只是在葫芦表面上做文章，并不刻透，东昌葫芦雕刻在技法上的最成功之处在于借鉴雕刻工艺的镂雕技法，不仅改善了葫芦的透气传声性能，也增强了葫芦的整体审美效果。看艺人下刀雕刻，是一种非常优美的艺术享受。以葫芦面为画纸，以特制刀具为画笔，技艺高超的艺人在创作时多是不打稿的，只是将葫芦细细凝神把玩，便能心中有数。"先是用圆规在葫芦上、下或者腹部划出若干圆线用于固定刻画空间，而后用铁笔在葫芦上直接勾勒线条，但见手中的铁笔运用自如，一会儿细刻精画，一会儿率笔了了。用笔下刀时紧时慢，时疾时徐，线条、刻痕多稳健沉着，轻则如游丝，隐约含蓄，重则如高山坠石，触目心惊。手法多变，运用自如，恰到好处。"①

东昌葫芦雕刻艺术风格淳朴、典雅，洋溢着浓郁的乡土气息。其题材的广泛性、技法的独特性、风格的多样性在中国民间工艺品中实不多见，具有重要的艺术价值。其价值主要体现在以下三个方面："一是文化价值。其内容在神话、民俗、工艺美术领域占有相当重要的位置。其寓意与仙道、富贵、长寿、子孙繁盛等有密切相关，文化内涵极其丰富。二是学术价值。其地域的适宜性，质地的独有性，题材的广泛性，技法的独特性，风格的多样性，在中国民间工艺品中实不多见。三是社会价值。发掘、抢救、保护东昌葫芦雕刻，对丰富聊城市、东昌府区的文化积淀，推动文化事业的全面发展，促进精神文明建设，都将产生重要的促进作用。"②

二、东昌葫芦雕刻的传承现状

聊城葫芦种植和葫芦技艺工艺历史悠久，近年来，葫芦产业发展取得初步成效，葫芦种植面积达3000多亩，葫芦及雕刻葫芦的年销售额达4000余万元。东昌葫芦不但销往全国各地，而且出口到英国、美国、加拿大等10多个国家。2006年，东昌葫芦先后参加了第二届深圳国际文化产业博览会和山东省首届文化产业博览会，聊城还被命名为山东省"葫芦艺术之乡"。2007年10月，中国江北水城（聊城）首届葫芦文化艺术节召开，邀请了国内知名葫芦文化研究专家参会。2008年9月，第二届中国江北水城·运河古都（聊城）葫芦文化艺术节在聊城运河文化博物

---

① 王芊《民间美术》（下册），贵阳：贵州人民出版社，2017年，第96页。
② 王芊《民间美术》（下册），贵阳：贵州人民出版社，2017年，第96页。

馆广场隆重开幕。这次葫芦艺术节是由东昌府区委、区政府和聊城市文化局共同主办的,此次活动的主要内容包括:第二届葫芦文化艺术节葫芦工艺大赛、中华葫芦展销交易会、中华葫芦文化产业高端论坛等。

在漫长的发展历史中,东昌葫芦雕刻技艺的传承严格按照师带徒的方式进行,代代相沿不绝,逐渐形成了闫寺、梁水镇和堂邑镇路庄等三大雕刻谱系,三大谱系在葫芦雕刻技巧和艺术表达方式上各有所长。

1. 堂邑路庄雕刻谱系

堂邑路庄雕刻谱系的代表传承人为郝洪然、于凤刚两人。郝洪然,男,1965年生,初中文化程度,虽然学历不高,但其人天资聪明,勇于探索。身为郝氏葫芦雕刻第六代传人,自小就跟随父辈们学习家传葫芦技艺,擅长于"雕""片""镂"雕刻。尤其擅长于"戏葫芦"的雕刻,其法是用针划,辅以刀刻,之后还可用颜色加以点缀,以使线条更加醒目。在色彩运用上,郝洪然在前人多用黑色的基础之上,增加了红色、绿色等,并可以根据画面需要多色并用,具有一定的突破性。①

2. 闫寺雕刻谱系

闫寺雕刻谱系的代表人是李玉成,男,1956年生,系东昌府区闫寺办事处李什村农民。早年他在老艺人那里学来基本的雕刻技艺,经过多年倾心研究葫芦雕刻艺术。他在1983年被评为"山东省十大农民青年文化名人",他的作品曾经荣获"全省民间工艺博览会银奖"。2002年,在聊城市的第一届"中国江北水城文化旅游节"上,李玉成现场向中外游客表演雕刻绝技,他高超的雕刻技艺吸引了众多游客的关注,让游客们大开眼界,很多游客当场收购了他的葫芦雕刻作品当作珍品收藏。李玉成的葫芦雕刻作品细腻、逼真,主要雕刻内容包括"二龙戏珠""武松打虎""八仙过海"、《三国演义》《西游记》等古典名著和民间传说的图案以及他细心收集绘有各种图案的"葫芦样本"。②

3. 梁水镇雕刻谱系

梁水镇雕刻谱系的代表人是王新生,男,生于1958年,高中文化程度,东昌府区梁水镇后王村农民。自小便随他的父亲学习葫芦雕刻,是王氏葫芦雕刻工艺第六代传人。王新生的雕刻技法为"戏葫芦"和"片葫芦",雕刻图案以吉祥图案、人物、山水为主。③

随着从事葫芦雕刻的艺人日渐稀缺,东昌葫芦雕刻存在着很多难以解决的问题。现在优秀的葫芦雕刻艺人大部分年事已高,心有余而力不足,很难再出精品之作,有的已弃刀多年。目前市场对雕刻葫芦需求量少且价格低廉,很多艺人都转向市场前景较好另外一种工艺——烙画葫芦制作,在利益的驱使之下,深入钻研葫芦

---

① 苟春艳《东昌葫芦雕刻艺术的传承与发展研究》,硕士学位论文,重庆大学,2012年,第22页。
② 苟春艳《东昌葫芦雕刻艺术的传承与发展研究》,硕士学位论文,重庆大学,2012年,第23页。
③ 苟春艳《东昌葫芦雕刻艺术的传承与发展研究》,硕士学位论文,重庆大学,2012年,第23页。

雕刻，静下心来刻苦学习的年轻人越来越少。

为了传承和发展东昌葫芦雕刻，市区文化部门通过举办全市雕刻葫芦大赛、民间绝活大赛等形式，让民间艺人们进行学习、交流；通过传、帮、带培养出了"山东省十大农民青年文化名人""全省民间工艺美术博览会银奖"获得者李玉成等一批中青年高水平雕刻人才。当地还成立了多个葫芦研究基地、葫芦工艺公司等，开发出上千个新品种。除了雕刻，还有烙画葫芦、押画葫芦、彩绘葫芦、漆绘葫芦等，千姿百态，异彩纷呈。目前正在规划建设"东昌葫芦一条街"、准备举办葫芦文化博览会等，为传统工艺葫芦的发展搭建平台，形成民间特色文化区，给非物质文化遗产的保护和发展注入新的生机和活力。① 东昌雕刻葫芦工艺的保护和传承已经成为社会各界有识之士的共识，各项保护措施正在不断补充和完善，东昌葫芦雕刻正在困境中慢慢恢复着它青春的活力。

三、东昌葫芦雕刻保护与传承策略

传统工艺美术历史悠久，是传统文化的重要载体。保护、抢救传统工艺美术，是弘扬民族优秀文化遗产，促进产业振兴和发展的基础性工程。这项工作，必须紧紧依靠各级政府发挥主导作用。总的来说，为促进传统工艺美术的保护和传承，相关部门要力求做到以下几点。

一是加强对保护传统工艺美术重要性的宣传，树立保护意识，形成全社会关心、支持保护传统工艺美术的良好氛围。政府部门必须切实关注民间艺术的保护工作，从观念上给予必要的重视，在物质上给予必要的支持，尽可能为民间艺术创建展示的舞台。相关政府部门可以建立专门的工艺美术馆和民俗馆，收藏有学术、艺术价值的实物、文献等，并展示重要的作品、图片、影像资料和史料，介绍特殊的工艺美术手工道具和生产技术流程，进而使其成为传统民族文化教育的重要场所和海内外来宾了解风土人情、文化历史的窗口。② 建议把有关非物质文化遗产的内容引入到学校的课堂中，作为素质教育的一个重要组成部分，培养他们对民间艺术等的感情，以后他们才有可能主动去做民间艺术的传承、保护、发展工作。另外，我们也必须通过有效的教育来挖掘和培养民间艺术人才，因为人才的缺乏也是制约民间艺术保护与发展的一个重要因素。③

二是加快出台传统工艺美术保护规章和办法，做到有法可依，有章可循，使传统工艺美术在法律法规的保护下传承光大。我国关于民间艺术的保护与发展的立法工作相对比较欠缺，目前能够使用的主要是《知识产权法》等几个相关法律，而且

---

① 苟春艳《东昌葫芦雕刻艺术的传承与发展研究》，硕士学位论文，重庆大学，2012年，第26页。
② 张亚杰《关于传统工艺美术的保护与发展的思考》，《科学与财富》2018年第6期。
③ 苟春艳《东昌葫芦雕刻艺术的传承与发展研究》，硕士学位论文，重庆大学，2012年，第31页。

这些法律实施起来的难度比较大,再加上很多民间艺术家本身缺乏必要的法律意识,这就给很多不法之徒可乘之机,给民间艺术的正常传承和健康发展带来了很多不利因素,因此必须尽可能制定和完善有关的法律法规,为民间艺术的传承与发展制造一个相对纯净的空间。政府部门应尽快制定比较完善的制度和法律法规,为民间艺术的延续与发展保驾护航。

三是完善和健全保护机制,采取多种措施加强对传统工艺美术遗产的保护。加快建立政府保护性资金,完善使用办法,主要用于人才保护和培养,技艺抢救、保护和创新,传统工艺美术保护基地和大师工作室建设,组织大师开展创作、科研和产品开发,征集、收藏、展示优秀工艺美术代表作等。政府有关部门应深入调查和全面摸清传统工艺美术的现状,建立人才、技艺、特有资源档案库,作为政府实施保护措施的依据。编纂出版相关图书资料,作为文化和产业遗产保护的重要措施。此外,还要强化对传统工艺美术原材料资源保护。对于可再生资源,要划定专门保护区域,确保材料品质,对不可再生的重要专用资源,要建立必要的储备制度,明确开采保护调配权,严禁盲目开采。①

四是加强对传统工艺美术的创新,保护和培养工艺美术人才。创新是一切文化艺术的生命,任何一成不变的文化艺术形式终归要走向枯萎和衰亡。因此,相关政府部门应对传统工艺进行保护、利用,并在创新中保护,在发展中利用。② 现阶段,工艺美术行业中存在着一些矛盾:第一,许多传统技艺后继无人;第二,现有宝贵人才的作用得不到发挥。因此,相关部门必须充分发挥传统工艺人才的作用,牢固树立人才资源是第一资源的理念,尊重人才、尊重创造,创新人才兴业战略机制,大力培养、积极引进、合理使用各类人才,建设一支结构合理、素质较高的工艺美术人才队伍。要加强大师队伍和创意人才队伍建设,完善师承制度,健全培训体系,优化人才队伍结构,培养和引进专业管理人才,加快建立人才辈出、人尽其才的机制,营造凝聚人才的良好环境。③

具体到东昌葫芦雕刻技艺来说,为促进其保护、传承和发展,我们可以采取以下措施。

(1)进行葫芦种植专业村建设,在基础较好的堂邑镇路庄村等地扩大种植面积,为实现产业化运作打下种植基础。通过本地融资、对国内外招商引资等形式,依托嘉明经济开发区,打造葫芦种植特色园区,使东昌府区的葫芦种植不仅实现区域种植面积的规模化发展,还要实现种植基地建设的特色化运营。与国内外知名

---

① 段立宏《全面建设小康社会的宏伟蓝图:山东省国民经济和社会发展第十一个五年规划纲要汇编》,济南:山东人民出版社,2006 年,第 310 页。

② 张亚杰《关于传统工艺美术的保护与发展的思考》,《科学与财富》2018 年第 6 期。

③ 段立宏《全面建设小康社会的宏伟蓝图:山东省国民经济和社会发展第十一个五年规划纲要汇编》,济南:山东人民出版社,2006 年,第 311 页。

农科院所联合,聘请高科技人员利用现代生物种植技术大力研发异形葫芦、色彩葫芦、巨型葫芦等特色品种,形成特色葫芦文化种植产业链。①

(2)非物质文化遗产保护工作的最终目的,就是通过保护非物质文化遗产的有序传承,为我们民族的全面复兴保存更多的文化资源,促进社会主义文化事业的健康快速发展。因而,但凡有利于非物质文化遗产保护工作的商业活动,我们都应该支持和鼓励,这也是理性保护工作的必需。② 近年来,人们逐渐重视传统工艺的发展。东昌雕刻葫芦是聊城的一大特色,在政府的大力支持下,它对聊城的旅游起了积极的推动作用,经常以工艺品或者装饰用品的形式被当作聊城特产赠送亲朋好友,在聊城的旅游景区和大街小巷都能看到葫芦产品的身影。但是葫芦雕刻产品的现状并不乐观,因为它一直以传统的形态出现在人们的生活中,没有功能性的应用,很多葫芦产品在人们买回家里之后被挂在墙上,或者被扔在地板上当作垃圾处理掉。政府应该加大管理力度,充分利用现有的资源,成立葫芦文化研究组织,专门针对葫芦雕刻文化的发展进行专业研究,从而开发葫芦产业的延伸项目。③ 扩大葫芦文化产业的范畴,初步尝试与医药业、美食业、动漫业、茶品业等产业间的交流和融合。大力发展葫芦动漫业和葫芦文化影视业,使葫芦文化的传播具有新的市场价值和文化价值。④

(3)"工艺美术生产具有物质生产和艺术创作两种属性,生产者不仅按照艺术设计和工艺流程完成从原材料到成品的制作,而且在制作中还要进行再创作和艺术加工。"⑤这种艺术创作和加工在很大程度上影响并决定着产品能够有更大的经济效益。在满足多元化、个性化的市场需求时,产品通常需要不断地进行创新,只有这样,其发展的空间才会更加广阔。可以通过举办相关赛事,激发传承人的创新潜力,进一步拓展艺术加工的空间。通过报告讲座、专题会议等形式,增强彼此之间的学习和交流,不断提升传承人的专业技能和工艺水平。在鼓励传承人进行创新的同时,还要强化与各大美院、工艺研究所的联合,力争在艺术表现和文化内涵上实现创新和突破。除在传统技法上有所创新外,还要打破国界,将世界上各民族的优秀的文化嫁接到葫芦上来,形成民族文化与世界文化的完美融合。⑥

(4)统一以前传统家庭作坊制的分散状况,如统一葫芦的质量标准、收购标准、

① 苟春艳《东昌葫芦雕刻艺术的传承与发展研究》,硕士学位论文,重庆大学,2012年,第27～28页。
② 张兆林《非物质文化遗产保护实践中的商业活动探究——以我国传统木版年画为核心个案》,《艺术百家》2018年第1期。
③ 路颖颖《中国传统"匏器"的设计方法与再生途径研究——以聊城东昌雕刻葫芦为例》,硕士学位论文,南京艺术学院,2012年,第34页。
④ 苟春艳《东昌葫芦雕刻艺术的传承与发展研究》,硕士学位论文,重庆大学,2012年,第30页。
⑤ 朱怡芳著《传统工艺美术产业发展与政策研究:文化、社会、经济的视角》,北京:北京理工大学出版社,2013年,第58页。
⑥ 苟春艳《东昌葫芦雕刻艺术的传承与发展研究》,重庆大学硕士学位论文,2012年,第27～28页。

销售价格等,这样可以让产品更能够顺应市场,在葫芦销售方向上少走弯路,为葫芦产业做大做强打下坚实基础。① 要对东昌葫芦雕刻文化进行挖掘、整理,为其传承和发展注入更多的活力,更好地宣扬东昌葫芦雕刻独特的品牌文化。② 聊城东昌雕刻葫芦器具有很强的实用性,而且葫芦的造型优美,有着很高的可塑性。可以引入现代的设计教育,开展相应的教学课程,不仅有利于创造新的题材,还可以让葫芦文化得以流传,从而促进中华优秀传统文化的传承与发展。③

(5)加大葫芦文化产业经济效益和社会效益的宣传,参照发展服务业的优惠政策,制定葫芦文化产业发展的优惠政策,对葫芦文化产业进行重点扶持。开办工艺美术培训班,在下岗职工、待业青年和在校学生中招收学员,培养葫芦工艺美术加工人才。突破原有销售观念和模式,瞄准国际市场,从大学应届毕业生中培训具有专业外语基础的葫芦营销人才。加强葫芦加工人才的统筹和培养工作,建立一支专业性强的葫芦工艺加工队伍。加强与日本、美国、韩国等国家葫芦协会的联系合作,筹备国际葫芦文化艺术博览会,扩大东昌葫芦雕刻文化在国际上的知名度和影响力。④

东昌葫芦雕刻选料讲究,构思精巧,雕刻精湛,内容丰富,具有浓郁的地方特色以及很高的文化、学术、历史和社会价值。近年来,随着国家对发展文化产业的重视,东昌葫芦雕刻日益走向产业化。我们必须用文化创意来激活葫芦产业,把文化资源优势转变为产业优势,引导葫芦加工不断提升文化创意水平。在挖掘东昌葫芦雕刻经济、社会效益和扩展葫芦文化艺术形式的同时,也要用理性的思维思考东昌葫芦雕刻的传承和发展,使之在为当地带来经济效益的同时,不丧失其自身独特的内涵与特色,使东昌葫芦雕刻文化在新时期得到更好的传承和发展。

---

① 路颖颖《中国传统"匏器"的设计方法与再生途径研究——以聊城东昌雕刻葫芦为例》,硕士学位论文,南京艺术学院,2012年,第34页。
② 苟春艳《东昌葫芦雕刻艺术的传承与发展研究》,硕士学位论文,重庆大学,2012年,第28页。
③ 路颖颖《中国传统"匏器"的设计方法与再生途径研究——以聊城东昌雕刻葫芦为例》,硕士学位论文,南京艺术学院,2012年,第33页。
④ 苟春艳《东昌葫芦雕刻艺术的传承与发展研究》,硕士学位论文,重庆大学,2012年,第28页。

第十八章　传统技艺的保护与传承：
以东昌运河毛笔制作技艺为例

运河的流经不仅给聊城带来了数百年的经济繁荣，而且积淀下了丰富的运河文化资源。这其中就包括众多富有地域特色的非物质文化遗产，东昌运河毛笔就是其中之一。东昌府毛笔制作技艺主要分布在运河沿岸，古楼东大街两侧，现在集中在东昌府区道口铺和堂邑镇等地。东昌毛笔是聊城一绝，由浙江湖笔经运河传承而来，至今已延续 600 多年。2013 年 5 月，东昌运河毛笔制作技艺被列入山东省第三批省级非物质文化遗产名录。随着现代社会的发展，东昌运河毛笔制作技艺的保护和传承面临巨大的冲击和挑战。相关部门要加强宣传和推介，加大资金投入和政策扶持，为毛笔技艺的传承创造良好的外部环境。非遗传承人也应加强交流学习，创新发展理念，共同推动运河毛笔制作技艺的传承和发展。本章在探讨东昌运河毛笔发展历史及工艺特点的同时，重在分析其传承现状及存在的问题，并在此基础上提出传承和发展的具体举措和建议。

一、东昌运河毛笔制作技艺概述

东昌毛笔的制作历史悠久，始于元朝，兴盛于明代中叶至清道光年间，至今已有 600 余年的历史。据《东昌府志》记载，东昌府毛笔在元代已有制作，明代中叶至清道光年间为聊城运河毛笔制作业的兴隆时期，当时有"东昌作坊，书笔两行"之说，产品大多销往山西、河北、河南及本省各地。[①] 因毛笔的制作技艺是由南方经运河传承而来，成品后又经运河销往全国各地，故而有"运河毛笔"之称。

清顺治三年（1646）开科大考，聊城傅以渐曾用本地毛笔写出了光彩照人的文章，深得顺治皇帝的赞赏，并御笔钦点为头名状元。康熙皇帝巡幸聊城，也曾用聊城毛笔撰文赋诗，并为光岳楼题写了"神光钟暎"的匾额。清康熙六十年（1721），聊城人邓钟岳也曾用本地毛笔进京应试，即被康熙皇帝朱批"字压天下"，钦点为头名状元。海源阁创始人杨以增用聊城毛笔撰写了《重修光岳楼记》碑文，从此聊城毛笔闻名遐迩。

民国以后，随着雕版印书业的没落，再加上近代书写工具的冲击，毛笔制作业也逐渐呈现凋零景象。东昌毛笔的制作工人不足 200 人，年产毛笔的数量也只有

<hr>

① 陈清义《聊城运河文化研究》，济南：山东画报出版社，2013 年，第 259 页。

50 万只左右。新中国成立后,聊城制笔业逐渐得到恢复与发展。聊城市东昌府区道口铺办事处和堂邑镇等地有东昌毛笔作坊 50 余处,第七代传承人孙金龙当时所在的张堤口笔刷社制笔工匠 60 余人,而且制笔工艺较之以前有更大的创新。1955 年,东昌运河毛笔被评为全国同类产品第一名。1956 年,原山东省委书记、中国书法协会主席舒同来聊,去文具社视察工作,高度赞扬聊城毛笔质量,并当场挥毫题写了"文化楼"和"人民公园"匾额。随着人们书写工具的改变,毛笔的使用范围逐渐缩小,聊城的毛笔业也逐渐解体。1983 年春,聊城仅有的几位老技工在政府的支持下成立了"聊城毛笔厂",以求聊城毛笔业的振兴与发展。2006 年 12 月,东昌毛笔制作技艺入选聊城市第一批非物质文化遗产名录。2013 年 5 月,东昌运河毛笔制作技艺入选山东省第三批省级非物质文化遗产名录。

东昌运河毛笔制作现主要集中在聊城市东昌府区古楼东大街两侧、道口铺街道办事处和堂邑镇等地。经数百年传承发展,东昌毛笔逐渐形成了选料精良、做工精细、锋长杆硬、刚柔相济,含墨量多而不滴,行笔流畅而不滞的特点。[1] 东昌毛笔制作技艺的传承以师徒传承为主,作为一项养家糊口的传统手工技艺而被人们传承至今。东昌毛笔种类较多,按原料可分为狼毫笔、羊毫笔、兼毫笔、猪鬃笔、鼠须笔、石獾笔、胎毛笔、紫毫笔、鸡毫笔等,其中以羊毫、狼毫和兼毫笔较为常见。"羊毫"顾名思义就是指用羊毛做成的毛笔,但羊毫又因毛料分布的体位不同而质感有较大差异,粗光锋、细光锋、黄尖峰、透爪锋等,不同毛料制成的毛笔价格差异较大。毛笔中的"狼毫"是指用黄鼠狼尾巴上的毛料制作而成的毛笔,毛笔制作主要选择使用东北元尾的冬尾,相较于东北元尾的秋尾和京津尾,冬尾的颜色更深,光泽度更好,使用手感更挺更韧,是最好的毛笔材料。"兼毫"则是用羊毫、狼毫等不同毛料按照一定的比例制作而成。按大小可以分为:小楷、中楷、大楷、斗笔、大抓笔等;依笔毛弹性强弱可分为软毫、硬毫、兼毫等;依笔锋的长短可分为长锋、中锋、短锋。

东昌毛笔取材天然,经久耐用。除少数纯羊毫笔外,东昌运河毛笔基本沿用三国时"韦诞法"制作,制作工具需牛骨梳子、齐板、刻刀等 50 多种。从原料选择到产品出厂要经过大小 72 道工序,主要包括选料、采毛、齐材质、对贴子、敷盖毛、圆笔头、顺笔头、挖仓、安笔、择笔、定型等。在众多工序中,以水盆和干桌最为复杂。水盆即在水里制作笔头的过程,干桌即为笔头制作好后安装和后期整理的工序,其基本特征是"尖、圆、齐、健"。另外,东昌毛笔制作技艺一直坚持的一项特色是苘麻的添加。苘麻是一种天然植物,经过高温长期蒸煮后去除麻皮,用铁梳反复回娄,直至麻丝变成发丝粗细。在毛笔制作过程中作为垫料放在毛笔根部,一方面能增加毛笔的吸墨性,一方面助长毛笔弹力和耐磨性。在制作过程中单是苘麻的工序就有十几道,如娄苘、切苘、匹苘、梳上苘、加脚苘等。因为苘麻的添加,使得东昌运河

---

① 陈清义《聊城运河文化研究》,济南:山东画报出版社,2013 年,第 259 页。

毛笔的工艺制作更为复杂。

毛笔制作作坊不需要太大，两间采光好的房间即可，在窗下放一长条形桌案操作干桌工序，因为择笔等对光线和视力要求较高，必须采光要好；后面则是一排床铺，用以制作水盆工序。以往学徒都是十几岁开始，骨骼较软，学水盆的第一步便是练盘腿打坐和攥拳。这个周期是极为痛苦的，开始练盘腿，往往十几分钟，腿就麻涩得难以忍受；攥拳则是为了梳毛时不至于把毛全部梳掉，在下料时按照毛笔理想造型下的料，一旦手上的力度不够，在梳的过程中把毛都梳掉了，最后毛笔也就不成型了。工艺操作中的水盆即从原材料做成笔头的过程，包括从黄鼠狼尾巴上取料开始，到毛笔头捆成串状晾晒完成；干桌则是从晾干的串状笔头一直到毛笔成品的一个过程。在毛笔制作过程中，全凭手感、眼力和经验，没有任何定量的标准，甚至连毛笔制作期间用到的各种工具都需要自己制作，像牛骨梳、齐板、附笔板、择笔刀等。尤其是牛骨梳的制作，更考验水平。从牛骨板上取料，到用钢锯开口，用细梳瓦打磨到特别尖细锋利，每一下都有技术含量。打磨出来的梳尖必须长短一致，且由粗到细过渡平稳，这样在制作时才能达到用力一致，往往一把梳子要用两三天时间才能完成，所以在制作过程中宁往手上扎也不舍伤工具，牛骨梳是毛笔匠人最宝贵的工具。

二、运河毛笔制作技艺的传承现状

目前东昌毛笔制作技艺的主要传承群体为第七代、第八代传承人。东昌毛笔一直用牛骨梳纯手工制作而成，是一项相对来说技艺难度较高、工序较为烦琐、学习周期较长的传统技艺。据东昌运河毛笔第七代传承人孙金龙老人回忆，毛笔技艺的传授主要分为水盆和干桌两部分，每一部分的学习周期是 3 年，整个技艺学成需要 6 年的时间。但是按照以往的传承方式，学徒只能在水盆和干桌中二选一，制作成品时需要两人配合完成，这种传承方式按老话讲叫"给同行留碗饭吃"，可见在毛笔制作技艺传承中是极重视同门情谊的。

随着现代社会的发展，人们大多使用钢笔、铅笔、圆珠笔作为书写工具，使得毛笔的使用群体大量减少。在内外因素的影响下，东昌运河毛笔制作技艺的传承和保护受到了前所未有的挑战，主要体现在以下几个方面。

（1）因东昌毛笔的制作工序繁多，耗费时间长，年轻人没有耐心，不能静下心来深入钻研，愿意学习东昌毛笔制作的人少之又少。再加上孙金龙老人年事已高，心有余力不足，导致该项技艺出现后继乏人的局面。

（2）东昌毛笔属于小农经济下发展起来的家庭手工业，它不同于一般的生活日用品，而是作为文化用品需要到市场上流通，这种特殊的属性决定了它的发展受市场的影响。① 目前，在聊城的毛笔市场上，南方的"湖笔"占据了主导。这种毛笔采

---

① 魏保乐《省级非物质文化遗产——"东昌毛笔"的传承及市场现状》，《新玉文艺》2019 年第 11 期。

用机器生产,生产量大,且价格低廉,大量挤占了运河毛笔的市场空间,对东昌运河毛笔造成严重冲击。

(3)东昌毛笔作为聊城非遗文化的代表,在享有盛名的同时,并没有得到社会各界太多的重视。从2006年入选聊城市非遗至今,长期以来仅靠孙金龙老人及其家人的力量使之得以延续和传承。家庭作业、产量小、缺乏销售渠道和市场成为东昌运河毛笔发展面临的难题。①

随着聊城旅游业的发展,在当地有关部门的大力支持下,2014年,孙金龙带领女儿孙惠霞、孙惠民等人在聊城市古城区成立东昌毛笔传习所,致力于东昌毛笔制作技艺的深入挖掘与保护。东昌毛笔制作技艺项目现有省级代表性传承人1人,市级代表性传承人2人,区级代表性传承人7人,毛笔制作工匠艺人20余人,毛笔制作爱好者300余人,毛笔文化志愿者50余人。每年接待大学生社会实践活动百余起,社会各界人士十万余人;聘请有关代表性传承人定期开办培训班,培养壮大代表性传承人队伍;组织传承人走进学校及社区,进行技艺展示及教学活动;还建立了东昌毛笔制作技艺的项目实物,包括各个年代的毛笔、毛笔制作工具、毛笔撰写的古书籍、毛笔影像资料等;为了取长补短,经常组织传承人同行之间互相交流学习,远赴浙江湖州、江西南昌等地深入考察、交流学习;组织传承人多次参加省市级非物质文化遗产博览会、文博会、民俗展览等活动。

三、运河毛笔制作技艺的传承举措

东昌毛笔制作历史悠久,工艺精湛,是中国传统技艺的瑰宝,对它的挽救和保护具有十分重要的意义。对于东昌运河毛笔制作技艺的传承和发展,具体来说,可以采取以下几个措施。

1. 加大宣传和推介力度

中国是世界公认的工艺大国,手工技艺源远流长,种类繁多。"作为非物质文化遗产重要组成部分,传统技艺不仅体现着中华民族的杰出智慧,而且展示了中华民族的创造力和生命力。保护好传统技艺,有利于传承中华民族的血脉,有利于增强中华民族的凝聚力和向心力。"②传统技艺与人们的衣食住行用等日常生活和社会生产密切相关,既具有现实的使用价值、经济价值,又具有很高的艺术价值、人文价值和历史价值。"每一件手工艺制品都是一次独立的技艺创造过程,这是传统技艺有别于大机器工业化生产的最独特、最显著的特性。"③

东昌运河毛笔制作有着悠久的历史,与聊城运河文化关系密切,具有重要的历

---

① 滕李娜《山东省非物质文化遗产——东昌毛笔的兴衰与传承》,《山东档案》2015年第5期。
② 葛立辉《传统文化的活化石:邢台非物质文化遗产》,北京:方志出版社,2009年,第71页。
③ 贾鸿雁、张天来《中华文化遗产概览》,南京:东南大学出版社,2015年,第220页。

史文化价值。要通过微信、微博等网络平台,多渠道、多方位地对运河毛笔的历史文化和制作技艺进行宣传,吸引社会各方面人群的关注,提高其在社会各界的知名度。要结合聊城运河文化旅游开发,努力将其打造成为聊城知名旅游产品。要努力开展运河毛笔进校园、进社区活动,将其与传承国学、弘扬传统文化相结合,扩大运河毛笔的影响力。通过现场教学、制作体验等方式让毛笔制作技艺在发展中得到更好的传承。

2. 坚持生产性保护原则

生产性保护是我们在开展传统技艺保护工作实践中探索、总结提出来的非物质文化遗产保护的重要理念,其宗旨是"以保护带动发展,以发展促进保护"。传统技艺的保护不应该被简单僵化消极地保存在博物馆或书本之中,需要在不违背其内在规律和自身运作方式、不扭曲其自然衍变趋势的前提下,将其导入当代产业体系,使其在生产实践中得到积极保护。政府相关部门应为东昌运河毛笔制作技艺的保护和传承提供相应的政策扶持,支持和帮助代表性传承人开展产品宣传,为其提供必要的生产、展示和传习场所。除了发挥政府的引导功能外,在对运河毛笔制作技艺进行生产性保护的过程中,还应充分发挥社会力量的功能和作用,为其保护、传承和发展提供全方位的资金和智力支持。

3. 加大对传承人的政策扶持

我国的传统手工艺在不断发展、成熟的过程中,主要依靠手工艺人口传心授才得以流传至今。因此,技艺培训和传承人保护是传统技艺保护的关键所在,直接针对传承人的奖励和资助是保护传统技艺传承的重要方式。东昌运河毛笔制作技艺目前已是省级非物质文化遗产,相关部门要严格按照非物质文化遗产保护的法律法规和政策规定,对其进行保护和扶持。要加大对传承人的资金补助,为其创造良好的工作、生活条件,支持其开展传承活动,扩大非遗项目和传承人的社会影响力,激励其做好项目传承和传播工作。要利用多种形式搭建平台,促进东昌运河毛笔制作与群众需求及市场需求紧密对接,激发非遗项目创新发展的内生动力。除直接对传承人进行资助和支持外,还展开广泛的社会普及教育,在宣传的同时为传统技艺多吸引潜在的传承人,这也是传承保护工作的重点之一。

4. 加强交流学习,创新发展理念

传统技艺的传承、振兴与创新密切相关。传承是振兴的前提,振兴是传承的保障,而创新则是传承与振兴的内在要求。"在传统技艺产业化发展的进程中,创新是其立足发展的关键所在。"①手工技艺具有能动的本质特征,与时俱进本就是手工技艺的传统。手工技艺依托于市场,没有市场,手艺人无法生存,更遑论传承、发展。所以,在恪守传统的基础上锐意创新、拓展市场,才是传统手工技艺持续发展

---

① 白慧颖《知识经济与视觉文化视野下的非物质文化遗产保护与开发》,北京:北京理工大学出版社,2012年,第171页。

的正途。在传统技艺发展过程中,传承人及相关企业要有创新精神与创新意识、大胆果敢的决策能力和勇于承担风险的胆识。另外,在技术与产品的创新过程中,还必须十分注重独创性与原创性,提高技术与产品的特性与品质,并要学会运用知识产权制度来保护自己的创新成果。随着经济社会的快速发展,人们对文化产品的需求呈现出多元化、个性化的趋势。运河毛笔在制作过程中,应讲求设计独到、产品新颖。在保留自身特点和优势的同时,紧跟时代发展,突破传统观念,打造创意文化品牌,形成自己的特色。针对不同购买群体,打造毛笔个性化需求。要努力改变营销思路,通过网络等手段,积极拓展市场销售渠道。

在传统技艺传承和发展的过程中一定要注重人才的培养。传承人大多秉承传统,有些核心技艺往往秘而不宣,非自家子弟不予传授,这不仅与传承人应尽的传承义务相违背,而且不利于传统技艺的传承和发展。毛笔要做好做精,要紧跟时代发展,加强多渠道学习,利用多种平台,与外界交流互动,将自己的所思所想与大众分享。在保留传统工艺和文化精髓的同时,吸取别人的优点和长处,力求改进和完善,更好地促进自身的发展。"传统工艺的传承是振兴的必要前提,振兴是传承的可靠保障,二者说到底,都是为确保其生命力。为此,需要政府、社区、艺人和专家的共同努力和良性互动。"①政府有关部门应努力为传承人"走出去"创造机会和条件,努力推动运河毛笔文化及其制作技艺的发展和传播。政府和有关专家要加强宣传教育,提高民众和传承人对传统工艺价值内涵的认识,树立文化保护的自我意识,并为改进设计理念、提高产品质量和包装水平、转变经营方式提供指导和支持,使传统手工技艺的传承和振兴真正落到实处。

东昌运河毛笔的制作历史悠久,工艺精湛,具有重要而珍贵的历史、文化和艺术价值。随着书写工具和记录载体的改变,东昌毛笔因其纯手工制作,工艺复杂,生产周期长、成本高、价格贵,可以静心研究和制作毛笔的年轻人越来越少。"20世纪60年代成立的'张堤口笔刷社',师傅和学徒合计有40人之多,如今只剩下孙金龙一人在坚持从事毛笔制作。"②目前,虽然东昌运河毛笔在各个部门的扶持下,做了大量的保护和弘扬工作,但是仍然存在着不少难以解决的问题,急需进行抢救和采取相应的保护措施,使这一优秀传统技艺得以延续和传承。如何让这些传统手工技艺传承下去,值得我们深思并从根本上想方设法予以解决。

---

① 谬育群《传统手工技艺的保护和可持续发展》,开封:河南教育出版社,2009年,第168页。
② 许大海《组织·生产·管理:社会经济史视域中的手工生产——以运河聊城区段手工技艺传承为中心的考察》,《理论学刊》2019年第6期,第168页。

第十九章　传统舞蹈的保护与传承：
以聊城道口铺竹马舞为例

　　道口铺竹马舞作为东昌府区民间舞蹈的重要表现形式之一，主要分布于道口铺办事处肖香坊村及周边村庄，距今已有 600 多年的历史，一直深受当地群众所喜爱，是农村群众文化生活的重要组成部分。2006 年，道口铺竹马舞被列入聊城市第一批非物质文化遗产名录。传承和保护道口铺竹马舞，对于提高当地人民的文化认同感，增强人民群众对非物质文化遗产的保护意识，具有重要而深远的意义。随着现代经济、社会的迅猛发展，竹马舞的原生态环境已发生很大改变，表演团队数量急剧减少，部分传统技艺缺失，面临人才队伍老化、后继乏人等问题。本章在论述聊城道口铺竹马舞发展历史、传承现状及价值的同时，重在分析其发展现状及存在的问题，并在此基础上提出保护、传承竹马舞的策略和建议。

一、道口铺竹马舞发展概况

　　"竹马舞"，俗称"跑竹马""竹马落子"，是全国广大地区普遍流行的民间游戏活动。"跑竹马"是从儿童骑竹竿为马的游戏演变而成的，其产生年代大约在东汉，距今已有近 2000 年的历史。到了宋代，"跑竹马"已经正式成为民间社火舞队中的一种表演形式，《东京梦华录》和《武林旧事》中都有这方面的文字记载。① 元明时期，"竹马"艺术化、戏剧化的进程加快。像元代杂剧中，凡以战争为题材的戏剧，都离不开"竹马"这一道具，像《追韩信》《霍光鬼谏》等剧目，常常见到"踏竹马""骑竹马上"等舞台提示。② 清初，"竹马戏"已作为独立的剧种活跃于舞台，并与各地的传统戏剧形式相融合。③

　　据有关史料考证，聊城道口铺一带的竹马舞已有 600 多年的历史。宋代地处黄河以北的中原大地战乱不断，当地农民久历战火考验，加之官府提倡民间举办团练，时人尚武。而最传统的"跑竹马"就是仿照古时战争场面，组成"铁甲骑兵"，骑上竹马，挥枪弄剑，驰骋厮杀。据说，辽兵在战争间隙，既要保证战马得到充分休息，还要提高士兵的战斗力，于是萧太后就命令士兵用竹子扎成假马，绑在腰间进

---

① 郭泮溪《民间游戏与竞技》，北京：中国社会出版社，2006 年，第 88 页。
② 麻国钧《中华传统游戏大全》，北京：农村读物出版社，1990 年，第 560 页。
③ 李晖《"竹马"民俗文化的起源、传承与演进》，《淮北煤炭师范学院学报（哲学社会科学版）》2000 年第 3 期，第 67 页。

行训练,这就是竹马舞的雏形。① 明清时期,社会相对稳定,百姓安居乐业,备战气氛日渐淡薄,"跑竹马"逐渐演变成民间年首岁尾娱乐健身的活动。②

"竹马舞"是春节期间民间的一种花会形式,多在元宵节前后表演。③ 竹马的主要制作材料是竹子,先在水里浸润 10 天左右,然后晾干,再破竹分蔑,撑成骨架,复糊彩纸或彩色纱布于外,又用红、黄、绿、白、黑五色布缠身,内腹燃红烛或电灯。马身分马首、马臀两节,马首有鬃毛,颈下挂响铃,马臀有长尾,形象逼真,但不真骑,而是扎于人的腰间。马首系于身前,马臀系于身后,像人骑马,自由翻腾跳跃。表演竹马者一般要求 4 男 4 女,分生、旦、净、末、丑等角色,正生骑红马,青衣(俏闺女)骑黄马,小生骑绿马,花旦(花大姐)骑白马,小丑骑黑马。竹马的表演在跑动时,各角色分工明确,各司其职,配合默契,以走场为主,有"双进门""开四门""水溜溜""绕八字""蛇蜕皮""十字靠""剪子股""跑圆场""三龙出水""南瓜蔓"等十余种。演员手中的道具,或马鞭,或刀枪剑戟,或棍棒,根据人物身份选定。表演者通过表情、姿态和唱腔,表现剧情和人物性格。表演时,伴奏乐器多为锣、鼓、镲等打击乐器。目前,这种活动已与秧歌,戏曲小唱如弦子戏、三句半、吕剧、豫剧等有机结合,逐渐发展成为一种内容更鲜活的、寓教于乐的民间娱乐健身运动。每逢节庆,五颜六色的群马,生龙活虎,跳跃奔驰,大大活跃了节日气氛,表达人们对美好生活的祝愿,深受广大群众的喜爱。

据道口铺文化站站长郭丹龙介绍,道口铺竹马舞的第一代传承人为李玉泽(男),出生于 1889 年,为道口铺四甲李村人;第二代为李清溪(男),出生于 1918年,同样为道口铺四甲李村人;第三代为张兰云(女),1941 年出生,初中文化,为道口铺肖香坊村人;第四代为肖同秀(女),1964 年出生,亦为道口铺肖香坊村人。目前,聊城道口铺街道已有各类业余文化艺术团体 30 多个,3000 多名农民常年参与演出活动。他们白天干活,晚上排练,编排的节目都是农民的身边事。一有时间就走村串户演出,把节目送到农民家门口,既宣传了党的好政策,又活跃了农民的文化生活。

道口铺竹马舞是中国民间音乐文化的瑰宝,对它的保护具有以下价值。(1)文化价值:道口铺竹马舞是东昌府区民间舞蹈的表现形式的一种,是弘扬和传播优秀传统文化不可或缺的载体。(2)社会价值:对竹马舞的保护,对于丰富东昌府区的文化积淀,推动文化事业的全面发展,促进精神文明建设都将产生重要的促进作用。(3)艺术价值:道口铺竹马是民间舞蹈的组成部分,为群众所喜爱,是农村文化娱乐活动的重要组成部分。1987 年,政府曾投资对竹马舞进行抢救性保护。从1992 年至今,每年通过举办民间艺术节对其进行保护。2006 年,道口铺竹马舞被

---

① 郝德禄、冯新明《齐河县乡土志教本》,西安:电子科技大学出版社,2017 年,第 100 页。
② 刘秋瑶《山东聊城地区竹马舞的调查研究》,《山西青年》2019 年第 22 期,第 86 页。
③ 周简段著,冯大彪编《神州轶闻录·民俗话旧》,北京:新星出版社,2017 年,第 56 页。

列入聊城市第一批非物质文化遗产名录。2018年，道口铺肖香坊村竹马舞先后登上山东省会大剧院和北京民族大剧院的舞台，受到了现场观众的热烈欢迎。

二、竹马舞的生存现状及问题

道口铺竹马舞自形成以来，经过600多年的传承和演变，仍然保持着独特的地方特色和艺术风格，蕴涵着丰厚的历史文化底蕴。然而面对社会转型带来的人们行为方式、价值观念和生活方式的剧变，以及受以西方体育文化为核心体系的现代体育文化的猛烈冲击，道口铺竹马舞这一极具地方特色的民俗体育活动的发展陷入困境。当前，道口铺竹马舞的传承和保护所面临的问题和挑战主要表现在以下三个方面。

（1）任何文化的产生、发展、演化都离不开一定的时间和空间。随着现代经济、社会的快速发展，现代流行文化对传统固有文化产生了巨大冲击，竹马舞原来的生存环境已发生很大改变，活动空间越来越窄，表演团队数量急剧减少。随着时间推移，一些老艺人过世，致使竹马舞部分技艺失传，很多相关资料缺失。

（2）竹马舞面临人才队伍老化、后继乏人的局面。在当今市场经济条件下，中年人大多在外谋生，逢年过节才能回家。年轻的一代大多在校学习或在外务工，很少有人愿意学，所以后继人才的培养难度很大。

（3）在民族民间舞蹈中，有相当一部分是借助道具来完成的。"作为人类的一种文化创造，舞蹈道具凝聚了无数人的智慧，是文化的精髓所在。"[1]竹马舞属集体性质的舞蹈项目，人物角色多，不仅组织排练难度大，而且服装、道具和演出补助等投入也较大。由于资金投入不足，经费紧张，竹马舞全靠群众捐资和商业演出筹资，运作十分困难。

三、竹马舞的传承和保护举措

道口铺竹马舞作为山东聊城地区的一种传统民俗舞蹈，深深扎根于当地民俗文化的土壤之中，与当地民俗活动密不可分。竹马舞不仅仅是一项单纯的民俗表演活动，还具有游戏娱乐、体育训练、社会交往、祭神拜祖、文化记录等五大功能。"既能满足劳动群众对一般娱乐性精神文化生活的需求，也能满足人们向神灵祈福对话的心灵需求。"[2]加强对竹马舞的保护、传承和发展，对于弘扬优秀传统文化、发展民俗文化旅游具有非常重要的意义。针对其面临的问题和挑战，笔者认为，应该采取以下五个措施。

---

① 陈一林《民族民间舞蹈文化探讨与传承发展研究》，长春：吉林人民出版社，2017年，第14页。

② 郭小刚、黄燕《竹马舞的社会文化功能探微》，《音乐传播》2016年第2期。

1. 加强宣传和推介

"非物质文化遗产由于其高度的个性化、传承的经验性、浓缩的民族性以及与物质载体的紧密联系性，很容易随人的主观意识受到外界环境的侵袭而发生改变，且一旦破坏，其价值重拾较难实现，很可能面临消亡的危险，因而具有很强的脆弱性。"①如某些传统手工技艺或表演艺术，由于年轻人价值观念的不同，不热衷于传承此项技艺，因此这些非物质文化遗产难以有效传承，甚至会随着传承人的去世而消失。同时，非物质文化遗产又具有重要的历史、文化和艺术价值，是祖先留给我们的宝贵精神财富和无形文化财产，这就决定了我们必须对其进行保护和传承。

目前，虽然各级政府和相关部门对道口铺竹马舞进行了广泛的宣传，但从总体上讲，社会民众对其了解和认知还存在一定的不足。要积极利用报刊、广播、电视、互联网等各种新闻媒体，广泛宣传、报道竹马舞演出动态和保护工作成果；要组织编写竹马舞的相关书籍和材料，拍摄制作光盘，并出版发行；在条件允许的情况，建立道口铺竹马舞展示馆，通过文字图片展示、演出道具服装陈列、表演场景制作、演出视频资料播放及参观者现场体验表演等形式，全面展示该舞蹈的艺术价值。

2. 加强对传承主体的保护

"非物质文化遗产的传承主体，是指民间文化艺术的优秀传承人，即掌握着具有重大价值的民间文化技艺、技术，并且具有最高水准的个人或群体。"②他们被称为"人类活财富""人类活珍宝"或"人间国宝"。由于非物质文化遗产是植根于民间的活态文化，是发展着的传统的行为方式和生活方式，因而，它不能脱离生产者和享用者而独立存在，它是存在于特定群体生活之中的"活"的内容，它的生存与发展永远处在"活体"传承与"活态"保护之中。"从这个意义上说，传承主体是进行非物质文化遗产保护的核心因素。如果从事非物质文化遗产的传承人日益减少，乃至青黄不接、后继乏人，一些民间传统艺术、技艺就会不断消亡。所以，保护传承主体是做好非物质文化遗产抢救与保护工作的根本。"③

从整体上保护道口铺竹马舞等民间舞蹈类非物质文化遗产，关键是要保护好它们的传承人。要加强竹马舞表演艺人或传承人、传承群体及环境的管理，对从事表演竹马舞的民间艺人和传承人要进行翔实的登记，纳入政府文化主管部门保护的名录之中，随时了解他们的生活状况，给予一定的经济补助和政治待遇，使他们能一心一意带徒弟，为保护和传承竹马舞贡献智慧和余生，这项工作是保护和传承的关键所在。相关部门要把竹马舞的保护和传承列入年度工作计划，并进行考核；要设立竹马舞项目专项保护基金，逐步提高对传承人和表演团队的资金补助，募集社会资金参与和支持对该项目的保护；要建立代表性传承人的命名、表彰制度，激

---

① 周灿《德昂族非物质文化遗产保护与民族村寨旅游》，昆明：云南人民出版社，2014年，第10~11页。
② 李荣启《非物质文化遗产保护研究文集》，北京：文化艺术出版社，2016年，第12页。
③ 王文章《非物质文化遗产概论》，北京：教育科学出版社，2013年，第270页。

励传承人和骨干表演团队做好项目传承和传播工作；要努力营造良好的社会环境，积极组织竹马舞团队参加国内外演出、展示和交流活动，鼓励该项目"走出去"，实现表演、传承常态化。

3. 建立健全保护和传承体系

在非物质文化遗产传承过程中，事实上存在着这样两个与非物质文化遗产传承息息相关的主体：一个是非物质文化遗产的传承主体，一个是非物质文化遗产的保护主体。所谓"非物质文化遗产传承主体"，是指我们通常所说的"非物质文化遗产传承人"。一个国家非物质文化遗产的传承，无论是民间文学、表演艺术的传承，还是民间技艺、传统仪式的传承，主要是通过他们来进行的。这一点，亘古以来，从未改变。除艺人、匠人等传承主体外，还存在着一个以政府为主导的非物质文化遗产保护主体。所谓"非物质文化遗产保护主体"，是指那些处于传承圈之外，虽与传承无关，但却对非物质文化遗产传承起着重要推动作用的外部力量。这一群体包括我们的各级政府、学界、商界以及新闻媒体等。① 其中，各级政府部门是最为重要的保护主体，在保护和传承非物质文化遗产中发挥了关键作用。

政府相关部门要对道口铺竹马舞进行深入调查研究，全面了解它的产生和历史沿革，充分挖掘它的文化内涵；运用文字、录音、录像、摄影等手段对其进行全面、系统地记录，充实和完善数字化资料库建设，实施长期、妥善保存和利用；要建立健全道口铺竹马舞项目保护和传承体系，努力实现竹马舞保护与传承工作的科学化；要建立规范的传承培训制度，加强传习所建设，扩大演出和传承队伍；通过激励措施，不断扩大竹马舞表演队伍，使竹马舞的分布范围和表演者的年龄、结构、层次更加合理；逐步恢复竹马舞排练和演出制度，鼓励竹马舞进校园、进课堂，既组织学生观赏，也向学生传授表演技艺；文化主管部门也要利用每年的农闲时间，定期举办竹马舞培训班，通过传承人的讲解、指导和现有表演团队的示范教学，使新学员逐渐掌握道口铺竹马舞的舞蹈技艺。

4. 坚持原真性和整体性保护

"原真性是指保护非物质文化遗产本来的、原生的、真实的原貌，也包含遗产的完整性，即遗产的保护是不能与其生存环境相分离的，强调整体性的保护。"②20世纪60年代"原真性"被引入遗产保护领域，并逐渐在世界范围内达成理解和共识。1964年的《威尼斯宪章》奠定了原真性对文化遗产保护的意义，提出"将文化遗产真实地、完整地传下去是我们的责任"。1994年12月在日本通过的关于原真性的《奈良文件》肯定了原真性是定义、评估、保护和监控文化遗产的一项基本原则。指出"原真性本身不是遗产的价值，而对文化遗产价值的理解取决于有关信息来源是

---

① 苑利、顾军《非物质文化遗产保护前沿话题》，《非物质文化遗产保护理论与方法丛书》，北京：文化艺术出版社，2017年，第186页。

② 张巍《非物质文化遗产旅游开发系统的动态仿真研究》，南昌：江西人民出版社，2014年，第35页。

否真实有效。由于世界文化和文化遗产的多样性,将文化遗产价值和原真性的评价,置于固定的标准之中是不可能的。"①世界遗产委员会明确规定"原真性"是检验世界文化遗产的一条重要原则,并要求真实、全面地保存并延续文化遗产的历史信息及全部价值,明确提出被登录的遗产不能是按照今人臆想过去历史情况重建恢复的东西。"这就是说,原真性是要保护原生的、本来的、真实的历史原物,保护它所遗存的全部历史文化信息。"②

原真性原则既适用于物质文化遗产,也是非物质文化遗产保护应该坚持的基本原则。对非物质文化遗产进行原真性保护,首先是保护其自身的完整性。任何一种非物质文化遗产,都是由多种技艺、技能以及相关的物质载体共同构成的,只保护其中的技艺、技能,是不能将其完整地传承下来的;没有了这些物质载体,非物质文化遗产也难以体现。具体来说,保护传统舞蹈,就需对道具、场所、传承人等实施全面保护。对道口铺竹马舞进行资源调查、科学研究、保护和传承,都应建立在原真性保护基础之上,在明确两者遗产特征和价值主体的同时,探寻两者之间的关联。通过有效的保护和传承,进一步培育道口铺竹马舞赖以生存、发展、繁荣的土壤。要按照"保护为主、抢救第一、合理利用、传承发展"的指导方针,正确处理好保护和利用的关系。注重道口铺竹马舞项目的真实性、整体性和传承性,实施原真、整体、活态保护,使该项目得到社会的普遍确认、尊重和弘扬,实现保护成果社会共享。

5. 静态和活态保护相结合

活态性是非物质文化遗产的一个重要特征。非遗的传承必须以人为载体,无论是民间文学、音乐、舞蹈、民俗,还是传统手工技艺或医药等,它们都需要通过人们的行为活动来表现。在这些行为活动中,民间故事的叙说,民族史诗的传唱,音乐、舞蹈、戏剧等艺术的表演,民俗习惯的表现以及传统医药的运用都是动态的。"这种动态特征贯穿于非遗的整个行为过程中,使得非遗具有活态的特征和生命力,从而和静态形式存在的物质文化遗产明显区别开来。"③"非物质文化遗产存在于当下特定的民间生活方式中,甚至就是他们生活的本身。"④"它是流动的,活态的,像水流一样滚滚向前,川流不息,不会永远停留在一个点上不变。"⑤因此,非物质文化遗产传承的最有利方式是活态传承。

"所谓活态传承,是指在非物质文化遗产生成发展的环境中进行保护和传承,

---

① 阮仪三《城市遗产保护论》,上海:上海科学技术出版社,2005年,第3页。
② 姚小云、刘水良《武陵山片区非物质文化遗产保护与旅游利用》,成都:西南交通大学出版社,2015年,第113页。
③ 张魏《非物质文化遗产旅游开发系统的动态仿真研究》,南昌:江西人民出版社,2014年,第30页。
④ 丁淑梅、陈思广《身份的印迹:中国文学论片》,武汉:长江文艺出版社,2015年,第18页。
⑤ 安静《藏区非物质文化遗产的法制保护》,成都:西南交通大学出版社,2015年,第5页。

是在人民群众生产生活过程中进行传承与发展的传承方式。"①活态传承能达到非物质文化遗产保护的终极目的,是区别于以现代科技手段对非物质文化遗产进行"博物馆"式的保护,用文字、音像、视频方式记录非物质文化遗产项目方方面面的方式。死水养不出活鱼,要让一池水都活起来,就不能仅仅只是对某一个非遗项目的收录保护,而是让其生存环境变成一池活水,体现出活态传承的原则。

民间舞蹈是动态的艺术,表演空间是其生存的文化境域,丰富而又多样的文化空间是保护民间舞蹈文化多样性的必要保证。而在当代社会语境下,道口铺竹马舞的传承则应"静态"和"动态"相结合。一方面,可以在当地建立博物馆、展览馆开展舞蹈文献、服饰、道具等实物的静态展示;另一方面,则可以通过鼓励民众恢复传统民俗活动、建立民俗文化园等,构筑其赖以生存和传承的社会生态环境,保证竹马舞的活态传承。

道口铺竹马舞是聊城地区较有代表性的民间舞蹈艺术,是一种极具地方特色的民俗体育文化,具有重要的文化和艺术价值。在现代社会文化的冲击下,竹马舞的传承和发展面临着巨大的困境和挑战,出现表演团队数量急剧减少、部分传统技艺失传以及人才队伍老化、后继乏人等问题。各级政府部门应采取加强宣传推介、完善保护和传承体系等措施,坚持原真性和整体性保护、静态和活态保护相结合的策略,推动竹马舞得到更好的保护、传承和发展,使得道口铺竹马舞这一传统民间舞蹈在当代社会焕发新的生机和活力。

---

①　左尚鸿《蒹草锣鼓》,北京:文化艺术出版社,2014 年,第 218 页。

第二十章 传统武术的保护与传承：
以临清肘捶为例

临清肘捶是一种传统拳法,此拳创始有 100 多年,主要流行于山东、河北一带,因其能够巧妙使用多种肘法、拳法而得名。100 多年来,临清肘捶拳法经六七代弟子传习延伸,受到鲁西、冀南等地人民的喜爱。近年来,临清肘捶不但在各健身点推广传授,而且武校也开设肘捶课程。对进一步弘扬优秀传统文化,促进全民健身运动的开展,起到了积极的推动作用。临清肘捶因其重要价值,分别于 2009 年 9 月和 2011 年 5 月入选山东省第二批非物质文化遗产名录和第三批国家级非物质文化遗产名录。本章在论述临清肘捶历史沿革及发展演变的同时,分析其传承现状及存在的问题,并在此基础上提出具有针对性的保护和传承策略。

一、临清肘捶的历史沿革

临清肘捶为临清唐园镇瑶坡村张东槐所创。张东槐生于清道光二十四年(1844),卒于光绪二十七年(1901)。他家道殷实,秉性豪放,幼承家教,勤奋好学。据传少林寺一腐和尚曾传其拳法,后又游历四方,以武会友,经多年研究,创编了立意精深、法度严谨、简明实用的肘捶拳法。1901 年之前,肘捶一直处于鼎盛发展时期。到义和团运动结束后,张东槐无疾而逝。其继承人在传承过程中,虽同为一师所授,但由于心得不同、文化水平不同等原因,出现功架、套路等方面的差异,导致各地所传承的肘捶也存在差异,给后人留下了许多对肘捶的猜想和遗憾。

肘捶门派的习练者包含了当时武举的举人于跃周和衙门捕头刘汝勤。他们在漳王庙开始开馆收徒,传授张东槐所创建"二十一势"捶法和其他武术门类的拳械。在常年的传习中,二人发现其他武术门类技法的精华与肘捶技法的变化可以互生互补,在使用中使肘捶表现得更加快捷与灵巧。二人经过长期观察与推敲,对张东槐所创十路捶的对练套路进行重新排演,将"二十一势"捶法改为每路"十三势",经过不断努力的推广和传承,"十三势捶法"的肘捶就此诞生。于、刘两位以张东槐编撰的捶谱为母本,增添新编"新肘捶"的歌诀和内容,形成"新旧谱合编"。在"十三势捶法"诞生的同时,二人又创立"七星捶"推手的套路,并放入"新捶"的演习之中。他们结合当地流传的"梅花拳秘籍"中"八方步"的意义,对门派内演练的"八卦捶"进行"四正四斜"的内容充实。于跃周和刘汝勤两位在自己传播肘捶的同时,结合张东槐编创时所结合的医理、《易经》等,不断从各门派武学中吸取精髓,充实着肘捶捶谱的内容，为肘捶之后的发展奠定了基础。

肘捶的基本内容由功法和理法两部分组成。功法主要有两通、十趟捶、四季捶、八方捶及天地人字号散手等；理法主要有玩意起名说及捶论等。肘捶论讲究理、法用则，内外兼修，法理合一，主张"学一式得一法""得一法明其所用，学一法须知法中之理"，以期举一反三。肘捶的捶论对本门技法功法之要领进行了全面的论述，内容有论两通、交手谱、论身法、论进退、论静法、雷电捶、飞鞭捶、游意捶、透甲捶、伏虎捶、审机捶、缠丝捶、空敌法、无我法、论刚柔、论化境捶、论四节劲、论八面肘、论立身中正等，每一论都以诗歌而概其要旨。基本功以两通为主，立众有之本、万象之根，集健身和技击为一体，出新意于法度之中，寄妙理于豪情之外。十趟捶、七星捶、四季捶、八方捶及散手组合均为对练形式，立意精深，结构严谨，极变幻之能，得自然之数，式式精彩如串锦铺地，故被誉为"十趟串地锦"。① 临清肘捶以易理说拳理，讲究顾打结合，攻中寓防、防中寓攻、攻防结合，体现了辩证的战术思想，攻防合一使得对手防不胜防。正因为如此，肘捶实战威力很强，不轻易示人，一直以来秘密传承。步法快捷、身法灵活以及手法的快速多变，塑造了肘捶一接手便争先的神话。

肘捶的可贵之处在于：在中国武艺的高度成熟期，张东槐自觉地运用易、医之理及兵学之理来演绎武技，使他创编的拳法起点高、立意准、招法切重实用，是理论和技法的优秀结合。张东槐在拳谱中写下的若干篇"捶论"，全面细致地论述了拳的各种性质及临敌交手时的战斗谋略、心理意识等。其见识深刻独到，精辟之至，为其他武术典籍所没有，使肘捶成为我国优秀武术文化的重要代表。肘捶中保留了许多中国传统武艺中的原生态元素，为我们研究认识中国传统武艺、发展现代体育运动提供了借鉴。②

现在临清肘捶的代表性传承人为申孝生，1945 年 7 月出生，回族，山东临清人，现为临清肘捶研究会会长。他自 8 岁开始习武，学习潭腿、查拳。15 岁时，学习摔跤；5 年后，又开始学习太极、八卦、形意。26 岁时，经朋友推荐到肘捶门下第四代传人——胡世铭和张铎两位门下学习肘捶。申孝生于 1973 年开始在家设场授徒，1998 年至 2002 年，在临清市武术学校教学；2003 年，赴深圳、长沙等地传授肘捶；2010 年，在临清三中传授肘捶，后在深圳精武国学院教授肘捶及其他传统武术。所教弟了在 2010 年全国子午门少林民间武术比赛中获得两金、三银、两铜的好成绩。2011 年 7 月，参加第十一届全国子午门少林民间武术比赛，又获得一金、两银、两铜的好成绩。近年所教弟子马振、李泓霖分别在深圳、长沙获得男子散打冠军。2017 年 12 月，因其在传承临清肘捶方面的贡献，申孝生入选第五批国家级

① 李宗伟《山东省省级非物质文化遗产名录图典》（第 2 卷），济南：山东友谊出版社，2012 年，第 236～237 页。

② 李宗伟《山东省省级非物质文化遗产名录图典》（第 2 卷），济南：山东友谊出版社，2012 年，第 237 页。

非物质文化遗产项目代表性传承人。

二、肘捶的传承现状及问题

当代中国正经历着一场史无前例的全球化变革,对于中国而言,融入全球化是当今中国改革开放的一个时代特征,极大地推动了中国社会的进步。然而伴随着全球化的进程,以科技、教育、商品、信息及大众娱乐等为内容的西方文化逐步成为当今世界的强势文化并不断扩张渗透,使传统武术赖以产生和发展的农耕文明和宗法社会的土壤逐渐削弱和消失,民众的价值观和审美观随之发生着巨大的变化,加之传承人的自然衰老和死亡,使传统武术的一些门类逐渐趋于没落、甚至消亡,传承和延续面临着严重危机。[①] 临清肘捶亦是如此,其在传承和发展过程中主要面临以下三个问题。

1. 生活方式的转变,习练者减少

传统中国社会遵循着"日出而作,日落而息"的农耕生活,奉行"男主外、女主内"的家庭生活,有较多的闲暇时间可以习练武术。中国历史上的武举制度创始于唐代,其兴盛是明清两代,特别是在清代,普通人可以通过武举考试进入仕途。在冷兵器时代,学习武术不仅能够强身健体,还能够在关键时刻保命。因而在传统中国社会,武术有着广泛的群众基础,习武者数量众多,且极为普遍。伴随我国经济实力不断地增强,在生活方式上有了很大的改变,人们习练武术的欲望和需求逐渐降低。随着经济社会的发展,人们的生活质量普遍提高,生活节奏也逐渐加快,用于锻炼身体的时间逐渐减少,愿意吃苦的人更是越来越少,包括武术在内的很多民间健身方式正在失传,肘捶也面临如此危机。[②]

传承人是传统武术技艺延续下去的关键,但由于中国处于社会转型时期,城镇化进程促进了人们入城务工和落户城市,传统武术在原有村落环境急剧变化中呈现出前所未有的没落趋势。与外国统一服饰、段位分级、集体教学的道馆武技相比,传统武术强调反复练习、单一指导、体悟参透,显得过于"老土",无法吸引年轻一代。曾经是传统武术身份象征的技击在整个社会"尚文不尚武"的风气下,逐渐褪去鲜亮的颜色,而国外武技道馆式的课程形式吸引广大青少年的注意。[③] 现在习练肘捶的人员年龄普遍较大,所收徒弟年龄最小的 54 岁,平均年龄在 60 岁左右。而且伴随外来拳种的传入,跆拳道家喻户晓,越来越多的孩子从小开始学习跆

---

① 朱清华、刘志坚《非物质文化遗产视野下传统武术传承的思考》,载张仲谋《非物质文化遗产传承研究》,北京:文化艺术出版社,2010 年,第 363 页。
② 翟继萍《临清肘捶的历史传承与保护研究》,山东体育学院 2016 年硕士学位论文,第 23 页。
③ 张勇《咏春拳研究》,合肥:安徽大学出版社,2018 年,第 53 页。

拳道等外来武术,并考等级证书,却忽略了我们本土的传统武术。[1]

2. 临清肘捶复杂难练,推广困难

肘捶属于民族传统体育项目,因而其基本功相较别的体育项目有些难度。临清肘捶的招式看似简单、易学,但了解并懂得临清肘捶的学者们都知道,临清肘捶并非一招一式那么简单,其拳理深奥,有较高深的拳学理论。拳谱中的大部分动作名称都是引用典故,如对文字功底及医理修养、易理没有很好的理解,对临清肘捶的学习很难达到一定境界,所学者学到的也只是临清肘捶的皮毛而已。临清肘捶的一些技术动作要领难度较大,如没扎实、过硬的武术基本功底,很难学得透彻,这也给临清肘捶的推广和发展带来一定的困难。

3. 传承态度和传承思想的保守

肘捶与其他武术门派一样,主要以家族继承或师徒相传,最主要的传承方式是口传心授,身体示范。这种传承方式有较大的依赖性,一旦传授者离世或者没有徒弟传授时,容易导致功法失传。此外,这类传承方式传播范围较小,封闭性较强,很少有人有机会能看见他们的训练过程,内在的保护性导致其传播过程很慢。传承人在举办培训班和开馆收徒时,由于各种原因,传承内容有限,并且主要以健身为主。很多学习者在平时的学习中抱着玩的心态对待,在学习中并不尽心尽力,导致肘捶的传承并不乐观。[2] 针对这一情况,肘捶传承人应打破传统的封闭式传承模式,改变传统口传身授的传承方式,应该以更加灵活的传承方式积极加以推广。除整理资料、编辑书籍外,还可以拍摄套路技术录像,创编适应当代大众需要的简化套路;参加各种武术比赛,不定期地与其他门派交流借鉴;申请开设临清肘捶门户网站,留存文字、图片、视频等资料,以供习练者学习交流。

三、肘捶的保护与传承策略

中华武术源远流长,博大精深,流派众多,玄妙无穷。千百年来,传统武术经久不衰,有着极为广泛的群众基础,显示出旺盛的生命力。随着我国经济社会和体育事业的发展,对中华武术,特别是传统武术提出了新的挑战。面临新的机遇和挑战,如何保护、传承和发展传统武术,成为我们面临的重要课题。肘捶不仅可以强身健体,更是传统体育文化的重要组成部分,将肘捶发扬光大,也是在弘扬优秀传统文化。对于临清肘捶的保护和传承,笔者认为,可以采取以下五点措施。

1. 加大宣传力度

相关部门应加强对肘捶的宣传力度,利用各种手段和媒体宣传肘捶的练功方

---

[1] 翟继萍《临清肘捶的历史传承与保护研究》,山东体育学院 2016 年硕士学位论文,第 24 页。

[2] 翟继萍《临清肘捶的历史传承与保护研究》,山东体育学院 2016 年硕士学位论文,第 25 页。

法、技击手段等,宣传传承人的优秀事迹,增强传承人的自豪感、荣誉感、责任感,扩大临清肘捶的影响力和知名度,增强全社会的保护意识。借助新兴媒介,录制相关纪录片、宣传片或微电影,加深公众对肘捶的了解和认识,随时随地将相关信息与公众分享,让更为广泛的人群参与非物质文化遗产的保护和传承。积极吸纳社会力量,将热爱、专注传统武术文化的非专业人士,吸纳到非遗的保护团队中,让更多热爱非物质文化遗产传承的民众亲力亲为地参与非遗保护,夯实非遗传承的社会基础。定期组织召开有关肘捶的研讨会和传承经验交流会,推广研究成果和传承经验,指导肘捶更好的传承和发展。

就现阶段肘捶的发展来看,参加比赛无疑是最为有效的宣传方式。在比赛过程中学习办赛经验,完善比赛制度,借鉴现代体育运动的发展机制,开展自己组织的比赛,利用赛事推动肘捶的发展,让越来越多的人对肘捶感兴趣。① 现在的临清肘捶协会已经在利用报纸和赛事进行宣传。2010 年,在梁山县参加全国第十届民间武术比赛;2011 年,筹办"全国肘捶文化学术交流会、传统武术交流邀请赛"。拍摄有关肘捶文化的电影电视,并积极参加全国各地举行的关于武术文化研讨交流活动。②

2. 加强对传承主体的保护

非物质文化遗产的最大特性是它的"非物质"性。在传统武术这种技艺被传承人展示和表达出来以前,人们看不到、摸不到、感受不到传统武术的存在。因此,与物质类文化遗产相比,传统武术这类非物质文化遗产的保护难度更大。所以保护的重点不应当是"看不见""摸不到"的非物质文化遗产,而是这些文化遗产的持有人。传承人是非物质文化遗产的重要承载者和传递者,对传承人的保护是非遗保护的关键所在。"事实也一次次证明,只要保护好这些文化遗产传承人,非物质文化遗产就不会消失;只要激励这些非物质文化遗产传承人,他们就会不断进取,产品也会越发精益求精;只要鼓励这些非物质文化遗产传承人继续招徒授业,非物质文化遗产就会后继有人,绵延不绝。"③

在肘捶的保护和传承过程中,要注意维护传承人的切身利益,通过各种手段充分调动传承人的积极性,提高他们自觉保护的意识,促使他们对肘捶进行宣传,并对自身所学功法进行传授。④ 要积极开展非遗传承人评选活动,对做出贡献的传承人不仅给予一定荣誉,提高他们的社会地位,还要给予他们优厚的物质奖励。高等院校武术专业招生时,对传统武术的优秀人才和杰出传承人,应该给予一定的照

① 翟继萍《临清肘捶的历史传承与保护研究》,山东体育学院 2016 年硕士学位论文,第 28 页。
② 翟继萍《临清肘捶的历史传承与保护研究》,山东体育学院 2016 年硕士学位论文,第 28~29 页。
③ 苑利、顾军《非物质文化遗产保护前沿话题》,非物质文化遗产保护理论与方法丛书,北京:文化艺术出版社,2017 年,第 74 页。
④ 翟继萍《临清肘捶的历史传承与保护研究》,山东体育学院 2016 年硕士学位论文,第 25~26 页。

顾和政策上的倾斜，使他们有机会受到高等教育，提高传承人的素质。在肘捶传承过程中，应该为传承人能自主进行传承工作创造良好的条件。当地政府与文化部门应对肘捶的锻炼地点进行详细的规划，并在规划的锻炼地点标注用途。努力拓宽筹集资金的渠道，积极筹措资金，为肘捶研究协会开展相关活动提供物质支持。通过开展各类的表演、比赛，对肘捶进行宣传，吸引更多肘捶爱好者。①

在传统武术传承中，要积极发挥传承人的传承自主性。政府、商界、学界或新闻媒体，可以为传统武术的传承提供帮助，但不能违背武术传承和发展的本质规律，要尊重传统武术的自主化传承。② 非物质文化遗产的传承包括"静态"与"活态"两种形式，其中静态传承更加注重物质资料的保存，而活态传承强调的是可持续性发展。在非物质文化遗产的传承过程中，植根于民间社会的非遗传承人才是传承的主体，因此应该积极发挥传承人的传承自主性，禁止某些机构或组织对传承活动进行过多干预。③

3. 加强与全民健身政策的结合

肘捶的技法、功法需要进行保护，目的是将肘捶的"根"留下来，给后人留下借鉴、研究的根本。现在流传的后世功法是经过几代人发展形成的，技术动作相当的深奥，基本功比较深邃，其他功法是以基本功为基础而进行的改编。随着生活方式的改变，习武者越来越少，肘捶的传承遇到了一定的困难。如果不加以有效保护，随着传承人年龄的增加，肘捶的技法、功法慢慢会真的变成遗产。

"在发掘与整理传统武术的过程中，应该做到与时代的发展以及人们的需求相适应。具体来讲，就是应该彰显传统武术所具备的健身价值与修身价值，更好地突出其在全民健身方面的积极作用。"④自 2009 年 10 月 1 日《中华人民共和国全民健身条例》开始实行至今，不仅仅是民间项目，甚至越来越多的竞技体育项目都开始向全民健身方向发展。通过全民健身的开展，我国国民的体育意识日益增强，体育锻炼成为每个人日常生活中不可或缺的一部分，相对于对技术动作和身体素质要求较高的竞技体育项目，我国传统武术拳种的受用人群更广，也更容易掌握，锻炼效果也能达到日常锻炼的标准。为避免肘捶濒临消失的境遇，除了对现存技术动作进行宣传保护外，还应顺应时代的潮流，对技术动作进行改变，以健身、娱乐为主要目的，创造适合现代社会生活节奏的技术体系。通过对现有技术动作进行演示和讲解，展示肘捶独特的武术魅力，使其在今后得到更好的传承和发展。

4. 坚持原生态和整体性保护

文化有"原生态文化"与"次生态文化"之分。"原生态文化"是指历史上创造并

---

① 翟继萍《临清肘捶的历史传承与保护研究》，山东体育学院 2016 年硕士学位论文，第 26 页。
② 秦清俊《传统武术文化传承与发展研究》，长春：吉林人民出版社，2012 年，第 84 页。
③ 蔡利敏《传统武术文化透视与传承发展研究》，北京：中国商务出版社，2016 年，第 61 页。
④ 蔡利敏《传统武术文化透视与传承发展研究》，北京：中国商务出版社，2016 年，第 70 页。

流传或保存至今的、未经任何刻意改变的传统文化;"次生态文化"是指那些在传统的、原生的文化基础上创造出来的新兴文化。① 传统武术文化的魅力就在于其"传统性",经过几千年的历史沉淀,仍然保持着其本色。对传统武术文化的传承,就是要对其文化的合理内容与形式的继承,这是文化属性的根本所在。尤其是在武术文化"次生态"文化多发的现代社会,更要强调保持传统武术的"原生态"的重要性。

中华武术文化内容丰富,不能只对其中的一部分进行保护,应该保护其完整性,否则其文化价值就会大打折扣。我国的传统武术具有完整的体系和相应的生存环境,包括相应的练习方法、套路种类、技法等。此外,传统武术还包括很多传统文化思想、人生哲理以及一些礼节、仪式等,这些共同构成了我国的传统武术文化。② 任何一种文化遗产都是由"物质"与"精神"两个方面共同构成的,传统武术也是如此。如传统武术的拳谱、器械和服饰等,这都属于物质类文化遗产,而传统武术的练习方法、技艺使用等则属于非物质文化遗产。在传统武术的传承中,一定要重视这些物质文化遗产的传承。③ 此外,在对肘捶进行"原汁原味"传承的同时,我们还要保护它的生存环境,只有这样,才能使其永葆活力。

5. 发挥学校的传承功能

目前,传统武术的自然传承环境出现了危机,在这种情况下,利用学校进行传承不失为一个良好选择。④ 学校传承与传统的师徒传承方式存在着很多相同之处。在学校中,称教授者为"老师",这与师徒传承中的"师父"非常接近,只是"老师"是一种职业的传承,而"师父"是一种义务的传承。学校传承是传统武术传承的一种新式途径,它是在武术被列为校园教育内容之后逐渐形成的一种传承形式。学校传承对于传统武术的发展具有非常积极的作用,国家相关教育机构也非常重视这种传承的方式,并且对学校传统武术的教育内容不断地进行完善。随着社会的不断发展,学校传承这种方式对于传统武术文化的保护和传承必将发挥越来越重要的作用,并将成为传统武术传承的主要途径之一。⑤

我国体育运动项目繁多,然而在学校真正开展的项目比较少,部分竞技武术项目没有得到充分开展,民族传统体育项目在校园的生存空间很小。虽然近年来肘捶在学校进行积极宣传,但是在学校的开展情况并不好,肘捶的发展仍然在学校"门槛"处徘徊。结合当前的教育形式,先在临清当地学校进行推广,为终身体育打下坚实的基础。设立学习肘捶的试点学校,肘捶研究会应对试点学校的体育教师进行专门的培训,并作为当地的特色体育课程,供学生选择。⑥ 肘捶引入体育课堂

---

① 秦清俊《传统武术文化传承与发展研究》,长春:吉林人民出版社,2012年,第84页。
② 冯文杰《中华武术的现代传承与发展》,北京:中国商务出版社,2018年,第75页。
③ 秦清俊《传统武术文化传承与发展研究》,长春:吉林人民出版社,2012年,第83页。
④ 秦清俊《传统武术文化传承与发展研究》,长春:吉林人民出版社,2012年,第79页。
⑤ 蔡利敏《传统武术文化透视与传承发展研究》,北京:中国商务出版社,2016年,第59页。
⑥ 翟继萍《临清肘捶的历史传承与保护研究》,山东体育学院2016年硕士学位论文,第27页。

后，除进行正常的体育课教授之外，还应鼓励开展多种方式对肘捶进行宣传。在课下建立肘捶兴趣小组，使学生越来越愿意学习肘捶。肘捶研究会应积极与教授肘捶的教师进行沟通，解决在教授过程中遇到的问题。筹措相应资金，在学校举行有关肘捶的汇报表演，并对表演较好的班级进行一定的奖励。①

　　武术文化是中华优秀传统文化的重要组成部分，具有独特的内涵和价值。临清肘捶是一种传统拳法，距今已有 100 余年的历史。不但可以强身健体，而且还具有重要的历史、文化和社会价值，对其进行保护和传承具有重要的现实意义。随着经济、社会的快速发展，再加上其练习难度较高，临清肘捶与其他传统武术一样面临着传承人年事已高、习练者日渐减少等危机。面对这一情况，我们必须加大宣传力度，增强保护意识，运用各种手段充分调动传承人的积极性，为其保护和传承创造良好的社会环境。在保护和传承过程中，我们不仅要对项目进行整体性和原生态保护，更应该对其产生和存在的社会生态进行关注，同时，积极发挥学校的传承功能，在学生中间大力进行宣传和推广，展现传统武术的魅力，努力夯实传统武术的社会基础，让其在当代社会得到更好的传承和发展。

---

① 翟继萍《临清肘捶的历史传承与保护研究》，山东体育学院 2016 年硕士学位论文，第 28 页。

附录1 聊城市运河物质文化遗产保护名录

(截止到 2020 年 12 月)

序号	名称	保护级别	类别	地理位置	公布时间
1	山陕会馆	全国重点文物保护单位	古建筑	聊城市东关闸口南运河西岸	1988 年 1 月
2	光岳楼	全国重点文物保护单位	古建筑	聊城市古城中心	1988 年 1 月
3	临清运河钞关	全国重点文物保护单位	古建筑	临清市青年街道办事处后关街、前关街	2001 年 6 月
4	鳌头矶	全国重点文物保护单位	古建筑	临清市先锋街道办事处吉士口街 35 号	2001 年 6 月
5	清真寺	全国重点文物保护单位	古建筑	临清市先锋街道办事处桃园街北首	2001 年 6 月
6	清真东寺	全国重点文物保护单位	古建筑	临清市先锋街道办事处桃园街	2001 年 6 月
7	舍利宝塔	全国重点文物保护单位	古建筑	临清市先锋街道办事处小庄村北卫运河东岸	2001 年 6 月
8	崇武驿大码头	全国重点文物保护单位	古建筑	聊城市区东关运河北岸	2006 年 5 月
9	崇武驿小码头	全国重点文物保护单位	古建筑	聊城市区东关运河北岸	2006 年 5 月
10	张秋上闸（荆门上闸）	全国重点文物保护单位	古建筑	阳谷县张秋镇上闸村	2006 年 5 月
11	张秋下闸（荆门下闸）	全国重点文物保护单位	古建筑	阳谷县张秋镇下闸村	2006 年 5 月
12	阿城上闸	全国重点文物保护单位	古建筑	阳谷县阿城镇阿西村	2006 年 5 月
13	阿城下闸	全国重点文物保护单位	古建筑	阳谷县阿城镇刘楼村	2006 年 5 月
14	阿城盐运司	全国重点文物保护单位	古建筑	阳谷县阿城镇	2006 年 5 月

序号	名称	保护级别	类别	地理位置	公布时间
15	七级下闸 （七级北大桥）	全国重点文物 保护单位	古建筑	阳谷县七级镇北	2006 年 5 月
16	阿城陶城铺闸	全国重点文物 保护单位	古建筑	阳谷县阿城镇刘石庄	2006 年 5 月
17	周家店船闸	全国重点文物 保护单位	古建筑	聊城市江北水城旅游度假区凤 凰街道周店村	2006 年 5 月
18	永通闸 （辛闸）	全国重点文物 保护单位	古建筑	聊城市经济技术开发区北城街 道辛闸村	2006 年 5 月
19	梁乡闸	全国重点文物 保护单位	古建筑	东昌府区梁水镇梁闸村	2006 年 5 月
20	戴湾闸 （戴闸）	全国重点文物 保护单位	古建筑	临清市戴湾镇戴闸村	2006 年 5 月
21	临清砖闸 （临清二闸）	全国重点文物 保护单位	古建筑	临清市青年街道前关街南首运 河之上	2006 年 5 月
22	临清闸 （问津桥）	全国重点文物 保护单位	古建筑	临清市先锋街道白布巷街西首 运河之上	2006 年 5 月
23	月径桥	全国重点文物 保护单位	古建筑	临清市先锋街道桃园街西首运 河之上	2006 年 5 月
24	会通闸 （会通桥）	全国重点文物 保护单位	古建筑	临清市先锋街道福德街北首运 河之上	2006 年 5 月
25	河隈张庄明清 砖窑遗址	全国重点文物 保护单位	古遗址	临清市戴湾镇河隈张庄村	2006 年 5 月
26	会通河阳谷段	全国重点文物 保护单位	古遗址	阳谷境内	2013 年 5 月
27	会通河临清段 （元运河、 小运河）	全国重点文物 保护单位	古遗址	临清境内	2013 年 5 月
28	隆兴寺铁塔	全国重点文物 保护单位	古建筑	聊城市区铁塔体育场东南角	2006 年 5 月
29	土桥闸遗址	全国重点文物 保护单位	古遗址	东昌府区斗虎屯镇土闸村	2013 年 5 月
30	海源阁	山东省重点文物 保护单位	古建筑	聊城市万寿观街路北	2006 年 12 月

（续表）

序号	名称	保护级别	类别	地理位置	公布时间
31	冀家大院	山东省重点文物保护单位	古建筑	临清市青年街道办事处前关街82号、78号、86号、98号	2006年12月
32	汪家大院	山东省重点文物保护单位	古建筑	临清市青年街道办事处后关街86、88号	2006年12月
33	孙家大院	山东省重点文物保护单位	古建筑	临清市先锋街道办事处竹竿巷105号	2006年12月
34	赵家大院	山东省重点文物保护单位	古建筑	临清市先锋街道办事处竹竿巷56号	2006年12月
35	朱家大院	山东省重点文物保护单位	古建筑	临清市先锋街道办事处福德街124、127号	2006年12月
36	海会寺	山东省重点文物保护单位	古建筑	阳谷县阿城镇	2006年12月
37	大宁寺大雄宝殿	山东省重点文物保护单位	古建筑	临清市先锋街道办事处商场街32号	2013年10月
38	箍桶巷张氏民居	山东省重点文物保护单位	古建筑	临清市先锋街道办事处箍桶巷街156号	2013年10月
39	临清县衙南门阁楼	山东省重点文物保护单位	古建筑	临清市先锋街道办事处福德街南首	2013年10月
40	七级运河古街	山东省重点文物保护单位	古建筑	阳谷县七级镇	2013年10月
41	张秋陈氏民居	山东省重点文物保护单位	古建筑	阳谷县张秋镇北街	2013年10月
42	张秋山陕会馆	山东省重点文物保护单位	古建筑	阳谷县张秋镇南街	2013年10月
43	七级码头	山东省重点文物保护单位	古建筑	阳谷县七级镇	2013年10月
44	三元阁码头	山东省重点文物保护单位	古建筑	临清市青年街道	2013年10月
45	聊城东昌湖	聊城市重点文物保护单位	古遗址	聊城市古城外环	1999年4月
46	礼拜寺	聊城市重点文物保护单位	古建筑	聊城市礼拜寺街路西	1999年4月

序号	名称	保护级别	类别	地理位置	公布时间
47	聊城小礼拜寺	聊城市重点文物保护单位	古建筑	聊城市东关街路北	2003 年 1 月
48	城隍庙大殿	聊城市重点文物保护单位	古建筑	阳谷县张秋镇北街	2003 年 1 月
49	五体十三碑	聊城市重点文物保护单位	石刻	阳谷县张秋镇	1999 年 4 月
50	张秋运河古镇	聊城市重点文物保护单位	古城镇、街区	阳谷县张秋镇	2004 年 7 月
51	任大仙墓	聊城市重点文物保护单位	古墓葬	阳谷县张秋镇	2014 年 10 月
52	水门桥	聊城市重点文物保护单位	古建筑	阳谷县张秋镇南街	2014 年 10 月
53	张秋码头	聊城市重点文物保护单位	古建筑	阳谷县张秋镇南街	2014 年 10 月
54	考棚黉门	聊城市重点文物保护单位	古建筑	临清市青年路街道办事处考棚街 41 号	1999 年 4 月
55	竹竿巷	聊城市重点文物保护单位	古城镇、街区	临清市先锋街道办事处竹竿巷	2004 年 7 月
56	箍桶巷	聊城市重点文物保护单位	古城镇、街区	临清市先锋街道办事处箍桶巷	2004 年 7 月
57	陈家大院	聊城市重点文物保护单位	古建筑	临清市先锋街道办事处桃园街 98 号	2014 年 10 月
58	苗家店铺	聊城市重点文物保护单位	古建筑	临清市青年街道办事处会通街 33 号	2014 年 10 月
59	王家宅	聊城市重点文物保护单位	古建筑	临清市先锋街道办事处大寺街 62 号	2014 年 10 月
60	单家大院	聊城市重点文物保护单位	古建筑	临清市先锋街道办事处福德街 74 号	2014 年 10 月
61	李海务村船闸遗址	县（区）级文物保护单位	古遗址	江北水城旅游度假区凤凰街道办事处李海务村	2012 年
62	西梭堤村进水闸遗址	县（区）级文物保护单位	古遗址	东昌府区梁水镇西梭堤村	2012 年

聊城运河文化遗产概论

序号	名称	保护级别	类别	地理位置	公布时间
63	阿城清真寺	县（区）级文物保护单位	古建筑	阳谷阿城镇西街	2004 年 9 月
64	张秋黄氏民居	县（区）级文物保护单位	古建筑	阳谷县张秋镇北街	2014 年
65	闫庄闫氏祠堂	县（区）级文物保护单位	古建筑	阳谷县阿城镇闫庄村	2014 年
66	陶城铺关帝庙	县（区）级文物保护单位	古建筑	阳谷县阿城镇陶城铺村后街	2014 年
67	张秋马家祠堂	县（区）级文物保护单位	古建筑	阳谷县张秋镇东街	2014 年
68	上闸颜氏祠堂	县（区）级文物保护单位	古建筑	阳谷县张秋镇上闸村	2014 年
69	张秋涵闸（金堤闸）	县（区）级文物保护单位	古遗址	阳谷县张秋镇闸堤口村	2014 年
70	七级碧霞祠遗址	县（区）级文物保护单位	古遗址	阳谷县七级镇七一村	2014 年
71	龙山	县（区）级文物保护单位	古遗址	临清市青年街道办事处车营街南侧	1986 年 10 月
72	临清县治遗址	县（区）级文物保护单位	古遗址	临清市青年街道办事处东旧县村东、西两侧	1990 年 6 月
73	丁马庄贡砖窑遗址	县（区）级文物保护单位	古遗址	临清市魏湾镇丁马庄村西北 2000 米	1990 年 6 月
74	临清城墙遗址	县（区）级文物保护单位	古遗址	临清市新华街道办事处古楼街京华中学北侧	2010 年 7 月
75	魏湾钞关遗址	县（区）级文物保护单位	古遗址	临清市魏湾镇魏湾东村中部，运河北岸	2010 年 7 月
76	竹竿巷 116 号院民居	县（区）级文物保护单位	古建筑	临清市先锋街道办事处竹竿巷街 116 号	2010 年 7 月
77	箍桶巷 152 号院民居	县（区）级文物保护单位	古建筑	临清市先锋街道办事处箍桶巷 152 号	2010 年 7 月
78	考棚街 20 号院民居	县（区）级文物保护单位	古建筑	临清市青年街道办事处考棚街 20 号	2010 年 7 月

附录 2 聊城市运河非物质文化遗产一览表

（截止到 2020 年 12 月）

序号	项目名称	项目类别	申报地区或单位	所属批次
1	仁义胡同传说	民间文学	聊城市傅斯年陈列馆	聊城市第一批
2	秃尾巴老李的传说	民间文学	东昌府区、阳谷	聊城市第一批
3	堠堌冢的传说	民间文学	东昌府	聊城市第一批
4	武松的故事	民间文学	阳谷	聊城市第一批
5	东昌府木版年画	民间美术	东昌府区	聊城市第一批
6	东昌泥塑	民间美术	东昌府区	聊城市第一批
7	剪纸艺术	民间美术	东昌府区、冠县、茌平	聊城市第一批
8	张秋木版年画	民间美术	阳谷	聊城市第一批
9	道口铺唢呐吹奏艺术	民间音乐	东昌府区	聊城市第一批
10	临清驾鼓	民间音乐	临清	聊城市第一批
11	临清琴曲	民间音乐	临清	聊城市第一批
12	临清田庄吹腔	民间音乐	临清	聊城市第一批
13	鱼山呗	民间音乐	东阿	聊城市第一批
14	运河秧歌	民间舞蹈	东昌府区	聊城市第一批
15	道口铺龙头凤尾花杆舞	民间舞蹈	东昌府区	聊城市第一批
16	临清五鬼闹判	民间舞蹈	临清	聊城市第一批
17	冠县柳林花鼓	民间舞蹈	冠县	聊城市第一批
18	冠县三合庄高跷	民间舞蹈	冠县	聊城市第一批
19	冠县柳林降狮舞	民间舞蹈	冠县	聊城市第一批
20	临清洼里秧歌	民间舞蹈	临清	聊城市第一批
21	顶灯台	民间舞蹈	阳谷	聊城市第一批
22	东昌弦子戏	传统戏曲	东昌府区	聊城市第一批
23	山东快书	传统曲艺	临清	聊城市第一批
24	聊城八角鼓	传统曲艺	东昌府区	聊城市第一批
25	临清时调	传统曲艺	临清	聊城市第一批

（续表）

序号	项目名称	项目类别	申报地区或单位	所属批次
26	谷山调	传统曲艺	阳谷	聊城市第一批
27	聊城杂技	民间杂技	聊城市	聊城市第一批
28	东昌葫芦雕刻	传统技艺	东昌府区	聊城市第一批
29	聊城牛筋皮带制作技艺	传统技艺	东昌府区	聊城市第一批
30	东昌运河毛笔制作技艺	传统技艺	东昌府区	聊城市第一批
31	沙镇云灯	传统技艺	东昌府区	聊城市第一批
32	东昌古锦制作技艺	传统技艺	东昌府区	聊城市第一批
33	道口铺龙灯制作技艺	传统技艺	东昌府区	聊城市第一批
34	马官屯泥人制作工艺	传统技艺	东昌府区	聊城市第一批
35	东昌陶器制作工艺	传统技艺	东昌府区	聊城市第一批
36	临清贡砖制作工艺	传统技艺	临清	聊城市第一批
37	临清千张袄制作工艺	传统技艺	临清	聊城市第一批
38	临清哈达制作工艺	传统技艺	临清	聊城市第一批
39	冠县面塑	民间美术	冠县	聊城市第一批
40	冠县宝德葫芦制作工艺	传统技艺	冠县	聊城市第一批
41	冠县史庄圈椅制作技艺	传统技艺	冠县	聊城市第一批
42	阳谷哨	传统技艺	阳谷	聊城市第一批
43	阳谷脸谱葫芦制作技艺	传统技艺	阳谷	聊城市第一批
44	聊城铁公鸡制作技艺	传统技艺	东昌府区	聊城市第一批
45	东昌府沙镇呱嗒制作工艺	传统技艺	东昌府区	聊城市第一批
46	临清济美酱园甜酱瓜制作工艺	传统技艺	东昌府区	聊城市第一批
47	阳谷吊炉小烧饼制作技艺	传统技艺	阳谷	聊城市第一批
48	聊城山陕会馆庙会	传统技艺	聊城市博物馆	聊城市第一批
49	查拳	传统武术	冠县	聊城市第一批
50	东阿于氏金刚力功	传统武术	东阿	聊城市第一批
51	凤凰山的传说	民间文学	东阿	聊城市第一批
52	王灵官的传说	民间文学	阳谷县	聊城市第二批
53	任疯子的传说	民间文学	阳谷县	聊城市第二批

序号	项目名称	项目类别	申报地区或单位	所属批次
54	迷魂阵的传说	民间文学	阳谷县	聊城市第二批
55	王汝训的故事	民间文学	东昌府区	聊城市第二批
56	神仙度狗铺的传说	民间文学	东昌府区	聊城市第二批
57	东阿迟庄木版年画	民间美术	东阿县	聊城市第二批
58	东阿郭氏剪纸	民间美术	东阿县	聊城市第二批
59	阳谷寿张黄河夯号	民间音乐	阳谷县	聊城市第二批
60	周店舞龙	民间舞蹈	东昌府区	聊城市第二批
61	东阿大王秧歌	民间舞蹈	东阿县	聊城市第二批
62	东阿下码头王皮戏	传统戏曲	东阿县	聊城市第二批
63	道口铺秧歌	民间舞蹈	东昌府区	聊城市第二批
64	东昌木板大鼓	传统曲艺	东昌府区	聊城市第二批
65	东阿杂技	杂技与竞技	东阿县	聊城市第二批
66	东阿姜韩独杆轿技艺	杂技与竞技	东阿县	聊城市第二批
67	临清潭腿	传统武术	临清市	聊城市第二批
68	临清肘捶	传统武术	临清市	聊城市第二批
69	田庙查拳	传统武术	东昌府区	聊城市第二批
70	景阳冈陈酿酒传统酿造技艺	传统技艺	阳谷县	聊城市第二批
71	东阿高集冯氏锅饼制作技艺	传统技艺	东阿县	聊城市第二批
72	李台苇编	传统技艺	阳谷县	聊城市第二批
73	东昌澄泥制品技艺	传统技艺	东昌府区	聊城市第二批
74	健脑补肾丸制作技艺	传统医药	临清市	聊城市第二批
75	东阿位山撒河灯	民俗	东阿县	聊城市第二批
76	古柳树的传说	民间文学	阳谷县	聊城市第三批
77	骆驼巷的传说	民间文学	阳谷县	聊城市第三批
78	冉子的传说	民间文学	冠县	聊城市第三批
79	武训故事	民间文学	冠县	聊城市第三批
80	金氏古筝	传统音乐	临清市	聊城市第三批
81	东南庄唢呐	传统音乐	冠县	聊城市第三批
82	于窝黄河大秧歌	传统舞蹈	东阿县	聊城市第三批

序号	项目名称	项目类别	申报地区或单位	所属批次
83	跑竹马	传统舞蹈	茌平县	聊城市第三批
84	冯圈竹马落子	传统舞蹈	临清市	聊城市第三批
85	四根弦	传统戏曲	临清市	聊城市第三批
86	临清乱弹	传统戏曲	临清市	聊城市第三批
87	野庄乱弹戏	传统戏曲	冠县	聊城市第三批
88	四股弦	传统戏曲	冠县	聊城市第三批
89	流星锤	传统武术	东昌府区	聊城市第三批
90	虎头鞋帽、香包手工技艺	传统美术	东昌府区	聊城市第三批
91	金氏剪纸	传统美术	东昌府区	聊城市第三批
92	清平坠面制作工艺	传统技艺	高唐县	聊城市第三批
93	清真八大碗制作技艺	传统技艺	临清市	聊城市第三批
94	临清温面制作技艺	传统技艺	临清市	聊城市第三批
95	郭氏纯粮白酒制作技艺	传统技艺	东昌府区	聊城市第三批
96	阳谷根雕制作技艺	传统技艺	阳谷县	聊城市第三批
97	阳谷木雕制作技艺	传统技艺	阳谷县	聊城市第三批
98	阳谷石佛鲁庄造纸	传统技艺	阳谷县	聊城市第三批
99	博平马蹄烧饼制作技艺	传统技艺	茌平县	聊城市第三批
100	古阿井阿胶制作技艺	传统医药	阳谷县	聊城市第三批
101	歇马亭庙会	民俗	临清市	聊城市第三批
102	鲁义姑庙会	民俗	茌平县	聊城市第三批
103	东古城泰山奶奶庙会	民俗	冠县	聊城市第三批
104	托山圣母古庙会	民俗	冠县	聊城市第三批
105	临清塔的传说	民间文学	临清市	聊城市第四批
106	笤瓜打金牛的传说	民间文学	东阿县	聊城市第四批
107	曹植传说	民间文学	东阿县	聊城市第四批
108	紫石街的传说	民间文学	阳谷县	聊城市第四批
109	博济桥的传说	民间文学	阳谷县	聊城市第四批
110	临清木版年画制作技艺	民间美术	临清市	聊城市第四批
111	冠县木版年画	民间美术	冠县	聊城市第四批

序号	项目名称	项目类别	申报地区或单位	所属批次
112	阳谷烙画	民间美术	阳谷县	聊城市第四批
113	山东梆子	传统戏曲	聊城市梆子剧团	聊城市第四批
114	古琴	传统音乐	聊城市古琴学会	聊城市第四批
115	琵琶	传统音乐	聊城市艺术馆	聊城市第四批
116	临清木制圈椅制作技艺	传统技艺	临清市	聊城市第四批
117	临清杆秤制作技艺	传统技艺	临清市	聊城市第四批
118	临清礼服呢布鞋制作技艺	传统技艺	临清市	聊城市第四批
119	临清魏湾贡砖烧制技艺	传统技艺	临清市	聊城市第四批
120	阳谷顾氏红木镶嵌技艺	传统技艺	阳谷县	聊城市第四批
121	义安成高氏烹饪技艺	传统技艺	东昌府区	聊城市第四批
122	临清进京腐乳制作技艺	传统技艺	临清市	聊城市第四批
123	阳谷古阿邑达仁堂张氏阿胶糕技艺	传统医药	阳谷县	聊城市第四批
124	东阿国胶堂阿胶传统制作工艺	传统医药	东阿县	聊城市第四批
125	梅花桩拳	传统武术	东昌府区	聊城市第四批
126	东阿二郎拳	传统武术	东阿县	聊城市第四批
127	大明御史刘魁的故事	民间文学	聊城市文化馆	聊城市第五批
128	龙灯（临清龙灯、朝城南关竹马龙灯）	传统舞蹈	临清市、莘县	聊城市第五批
129	太极拳（陈氏太极拳）	传统武术	东昌府区	聊城市第五批
130	聊城少林拳	传统武术	聊城市文化馆	聊城市第五批
131	东阿大红拳	传统武术	东阿县	聊城市第五批
132	飞白书	传统美术	聊城市文化馆	聊城市第五批
133	传统面食制作技艺（空心琉璃丸子、侯氏排骨大包）	传统技艺	东昌府区、聊城市文化馆	聊城市第五批
134	肉食制作技艺（堠堌熏鸡、阳谷御膳龙骨、侯氏秘制坛子肉）	传统技艺	东昌府区、阳谷县、聊城市文化馆	聊城市第五批
135	香油制作工艺（金水城小磨香油石磨加工工艺）	传统技艺	聊城市高新区	聊城市第五批

（续表）

序号	项目名称	项目类别	申报地区或单位	所属批次
136	酿醋技艺（茂盛斋高粱老醋制作技艺）	传统技艺	聊城市开发区	聊城市第五批
137	酒酿造技艺（孟尝君酒酿造技艺）	传统技艺	聊城市高新区	聊城市第五批
138	东昌府铜铸雕刻制作技艺	传统技艺	东昌府区	聊城市第五批
139	阳谷柘木弓箭制作技艺	传统技艺	阳谷县	聊城市第五批
140	运河狮子绣球制作技艺	传统技艺	聊城市旅游开发区	聊城市第五批
141	鸡毛掸子制作技艺（鸡毛隋村鸡毛掸子轧制技艺）	传统技艺	聊城市开发区	聊城市第五批
142	阳谷孟氏木轮车制作技艺	传统技艺	聊城市文化馆	聊城市第五批
143	中医诊疗法（孟氏手针法）	传统医药	阳谷县	聊城市第五批
144	婚俗（聊城花轿婚礼）	民俗	聊城市文化馆	聊城市第五批
145	仓颉的传说	民间文学	东阿县	聊城市第六批
146	王凡庄花船	传统舞蹈	冠县	聊城市第六批
147	孔村狮魔头（舞狮）	传统舞蹈	冠县	聊城市第六批
148	聊城大笛子戏	传统戏剧	聊城市文化馆	聊城市第六批
149	叶氏木板大鼓	曲艺	聊城市高新区	聊城市第六批
150	少林锁步锤	传统武术	东昌府区	聊城市第六批
151	临清魏氏武术	传统武术	临清市	聊城市第六批
152	临清老井拳	传统武术	临清市	聊城市第六批
153	盘龙棍	传统武术	冠县	聊城市第六批
154	阳谷孙膑拳	传统武术	阳谷县	聊城市第六批
155	铜城二郎拳	传统武术	东阿县	聊城市第六批
156	吴氏八极拳	传统武术	聊城市高新区	聊城市第六批
157	青龙堂四节流星镗	传统武术	聊城市度假区	聊城市第六批
158	东昌面塑	传统美术	东昌府区	聊城市第六批
159	临清面塑	传统美术	临清市	聊城市第六批
160	东昌李氏陶器制作技艺	传统技艺	东昌府区	聊城市第六批
161	泰和琴坊古琴斫制技艺	传统技艺	东昌府区	聊城市第六批

序号	项目名称	项目类别	申报地区或单位	所属批次
162	阳谷孟氏传统纯天然染色技艺	传统技艺	阳谷县	聊城市第六批
163	临清竹器制作技艺	传统技艺	临清市	聊城市第六批
164	临清刻瓷技艺	传统技艺	临清市	聊城市第六批
165	徐庄铁丝编制技艺	传统技艺	东阿县	聊城市第六批
166	魏氏柳编制作技艺	传统技艺	聊城市度假区	聊城市第六批
167	老东昌孙氏铜艺	传统技艺	聊城市文化馆	聊城市第六批
168	阳谷苏氏铜瓷技艺	传统技艺	阳谷县	聊城市第六批
169	徐家老酒坊蒸酒技艺	传统技艺	东昌府区	聊城市第六批
170	王家米酒传统酿造技艺	传统技艺	开发区	聊城市第六批
171	空心挂面制作技艺	传统技艺	临清市	聊城市第六批
172	阳谷薛氏手工挂面制作技艺	传统技艺	阳谷县	聊城市第六批
173	周记托板豆腐制作技艺	传统技艺	临清市	聊城市第六批
174	马家包制作技艺	传统技艺	冠县	聊城市第六批
175	聊城董家炸肉制作技艺	传统技艺	东昌府区	聊城市第六批
176	阳谷李台烧鸡制作技艺	传统技艺	阳谷县	聊城市第六批
177	阳谷赵家羊汤制作技艺	传统技艺	阳谷县	聊城市第六批
178	柴家炒货制作技艺	传统技艺	东昌府区	聊城市第六批
179	刘垓子白仁制作技艺	传统技艺	临清市	聊城市第六批
180	阳谷乌枣制作技艺	传统技艺	阳谷县	聊城市第六批
181	原寿张县传统老菜制作技艺	传统技艺	阳谷县	聊城市第六批
182	阳谷民间焖掌菜烹饪技艺	传统技艺	阳谷县	聊城市第六批
183	阳谷县狮子酒楼八大菜制作技艺	传统技艺	阳谷县	聊城市第六批
184	临清由家喜铺传统糕点制作技艺	传统技艺	临清市	聊城市第六批
185	端慕传统点心制作技艺	传统技艺	聊城市度假区	聊城市第六批
186	阳谷莲花池黑膏药制作技艺	传统医药	阳谷县	聊城市第六批
187	阳谷岳庄三合堂阿胶制作技艺	传统医药	阳谷县	聊城市第六批

（续表）

序号	项目名称	项目类别	申报地区或单位	所属批次
188	贡禧堂阿胶传统制作技艺	传统医药	东阿县	聊城市第六批
189	中膏膏方制作技艺	传统医药	东阿县	聊城市第六批
190	杨氏膏药制作技艺	传统医药	聊城市高新区	聊城市第六批
191	聊城赵氏艾灸	传统医药	东昌府区	聊城市第六批
192	阳谷魏氏妇科孕产养护调理与诊疗	传统医药	阳谷县	聊城市第六批
193	阳谷孙氏喉科疗法	传统医药	阳谷县	聊城市第六批
194	东阿韩氏中医祖传神经类疾病特色疗法	传统医药	东阿县	聊城市第六批
195	李氏中医骨科诊疗法	传统医药	聊城市开发区	聊城市第六批
196	聊城北派修脚术	传统医药	聊城市文化馆	聊城市第六批

参考文献

一、著作

[1] 张自清修，王贵笙纂：《民国临清县志》，中国地方志集成·山东府县志辑第 95 册，凤凰出版社 2004 年影印版。

[2] 〔德〕马克思、恩格斯著：《马克思恩格斯选集(第 2 卷)》，人民出版社 1972 年版。

[3] 山东省地方史志编纂委员会编：《山东史志资料(第 3 辑)》，山东人民出版社 1983 年版。

[4] 傅崇兰：《中国运河城市发展史》，四川人民出版社 1985 年版。

[5] 王永桢、王志明编：《著名传统手工业产品小传》，轻工业出版社 1987 年版。

[6] 聊城地区史志办公室，山东省出版总社聊城分社编；齐保柱，高志超主编：《聊城风物》，山东友谊书社 1989 年版。

[7] 邹宝山等编著：《京杭运河治理与开发》，水利电力出版社 1990 年版。

[8] 冯天瑜等：《中华文化史》，上海人民出版社 1990 年版。

[9] 山东省政协文史资料委员会编：《山东文史资料选辑》(第 32 辑)，山东人民出版社 1992 年版。

[10] 中国民族民间舞蹈集成编辑部编：《中国民族民间舞蹈集成·山东卷》，中国 ISBN 中心 1998 年版。

[11] 张玉柱主编：《齐鲁民间艺术通览》，山东友谊出版社 1998 年版。

[12] 姚汉源著：《京杭运河史》，中国水利水电出版社 1998 年版。

[13] 济宁市政协文史资料委员会编：《济宁运河文化》，中国文史出版社 2000 年版。

[14] 安作璋主编：《中国运河文化史》，山东教育出版社 2001 年版。

[15] 政协台儿庄区委员会编：《台儿庄运河文化》，人民日报出版社 2002 年版。

[16] 济宁市政协文史资料委员会编：《济宁运河文化研究》，山东友谊出版社 2002 年版。

[17] 于德普、梁自洁主编：《山东运河文化文集·续集》，齐鲁书社 2003 年版。

[18] 刘玉平、贾传宇、高建军编著：《中国运河之都》，中国文史出版社 2003 年版。

[19] 周良等主编：《大运河的传说》，文化艺术出版社 2004 年版。

[20] 何佳梅、王德刚主编：《山东省文化资源旅游开发研究》，齐鲁书社 2004 年版。

[21] 傅崇兰著：《中国运河传》，山西人民出版社 2005 年版。

[22] 王云著：《明清山东运河区域社会变迁》，人民出版社 2006 年版。

[23] 高建军编著：《山东运河民俗》，济南出版社 2006 年版。

[24] 李泉、王云著：《山东运河文化研究》，齐鲁书社 2006 年版。

[25] 刘春俊主编：《枣庄运河》，青岛出版社 2006 年版。

[26] 孙宝明、程相林主编：《中国运河之都运河文化高层论坛论文集》，山东人民出版社 2007 年版。

[27] 张庶平、张之君主编：《中华老字号(第五册)》，中国商业出版社 2007 年版。

[28] 于海广主编:《探寻、追忆与再现:齐鲁地区非物质文化遗产调查与研究》,山东大学出版社 2007 年版。

[29] 李建国主编:《传统舞蹈》,山东友谊出版社 2008 年版。

[30] 郭学东主编:《曲艺》,山东友谊出版社 2008 年版。

[31] 覃业银、张红专编著:《非物质文化遗产导论》,辽宁大学出版社 2008 年版。

[32] 董文虎等著:《京杭大运河的历史与未来》,社会科学文献出版社 2008 年版。

[33] 济宁市文化局编:《济宁非物质文化遗产集粹》,山东美术出版社 2008 年版。

[34] 王文章:《非物质文化遗产概论》,教育科学出版社 2008 年版。

[35] 杨达、马军、朱希江主编:《聊城古城故事》,华艺出版社 2009 年版。

[36] 钟敬文:《民俗学概论》,上海文艺出版社 2009 年版。

[37] 汪林、张骥著:《大运河的传说》,黄河出版社 2009 年版。

[38] 王新民主编:《枣庄非物质文化遗产荟萃》,山东文化音像出版社 2009 年版。

[39] 申茂平编著:《贵州非物质文化遗产研究》,知识产权出版社 2009 年版。

[40] 全国政协文史和学习委员会、政协山东省临清市委员会编:《运河名城·临清》,中国文史出版社 2010 年版。

[41] 全国政协文史和学习委员会、政协山东省济宁市委员会编:《运河名城——济宁》,中国文史出版社 2010 年版。

[42] 田贵宝、田丰著:《德州运河文化》,线装书局 2010 年版。

[43] 山东运河航运史编纂委员会编:《山东运河航运史》,山东人民出版社 2011 年版。

[44] 杨妮主编:《中国旅游文化》,西安交通大学出版社 2011 年版。

[45] 李宗伟主编:《山东省省级非物质文化遗产名录图典(第 1 卷)》,山东友谊出版社 2012 年版。

[46] 张国廷主编:《音乐鉴赏》,武汉理工大学出版社 2012 年版。

[47] 田青编:《音乐类非物质文化遗产保护的理论与实践:个案调查与研究》,安徽文艺出版社 2012 年版。

[48] 李良品、彭福荣、余继平著:《重庆民族地区非物质文化遗产研究》,重庆出版社 2012 年版。

[40] 刘玉平、高建军主编:《运河文化与济宁》(下册),中国社会出版社 2012 年版。

[50] 谭徐明等著:《中国大运河遗产构成及价值评估》,中国水利水电出版社 2012 年版。

[51] 单霁翔著:《大运河遗产保护》,天津大学出版社 2013 年版。

[52] 黄靖著:《宝卷民俗》,古吴轩出版社 2013 年版。

[53] 张从军主编:《山东运河》,山东美术出版社 2013 年版。

[54] 宋俊华、王开桃著:《非物质文化遗产保护研究》,中山大学出版社 2013 年版。

[55] 孙大光主编:《体育文化概论》,高等教育出版社 2013 年版。

[56] 包泉万、许伊莎编著:《中国民族民间艺术读本》,辽宁大学出版社 2013 年版。

[57] 陈清义著:《聊城运河文化研究》,山东画报出版社 2013 年版。

[58] 宋久成主编:《千年古县概览》,社会科学文献出版社 2013 年版。

[59] 谭徐明、刘建刚著:《中国大运河文化遗产保护技术基础》,科学出版社 2013 年版。

[60] 王文章著:《非物质文化遗产保护研究》,文化艺术出版社 2013 年版。

[61] 林坚著:《文化学研究引论》,中国文史出版社 2014 年版。

[62] 周灿著:《德昂族非物质文化遗产保护与民族村寨旅游》,云南人民出版社 2014 年版。

[63] 乌丙安著:《民间口头传承》,长春出版社 2014 年版。

[64] 胡春景、魏桢编著:《文艺常识(精编本)》,东华大学出版社 2014 年版。

[65] 荀德麟著:《京杭大运河非物质文化遗产》,电子工业出版社 2014 年版。

[66] 张魏著:《非物质文化遗产旅游开发系统的动态仿真研究》,南昌:江西人民出版社 2014 年版。

[67] 袁宏编著:《齐鲁体育文化研究》,山东大学出版社 2015 年版。

[68] 安静著:《藏区非物质文化遗产的法制保护》,西南交通大学出版社 2015 年版。

[69] 江小角主编:《安徽非物质文化遗产》,安徽文艺出版社 2015 年版。

[70] 贾鸿雁、张天来编著:《中华文化遗产概览》,东南大学出版社 2015 年版。

[71] 冯骥才总主编:《中国非物质文化遗产百科全书·代表性项目卷》(下卷),中国文联出版社 2015 年版。

[72] 汪欣著:《中国非物质文化遗产保护十年(2003—2013 年)》,知识产权出版社 2015 年版。

[73] 梁国楹主编:《德州运河文化遗产保护与开发研究》,线装书局 2015 年版。

[74] 涂师平著:《中国水文化遗产考略》,宁波出版社 2015 年版。

[75] 郑民德著:《明清京杭运河沿线漕运仓储系统研究》,中国社会科学出版社 2015 年版。

[76] 田里主编:《旅游管理学》,东北财经大学出版社 2015 年版。

[77] 李烨著:《非物质文化遗产旅游化生存模式及风险研究——以天津为例》,南开大学出版社 2015 年版。

[78] 李国平、宋梅、孙长龙主编:《中国民俗文化与民间艺术》,河北人民出版社 2016 年版。

[79] 刘文峰著:《非物质文化语境下的戏曲研究》,文化艺术出版社 2016 年版。

[80] 杜江、业晓凯编著:《合众艺术馆:艺术修养》,上海科学技术文献出版社 2016 年版。

[81] 程丽著:《非物质文化遗产的旅游开发研究》,东北师范大学出版社 2016 年版。

[82] 欧阳正宇、彭睿娟编:《非物质文化遗产旅游开发》,吉林出版社 2016 年版。

[83] 胡郑丽著:《文化资源学》,光明日报出版社 2016 年版。

[84] 刘庆余著:《世界遗产视野下的线性文化遗产旅游合作研究——以京杭大运河为例》,中国经济出版社 2016 年版。

[85] 姚子刚著:《城市复兴的文化创意策略》,东南大学出版社 2016 年版。

[86] 江燕玲著:《重庆市旅游业竞争力研究》,重庆大学出版社 2016 年版。

[87] 罗明义编著:《旅游融合发展:旅游产业与相关产业》,中国环境出版集团有限公司 2016 年版。

[88] 廖培著:《旅游规划方案评价的理论与技术研究》,四川大学出版社 2016 年版。

[89] 孙国学、赵丽丽编著:《旅游产品策划与设计》,中国铁道出版社 2016 年版。

[90] 苑利、顾军著:《非物质文化遗产保护前沿话题》,非物质文化遗产保护理论与方法丛书,文化艺术出版社 2017 年版。

[91] 张新科编著:《淮海地区非物质文化遗产概论》,商务印书馆 2017 年版。

[92] 王文章著:《汇真集》,北京时代华文书局 2017 年版。

[93] 张燕主编:《音乐欣赏》,上海交通大学出版社 2017 年版。

[94] 李芳芳著:《中原非物质文化遗产产业化的法律调控研究》,吉林文史出版社 2017 年版。

[95] 肖绪信著：《非物质文化遗产旅游开发研究》，北京工业大学出版社 2017 年版。

[96] 宋立杰著：《山东水文化》，中国社会科学出版社 2017 年版。

[97] 陈一林著：《民族民间舞蹈文化探讨与传承发展研究》，吉林人民出版社 2017 年版。

[98] 吴国清、申军波著：《智慧旅游发展与管理》，上海人民出版社 2017 年版。

[99] 徐望著：《文化资本时代的中国文化产业论》，中国经济出版社 2017 年版。

[100] 刘玉梅著：《李渔生活审美思想研究》，中国社会科学出版社 2017 年版。

[101] 《聊城：有水则灵》编委会编著：《聊城：有水则灵》，山东友谊出版社 2018 年版。

[102] 霍艳虹著：《基于"文化基因"视角的京杭大运河水文化遗产保护研究》，天津大学出版社 2018 年版。

[103] 胡梦飞著：《明清时期京杭运河区域水神信仰研究》，江苏凤凰科学技术出版社 2018 年版。

[104] 胡梦飞著：《中国运河水神》，山东大学出版社 2018 年版。

[105] 杨富斌编：《旅游法教程》（第 2 版），中国旅游出版社 2018 年版。

[106] 苏金豹、王珺、王瑞花主编：《当前视域下旅游管理学新探》，中国商业出版社 2018 年版。

[107] 程瑞芳主编：《旅游经济学》，重庆大学出版社 2018 年版。

[108] 王志华、李渊、韩雪编著：《旅游规划与开发的理论及实践研究》，中国商务出版社 2018 年版。

[109] 雷晓琴、谢红梅、范丽娟主编：《旅游学导论》，北京理工大学出版社 2018 年版。

[110] 陈晓霞著：《新时代传统文化创新性发展研究》，中国国际广播出版社 2018 年版。

[111] 倪妍著：《大运河文化景观遗产的调查与保护》，中国水利水电出版社 2019 年版。

[112] 杨杰主编：《德州市非物质文化遗产集萃》，济南出版社 2019 年版。

[113] 胡梦飞著：《明清时期山东运河区域民间信仰研究》，社会科学文献出版社 2019 年版。

[114] 雷建峰主编：《聊城非物质文化遗产选粹》，山东友谊出版社 2019 年版。

[115] 许大海著：《京杭运河区域（山东段）民间手工艺的现状与对策研究》，江苏大学出版社 2019 年版。

[116] 赵静著：《山东运河沿线城市空间形态解析及济宁运河遗产活化研究》，华中科技大学出版社 2019 年版。

[117] 胡梦飞著：《徐州运河史话》，黄河水利出版社 2019 年版。

[118] 胡梦飞著：《中国运河文化遗产概论》，黄河水利出版社 2020 年版。

二、学位论文

[1] 高娜：《山东运河文化的旅游开发研究》，硕士学位论文，山东大学，2002 年。

[2] 沈涛：《先秦时期齐鲁体育文化研究》，硕士学位论文，陕西师范大学，2007 年。

[3] 高勇：《齐鲁传统体育文化现代化发展的模式和策略研究》，硕士学位论文，曲阜师范大学，2007 年。

[4] 高成强：《传统武术流失现状与保护对策的研究》，硕士学位论文，苏州大学，2008 年。

[5] 郭守靖：《齐鲁武术文化研究》，硕士学位论文，上海体育学院，2008 年。

[6] 张晓园：《聊城八角鼓调查研究》，硕士学位论文，河北大学，2008 年。

[7] 于敏：《聊城八角鼓传播研究》，硕士学位论文，中国传媒大学，2008 年。

[8] 林琳：《山东聊城八角鼓音乐形态研究》，硕士学位论文，内蒙古师范大学，2008 年。

［9］唐慧超：《大运河遗产廊道构建——以大运河聊城段为例》，硕士学位论文，北京大学，2009年。

［10］李宁：《中国传统武术可持续发展研究》，硕士学位论文，山东师范大学，2009年。

［11］周保分：《现代武术发展研究》，硕士学位论文，山东师范大学，2009年。

［12］狄静：《京杭运河山东段旅游资源价值评价研究》，硕士学位论文，中国海洋大学，2009年。

［13］牛津：《大运河遗产判别与登录方法研究：以大运河山东济宁段为例》，硕士学位论文，北京大学，2009年。

［14］唐志云：《制约传统武术发展的因素分析与对策研究》，硕士学位论文，广西师范大学，2010年。

［15］赵娜：《山东胶州秧歌研究》，硕士学位论文，山东师范大学，2010年。

［16］边懿：《山东"临清时调"研究》，硕士学位论文，山东大学，2010年。

［17］张辉：《山东省冠县查拳运动发展现状的调查分析和对策研究》，硕士学位论文，上海交通大学，2011年。

［18］张志成：《非物质文化遗产视角下的山东传统武术研究》，硕士学位论文，山东师范大学，2011年。

［19］高美玲：《山东省部分农村武术发展现状与对策研究》，硕士学位论文，山东师范大学，2011年。

［20］宿宁：《山东省传统武术发展现状及对策研究》，硕士学位论文，曲阜师范大学，2011年。

［21］昝金波：《齐鲁传统武术分布现状及发展对策研究》，硕士学位论文，中北大学，2011年。

［22］王喆：《临清时调研究》，硕士学位论文，河南师范大学，2011年。

［23］谭淡：《济宁城南运河沿岸民间传说探析——以村落传奇人物传说为例》，硕士学位论文，南京师范大学，2011年。

［24］李建君：《聊城运河旅游资源开发研究》，硕士学位论文，扬州大学，2012年。

［25］白林兵：《非物质文化遗产视角下的临清潭腿研究》，硕士学位论文，天津师范大学，2012年。

［26］霍萌萌：《德州扒鸡文化的传承和保护研究》，硕士学位论文，山东大学，2012年。

［27］杜丽画：《消退的斑斓：临清哈达艺术调查研究》，硕士学位论文，山东艺术学院，2012年。

［28］贾婧：《申遗背景下京杭大运河的景观设计研究：以山东聊城段为例》，硕士学位论文，湖北工业大学，2012年。

［29］李丽明：《聊城地区传统民居文化研究》，硕士学位论文，东北林业大学，2012年。

［30］苟春艳：《东昌葫芦雕刻艺术的传承与发展研究》，硕士学位论文，重庆大学，2012年。

［31］赵富斌：《知识产权视野下的传统武术保护》，硕士学位论文，上海体育学院，2013年。

［32］范铜钢：《传统武术传承评价指标体系构建研究》，硕士学位论文，上海体育学院，2013年。

［33］赵浩辉：《文化生态视域下山东省民族民间体育的保护、继承与发展研究》，硕士学位论文，曲阜师范大学，2013年。

［34］范丽丽：《山东聊城运河号子研究》，硕士学位论文，聊城大学，2013年。

［35］王明建：《武术发展的社会生态与社会动因：以村落武术为研究个案》，博士学位论文，上海体育学院，2013年。

［36］赵鹏飞：《山东运河传统建筑综合研究》，博士学位论文，天津大学，2013年。

［37］李翠甜：《李成银武学思想阐微》，硕士学位论文，山东师范大学，2014年。

［38］梁辰：《山东聊城"运河秧歌"艺术特征研究》，硕士学位论文，聊城大学，2014年。

［39］史晓玲：《明清时期聊城商业发展与城市变化》，硕士学位论文，聊城大学，2014年。

［40］张凤英：《济宁市体育非物质文化遗产保护现状的研究》，硕士学位论文，聊城大学，2014年。

［41］黄敬：《临清驾鼓研究》，硕士学位论文，聊城大学，2014年。

［42］郭文娟：《京杭大运河济宁段文化遗产构成和保护研究》，硕士学位论文，山东大学，2014年。

［43］高兴：《临清传统武术文化特色研究》，硕士学位论文，山东师范大学，2015年。

［44］刘影：《聊城传统民居建筑艺术文化研究》，硕士学位论文，青岛理工大学2015年版。

［45］刘昆：《临清贡砖烧制技艺保护研究》，博士学位论文，中国艺术研究院2015年版。

［46］翟继萍：《临清肘捶的历史传承与保护研究》，硕士学位论文，山东体育学院，2016年。

［47］张健健：《山东省冠县张氏查拳的传承与发展研究》，硕士学位论文，青海师范大学，2016年。

［48］于秀慧：《聊城八角鼓变迁研究》，硕士学位论文，聊城大学，2016年。

［49］马丽林：《传统手工技艺与民众生活变迁——以临清贡砖制造业为例》，硕士学位论文，山东大学，2016年。

［50］许士红：《运河（聊城段）三种民间乐舞的变迁研究》，硕士学位论文，哈尔滨师范大学，2016年。

［51］刘东：《运河河道及周边环境的治理研究——以会通河临清段为例》，硕士学位论文，聊城大学，2016年。

［52］商怡：《山东德州运河号子研究》，硕士学位论文，聊城大学，2016年。

［53］张静静：《京杭运河山东段体育旅游资源开发研究》，硕士学位论文，中国矿业大学，2016年。

［54］王颖：《聊城"运河伞棒舞"的功能研究》，硕士学位论文，福建师范大学，2017年。

［55］赵静：《山东运河沿线城市空间形态解析及济宁运河遗产活化研究》，博士学位论文，天津大学，2017年。

［56］金艳霞：《山东聊城地区木板大鼓的研究》，硕士学位论文，聊城大学，2017年。

［57］李龙骁：《德州地区运河船号调查与研究》，硕士学位论文，山东大学，2017年。

［58］赵一诺：《文化线路视角下京杭运河沿岸古镇保护发展探究——以山东段微山湖区域南阳古镇为例》，硕士学位论文，中央美术学院，2017年。

［59］姜珊：《京杭大运河山东段建筑文化遗产的景观地理研究》，硕士学位论文，山东大学，2017年。

［60］张钦：《枣庄市运河文化资源的旅游开发》，硕士学位论文，山东艺术学院，2017年。

［61］吴彬：《台儿庄古城地方饮食文化资源的旅游开发》，硕士学位论文，青岛大学，2017年。

［62］白心玉：《聊城运河号子的音乐艺术研究》，硕士学位论文，聊城大学，2018年。

［63］张乐：《山东运河流域传统武术文化传承与发展研究》，硕士学位论文，山东师范大学，2018年。

［64］董巍：《聊城市米市街历史文化街区的保护更新策略研究》，硕士学位论文，北京建筑大学，2018年。

[65] 贾飞：《大运河山东段文化旅游开发研究》，硕士学位论文，山东师范大学，2018年。

[66] 刘国正：《水环境影响下的山东运河区域传统文化景观研究》，硕士学位论文，北京林业大学，2018年。

[67] 张超：《大运河山东段古桥遗产价值与保护策略研究》，硕士学位论文，北京建筑大学，2019年。

[68] 孔祥波：《京杭运河济宁段航运遗产滨水景观再生设计研究》，硕士学位论文，山东建筑大学，2019年。

[69] 张翠芳：《京杭运河聊城段城市旅游竞争力评价及提升对策研究》，硕士学位论文，聊城大学，2019年。

[70] 朱会芳：《女神文明的解构与重塑：山东德州四女寺传说研究》，硕士学位论文，内蒙古师范大学，2019年。

三、学术论文

[1] 林琳：《简述聊城八角鼓的历史流变及由其生存现状引发的思考》，《内蒙古师范大学学报（哲学社会科学版）》2007年第A1期。

[2] 吴元芳：《基于遗产廊道模式的运河旅游开发研究——以山东省枣庄市为例》，《枣庄学院学报》2008年第1期。

[3] 吴元芳：《山东省运河区域民俗旅游开发研究》，《经济问题探索》2008年第2期。

[4] 蒋慧明：《传播与传承——略谈如何有效利用现代传媒促进传统曲艺的保护与发展》，《曲艺》2008年第4期。

[5] 张宁宁：《浅谈民间美术》，《美术大观》2009年第5期。

[6] 辛灵美：《聊城市传统民俗文化旅游资源保护现状及开发对策》，《赤峰学院学报》2009年第12期。

[7] 谭徐明、王英华、万金红、张念强：《大运河遗产保护规划编制过程中的认知与研究——以大运河山东德州段为例》，《中国水利水电科学研究院学报》2010年第3期。

[8] 马知遥：《非遗保护的困惑与探索》，《民俗研究》2010年第4期。

[9] 李秋英：《试述山东三大秧歌》，《大众文艺》2011年第5期。

[10] 王新蕾：《运河城市（聊城市）遗产旅游产品体系的构建及其旅游开发》，《乐山师范学院学报》2011年第1期。

[11] 刘晓静、边懿：《运河文化背景下的临清时调》，《齐鲁艺苑》2011年第1期。

[12] 马永通：《非物质文化遗产视野下齐鲁武术文化的保护与发展》，《山西师大体育学院学报》2011年第2期。

[13] 李成银：《临清肘捶的历史渊源与技法体系研究》，《山东体育学院学报》2011年第10期。

[14] 孙猛、王英璟：《非物质文化遗产法视野下传统武术保护研究》，《搏击（武术科学）》2011年第12期。

[15] 苏琪：《台儿庄古城文物保护与旅游发展关系研究》，《科技致富向导》2011年第20期。

[16] 赵云、吴婷、李慧、罗颖：《大运河遗产会通河段的闸坝工程遗产》，《古建园林技术》2012年第2期。

[17] 李德楠：《文化线路视野下的大运河文化遗产保护》，《中国名城》2012年第3期。

[18] 赵春雪:《山东运河的开发历史及其旅游对策探析》,《科技视界》2012年第26期。

[19] 陆晨琛:《对聊城八角鼓的历史衍变及现状的分析与思考》,《学理论》2012年第23期。

[20] 梁辰、黄玉松:《聊城"运河伞棒舞"初探》,《聊城大学学报(社会科学版)》2012年第6期。

[21] 孙法印:《台儿庄历史文化街区保护和发展的思考》,《枣庄学院学报》2013年第3期。

[22] 何永年、吴玉山:《淮安运河两岸的民俗风情》,《江苏地方志》2013年第5期。

[23] 任晓剑:《非物质文化遗产视角下山东武术产业发展研究》,《现代企业教育》2013年第20期。

[24] 解淑红:《德州运河号子的音乐特征与地域文化特色探微》,《德州学院学报》2014年第1期。

[25] 钟行明:《山东运河遗产廊道的旅游协作策略与路径》,《中国名城》2014年第5期。

[26] 黄晓玲:《论枣庄运河号子中的音乐性和文学性》,《戏剧丛刊》2014年第3期。

[27] 李新红、薛明陆:《运河秧歌的传承与发展研究》,《山东体育科技》2014年第5期。

[28] 张永虎:《山东运河文化带体育旅游市场发展路径探究》,《山东体育学院学报》2014年第6期。

[29] 高阳:《聊城"伞棒舞"的发展与传承探析》,《文艺生活》2014年第12期。

[30] 李新红、薛明陆:《运河秧歌的传承与发展研究》,《山东体育科技》2014年第5期。

[31] 许士红:《繁华过后落寞的运河音乐文化——以运河秧歌"伞棒舞"为例》,《北方音乐》2015年第5期。

[32] 张思坚:《山东运河文化的历史意义与现实价值》,《山东行政学院学报》2015年第6期。

[33] 王静:《后申遗时代大运河沿岸城镇遗产保护与商业开发探析:以淮安、枣庄、济宁段为例》,《城市》2015年第8期。

[34] 王若楠:《民间文学资源的使用与旅游景区文化的构建——以山西盂县藏山景区赵氏孤儿传说的调查为例》,《忻州师范学院学报》2016年第3期。

[35] 刘玉梅:《山东运河区域美食文化遗产资源的开发与利用——以枣庄美食为例》,《美食研究》2016年第4期。

[36] 张缨、周家权、孙振江:《水利工程文化遗产的保护与开发探讨——以京杭运河德州段为例》,《中国水利》2016年第6期。

[37] 舒方涛:《京杭大运河聊城段文化遗产构成和保护研究》,《资治文摘》2016年第12期。

[38] 徐淑升:《京杭大运河遗产廊道生态文化旅游开发探讨——以山东南段为例》,《旅游纵览(下半月)》2017年第2期。

[39] 丛瑞雪:《德州市非物质文化遗产保护和可持续发展路径研究》,《新西部》2017年第22期。

[40] 张兆林:《非物质文化遗产保护实践中的商业活动探究——以我国传统木版年画为核心个案》,《艺术百家》2018年第1期。

[41] 徐苑琳、孟繁芸:《后申遗时代运河文化遗产的保护与开发》,《山西档案》2018年第2期。

[42] 马盛德:《我国非物质文化遗产保护现状、问题及对策》,《非遗传承研究》2018年第2期。

[43] 张兆林:《聊城木版年画刻版艺人的考察与思考》,《长江大学学报(社会科学版)》2018年第5期。

[44] 徐奇志、王艳:《大运河(山东段)文化遗产及其活态保护》,《理论学刊》2018年第6期。

[45] 白硕:《大运河沿岸非物质文化遗产现状、问题与对策》,《人口与社会》2018年第6期。

［46］贾国华、丁继国：《京杭大运河(聊城段)保护传承利用工作探讨》，《水利发展研究》2018年第7期。

［47］郑亚鹏、唐金玲：《山东运河文化遗产品牌开发探究：基于"互联网＋"思维》，《美术大观》2018年第9期。

［48］郑民德：《聊城运河文化遗产的保护》，《中国名城》2018年第10期。

［49］于秀慧：《简述聊城八角鼓的传承现状》，《戏剧之家》2018年第34期。

［50］张晓蕾：《地方社会变迁与民间音乐传承的嬗变——以鲁西北地区临清架鼓为例》，《民俗研究》2019年第1期。

［51］郑民德：《"运河文化带"视阈下的遗产保护与利用研究》，《华北水利水电大学学报(社会科学版)》2019年第1期。

［52］张兆林：《非物质文化遗产集体性项目传承人保护策略研究——以聊城木版年画为核心个案》，《文化遗产》2019年第1期。

［53］吴海涛：《京杭大运河(聊城段)文化带工作浅析》，《水资源开发与管理》2019年第1期。

［54］赵雅丽：《大运河的非物质文化遗产》，《北京观察》2019年第3期。

［55］刘临安、黄习习：《真实性与完整性原则下的大运河遗产保护——以大运河济宁段为例》，《中国文化遗产》2019年第3期。

［56］李德敬：《德州运河号子的艺术特征及其成因探略》，《德州学院学报》2019年第3期。

［57］刘耀辉、付丙喜：《乡村振兴战略背景下运河文化保护与旅游资源开发研究——以山东省德城区二屯镇为例》，《德州学院学报》2019年第3期。

［58］孙英芳：《非遗保护语境下民间传说的传承与发展——以晋南"赵氏孤儿传说"为例》，《晋中学院学报》2019年第5期。

［59］陈希：《活态传承活在当下——浅谈山东非物质文化遗产的传承与保护》，《人文之友》2019年第16期。

［60］张秉福：《京杭运河非物质文化遗产保护与旅游开发互动机制研究》，《中州学刊》2019年第8期。

［61］朱晓东：《京杭运河沿岸城镇发展策略探讨——以京杭运河聊城段旅游产业综合开发规划为例》，《工程技术研究》2019年第14期。

［62］吕明笛、姜春宇、李雪婷、杨明慧：《京杭运河济宁段历史文化遗产的旅游开发策略探讨》，《全国流通经济》2019年第18期。

［63］崔玉珍、李志超：《后申遗时代的大运河德州段保护开发利用》，《人文天下》2019年第14期。

［64］许大海：《组织·生产·管理：社会经济史视域中的手工生产——以运河聊城区段手工艺传承为中心的考察》，《理论学刊》2019年第6期。

［65］周嘉：《地方神庙、信仰空间与社会文化变迁——以临清碧霞元君庙宇碑刻为中心》，《民俗研究》2019年第6期。

［66］王冠龙：《南北文化的碰撞与融合——济宁运河区域非物质文化遗产研究》，《中国文艺家》2020年第1期。

［67］刘春强：《承续永嘉精神：夏鼐早年治学的心路历程及其学术风格》，《史学月刊》2020年第2期。

［68］刘春强:《"以考古经世":唯物史观与历史语言研究所时期夏鼐的考古学研究》,《史学理论研究》2020 年第 3 期。

［69］胡梦飞,王伟:《东昌运河毛笔制作技艺传承与发展研究》,《湖北职业技术学院学报》2020年第 1 期。

［70］胡梦飞:《明清时期运河城市饮食业发展考论——以山东济宁为例》,《中国名城》2020 年第2 期。

［71］胡梦飞:《山东武城县四女祠传说考辨》,《德州学院学报》2020 年第 3 期。

［72］张兆林:《聊城木版年画生产传承中的女性角色研究》,《民俗研究》2020 年第 4 期。

［73］卞长永:《大运河(山东段)文化遗产活态保护路径》,《当代旅游》2020 年第 17 期。

［74］朱季康:《大运河文化带沿线城市非物质文化遗产保护与传承工作的现状、分析和提升策略》,《地域文化研究》2020 年第 4 期。

［75］董运启:《枣庄运河核心区文化遗产保护刍议》,《枣庄学院学报》2020 年第 4 期。

［76］赵静、李昕阳、叶青、赵强:《山东运河古城空间形态探析》,《城市住宅》2020 年第 4 期。

［77］董嫱嫱:《关于规划建设枣庄运河文化带的思考》,《枣庄学院学报》2020 年第 4 期。

［78］胡梦飞:《山东运河区域传统音乐保护与传承研究——以武城运河号子为例》,《淮阴工学院学报》2020 年第 4 期。

后　记

我的家乡是山东临沂南部的一个小村庄,这里并不靠近运河。小的时候,除了书本上的大运河外,我对贯通南北的大运河并没有什么直观印象。2009年,我考入江苏师范大学历史文化与旅游学院,跟随杨绪敏教授研习明清史。由于硕士学位论文曾以明清时期徐州段运河为选题,于是与运河结下了不解之缘。2015年7月博士毕业后,我直接来到聊城大学运河学研究院工作。研究院成立于2012年6月,是国内首家以运河及其区域社会为研究对象的科研实体单位。研究院秉持延续多年的学术传统,每年都会组织多次田野考察。2015年10月中旬,前往考察河南、安徽境内的隋唐大运河。2017年9月,我们又集体考察了北京、天津和河北境内的南运河和北运河。小型的田野考察更是不胜枚举,五年多的时间里,我们先后考察和走访了山东运河沿岸的德州、聊城、东平、济宁、枣庄等地。至于聊城运河沿线的临清、阳谷等地,到访的次数更是数不胜数。在考察过程中,看到那些历经沧桑的运河历史遗迹,对运河文化也有了更多的感悟。

聊城号称"江北水城·运河古都",明清时期得益于漕运的兴盛,聊城成为运河九大商埠之一,被誉为"漕挽之咽喉,天都之肘腋""江北一都会",经济繁荣、文化昌盛达400年之久。我虽然不是土生土长的聊城人,却一直希望能够为聊城的发展贡献自己的一分力量。2019年12月,中共中央办公厅、国务院办公厅联合印发《长城、大运河、长征国家文化公园建设方案》,并要求沿运各省市积极贯彻实施。2020年3月,聊城文化和旅游局委托研究院编制《聊城市大运河国家文化公园建设保护规划》。我有幸成为课题组成员,并参与了其中部分内容的编写。在此期间,得到了聊城市文旅局刘光辉局长、杜晨英科长等领导和同志的大力支持,为我们提供了众多富有价值的数据和资料。在编写运河文化公园规划的同时,我们还选择聊城米市街历史文化街区、临清中洲古城以及阳谷七级、阿城、张秋三镇等五处样板工程进行具体规划和设计。2020年10月,该选题成功获批聊城市城校融合文旅项目,于是便有了这本书的出版。

我是历史专业出身,研究运河文化遗产完全是"外行"。当书稿真正呈现在眼前,内心在感到忐忑不安的同时,也充满了兴奋和感激。首先感谢丁延峰副院长、郑民德副院长、吴欣教授、王云教授、李泉教授、罗衍军教授、杜宏春教授、吴金甲博士等领导和同事一直以来对我的关心和支持,来研究院的六年里,自己真的收获颇多。本书为聊城市城校融合文旅项目的阶段性成果之一,在此要感谢聊城市文旅局的相关领导和同志对本项目的大力支持与宝贵帮助,以及聊城大学服务社会处、人文社科处相关领导和老师的辛苦付出。在本书写作过程中,曾拜访和请教王伟、李克超、郭丹龙、孙金龙、曲玉双等专家、学者和非遗传承人,在此也向他们表达深深的谢意。本书部分图片由于种种原因无法注明作者及来源,在向原作者表达歉意的同时,也由衷地表示感谢。此外,还要感谢中国海洋大学出版社纪丽真、赵孟欣等老师为本书的编辑、校对和出版所做的努力。

　　最后还要感谢我的家人。首先感谢我的岳父、岳母。他们任劳任怨,承担起做饭、照看孩子等家务,为我和妻子解决后顾之忧。还要感谢父亲、哥哥对我一如既往的支持。虽然工作之后,与他们距离遥远,一年之中难得见上几面,但他们时不时的电话,仍给我莫大的安慰和鼓励。要特别感谢的是我的妻子王双双博士,她与我同在聊城大学工作,为了让我能够安心写作,她牺牲了自己很多宝贵的时间和精力,主动承担起照顾孩子、操持家务的重任,为我创造了一个良好的写作环境。每当看到她忙碌的身影,内心总是充满了愧疚和自责。女儿若楠天真可爱,在我写作过程中,给我带来了许多惊喜和乐趣。2020年2月20日,儿子铭泽降生,也给我的写作带来了莫大动力。本书出版之时,不知不觉已36岁,在此也感谢所有在我学术成长道路上关心和帮助过我的人,是为记。

胡梦飞

2021年1月于聊城